Handbuch für Triathlon

Hermann Aschwer

Handbuch für Triathlon

Tipps – Trainingspläne – Triathlonveranstaltungen
Praxiserfahrungen eines Triathleten

Meyer & Meyer Verlag

Die Deutsche Bibliothek - CIP Einheitsaufnahme

Aschwer, Hermann:
Handbuch für Triathlon / Hermann Aschwer.
- 5. Aufl. - Aachen : Meyer und Meyer, 2001
ISBN 3-89124-805-9

5., überarbeitete Neuauflage 2001
Olten (CH), Wien, Oxford, Québec, Lansing/Michigan, Findon/Adelaide, Auckland, Sandton/Johannesburg, Budapest
Member of the World Sport Publishers' Association (WSPA)
Titelfoto: Sportpressefoto Bongarts, Hamburg
Fotos und Grafiken: H. Nowack, Claudine Kröger, weitere: siehe Bildlegenden
Umschlaggestaltung: Birgit Engelen, Stolberg
Umschlag- und Satzbelichtung: frw, Reiner Wahlen, Aachen
Lektorat: Dr. Irmgard Jaeger, Aachen
Druck: Burg Verlag Gastinger GmbH, Stolberg
Printed in Germany
ISBN 3-89124-805-9
E-Mail: verlag@meyer-meyer-sports.com

Inhalt

Vorwort .7
Vorbemerkung .9
Warum gerade Triathlon? .12

Wie werde ich Triathlet? .31
Triathlon - ein Sport für Frauen .31
Triathlon - ein Sport für Schüler und Jugendliche .34
Triathlon - ein Sport für Senioren .37
Triathlon - ein Sport für Familien .40
Triathlon und Ernährung .41
Entstehung, Ursprung und Geschichte des Triathlons .48

Praktische Trainingstipps und -hilfen .51
Schwimmen .51
- In 12 Monaten von 23 auf 18 Minuten .52
- Trainings- und Wettkampftipps zum Schwimmen .64
Radfahren .67
- Von der täglichen 18-km-Radtour zur Arbeit bis zum
180-km-Wettkampf im Triathlon .68
- Tipps für das Radtraining .76
Laufen - dritte und schwerste Disziplin? .77
- Tipps für das Wettkampftraining .80
Der fliegende Wechsel .81
Krafttraining, Stretching und Gymnastik .85
Regeneration - 5. Triathlondisziplin? .85

Trainingspläne .88
Trainingstipps und -hinweise für Anfänger .88
Trainingspläne für Fortgeschrittene .90
- Jeder Triathlet hat ‚sein Umfeld' .90
1. Vorbereitungszeitraum .95
2. Wettkampfzeitraum:
Trainingspläne für Kurztriathlondistanzen 1/40/10 km .96
Trainingspläne für Mitteltriathlondistanzen 2/90/20 km .98

Trainingspläne für Ultratriathlondistanzen 3,86/180/42 km 99
Trainingspläne für Langtriathlondistanzen 3/120/32 km (Nizza) 101
Trainingspläne für den Ironman®-Triathlon auf Hawaii 101
3. Übergangszeitraum 103

Triathlongipfel 130
Ironman® Hawaii 130
Ironman® Austria, Kärnten, Österreich 134
Ironman® Europe, Roth 137
Almere-Triathlon 140
Nizza-Triathlon 142
Embrun-Triathlon (FRA) 144
Ironman® Australien 147
Ironman® Lanzarote 148
Ironman® Switzerland, Zürich, Schweiz 151
Ironman Kanada 152
Weitere internationale Ironman®-Veranstaltungen 153

Triathlonveranstaltungen in Deutschland, Österreich und der Schweiz 155
Anschriften der Deutschen Landesverbände 156
Veranstaltungen: Ultradistanz 3,8/180/42,2 km 158
Veranstaltungen über die Mitteldistanz 153
Triathlonveranstaltungen in Deutschland, Schweiz und Österreich
über die olympische Distanz (1,5/40/10 km) und andere Kurzdistanzen 156

Ironman® – was nun? 193
Mein Abenteuer Double-Ironman® 193
Mehrfache Ironman®-Distanzen 224
Schlussbemerkungen 227

Literatur 228

Vorwort

„Hermann, Hermann ...", brüllten die Zuschauer, alte als auch junge Triathlonbegeisterte am Straßenrand in Dortmund. Jetzt, in der dritten Runde, das gleiche Ritua . Da lief er, freundlich ja beinahe schmunzelnd, etwas staksig, aufrecht, aber verdammt schnell. Ich brüllte einfach mit – „Hermann!"

Das war meine erste Begegnung mit einem Menschen, der mich auf Anhieb beeindruckte, ohne mit ihm überhaupt je ein Wort gewechselt zu haben.

Während meiner Vorbereitungsphase IRONMAN® Hawaii 87 begegnete mir Hermann ein zweites Mal in Form einer fast schlaflosen Nacht. Ausgelöst durch sein Buch „Mein Abenteuer Hawaii-Triathlon", das mir meine mitfühlende Claudine als Unterstützung zum Geburtstag schenkte.

Endlich wusste ich, was auf mich zukommen würde. Hermann schrieb so, als wäre ich schon dabei gewesen. Er stellte sein ‚Abenteuer' nicht nur plastisch dar, sondern ließ mich die Fülle seiner Emotionen fast körperlich miterleben. Seine persönliche, ja beinahe intime Offenbarung steigerte meine Neugierde auf diesen außergewöhnlichen Menschen.

Kurz darauf hatte ich das Glück. Unsere Wege kreuzten sich zufällig bei einem Radtraining auf der Insel Mallorca. Das war die dritte Begegnung. Wir suchten das Gespräch miteinander, ich ‚kannte' ihn ja schon. Mein Bild über ihn hat er bestätigt. So unkompliziert und offen, wie er schreibt, ist er auch, geradlinig, ohne jede Verzierung.

Er ist ein Mensch, der im Einklang mit sich und seiner Umwelt lebt und dadurch eine tiefe innerliche Zufriedenheit ausstrahlt. Seine Erfolgskomponenten liegen sicherlich in der realistischen Einschätzung seiner Möglichkeiten, das Anpacken – immer in der Aussicht auf größtmögliche Erfolgswahrscheinlichkeit, gepaart mit der Bereitschaft zum kalkulierbaren Risiko.

Denn wer Spaß und Lust beim täglichen Training empfindet, ein harmonisches Familienleben mit Sieglinde, Sandra und Carmen über alles pflegt, Freude und Erfüllung im Beruf erfährt, sich Zeit für Freunde nimmt, hat wohl eine erstrebenswerte Stufe menschlichen Seins bestiegen. Das Buch, das Sie nun in Händen halten, hat er geschrieben, einfach so. – Das ist Hermann!

Nur wenige Menschen wie Hermann lernt man in seinem Leben kennen. Ich bin froh und dankbar, einen solchen Menschen als Freund gewonnen zu haben.

Georg Kröger, Köln

– Hawaii Finisher 1987, 1988, 1989 –

Foto: Stefan Schwenke

Foto: S. Aschwer

Vorbemerkung

„Faszination Triathlon" – „Triathlon: der Sport mit der größten Zuwachsrate" – so und ähnlich überschwenglich wird heute vom Non-Stop-Ausdauerdreikampf Schwimmen, Rad fahren und Laufen gesprochen und geschrieben.

Ist Triathlon etwa ein Modewort oder steckt doch viel mehr dahinter?

Triathlon ist zwar eine junge Sportart, aber kann nicht fast jeder von uns seit seiner Kindheit schwimmen, Rad fahren und laufen? Also sind wir doch alle seit unserer Kindheit potenzielle Dreikämpfer, oder „Schwimmradläufer", wie mich ein Kind mal zutreffend bezeichnete.

Triathlon, der aus drei klassischen Ausdauersportarten besteht, ist in besonderem Maße geeignet, den Bewegungsmangel als einen der Hauptrisikofaktoren für Herz- und Kreislauferkrankungen in unserem Land zu mindern. Ausdauertraining ist für nahezu alle Menschen das einfachste Rezept, ihre Lebensspanne voll ausleben zu können. Dazu bedarf es eines regelmäßigen Trainings, das, genau wie Essen und Trinken, in den Tages- und Wochenablauf eingebaut wird. Die Steigerung des allgemeinen körperlichen und geistig-seelischen Wohlbefindens wird durch ein altersspezifisch ausgerichtetes, systematisches Ausdauertraining erreicht.

Dieses Buch ist kein wissenschaftliches, sondern ein praxisgerechtes Handbuch für die vielen tausend Triathleten, die keinen Trainer zur Verfügung haben.

Sportlern, ob sechzehn oder sechzig, ob Anfänger oder Fortgeschrittene, ob Freizeit- oder Leistungssportler möchte ich aus meiner mehrjährigen Triathlonerfahrung praktische Tipps, Anregungen und Trainingshinweise geben, damit jeder seine persönlich gesteckten Ziele erreichen kann. Erfahrungen, die ich bei mehr als 150 Triathlonwettkämpfen in aller Welt gewonnen habe. Dazu gehören: Hawaii, Australien, USA, Kanada, Embrun, Nizza, Almere, Roth, Lanzarote, Portugal, Dänemark, Österreich, die Niederlande und Deutschland.

Ganz bewusst habe ich darauf verzichtet, die drei Ausdauersportarten rein theoretisch darzustellen, vielmehr werde ich versuchen, in leicht verständlicher Form der Frage nachzugehen: „Warum gerade Triathlon?" und was diesen Sport eigentlich so faszinierend macht.

Vielfach sind Triathleten mit den verschiedenen Trainingstheorien vertraut, scheitern aber trotz allem oft an der zweckmäßigen, praktischen Durchführung.

Daher sind die Trainingstipps und -hilfen, insbesondere die ausgeführten Trainingspläne als eine Möglichkeit zu sehen, wie gerade derjenige, der im vollen Berufs- und Familienleben steht, sich auf Kurz-, Mittel- oder Ultratriathlonwettkämpfe vorbereiten kann. Dabei sollte er nicht den Sinn für Dinge verlieren, die noch wichtiger sind als unser hochinteressanter Triathlonsport.

Bei den von mir aufgezeigten Trainingsplänen geht es nicht um ausgeklügelte Pläne, die in der Realität kaum zu verwirklichen sind, sondern um Aufzeichnungen von tatsächlich durchgeführten Trainingseinheiten. Sie erheben keinerlei Ansprüche auf Perfektion oder Vollkommenheit.

Die aus den detailliert dargestellten Trainingsplänen resultierenden Wettkampfergebnisse lassen für viele Triathleten Rückschlüsse auf ihre eigenen Leistungsmöglichkeiten zu.

Es wäre falsch, die Pläne als starres Muster zu übernehmen. Der Individualität der Persönlichkeit eines jeden Triathleten muss Rechnung getragen werden.

Eine Zusammenstellung von Triathlonveranstaltungen über die olympische – Mittel-, Lang- und Ironman®-Distanz schließt sich an. Die Triathlongipfel, also die größten, schönsten und zugleich schwierigsten Veranstaltungen werden teilweise durch Kurzberichte näher vorgestellt, um jedem Interessierten neben der Meldeanschrift einen detaillierten Einblick zu verschaffen.

Nachdem viele Triathleten ‚ihren' Gipfel – die Ironman®-Distanz – erklommen haben, fragen sie sich: Ironman®, was nun? Für all diejenigen, die mehr als die einfache Ironman®-Distanz kennen lernen wollen, werden Meldeanschriften für Mehrfachdistanzen aufgelistet. Um auch hier Wettkampfeindrücke zu vermitteln, habe ich das Erlebnis meines ersten Doppelten von Lelystad niedergeschrieben.

Da dieses Handbuch für Triathlon weiterhin eine Ergänzung zu meinen anderen Werken, Ironman® – *Der Hawaii-Triathlon, Tipps für Triathlon* und *Triathlontraining – Vom Jedermann zum Ironman®*, bleiben soll, werde ich an geeigneter Stelle darauf verweisen, um mich nicht wiederholen zu müssen.

Mit der Entscheidung vom August 1994 – Triathlon als olympische Disziplin im Jahre 2000 – ist ein wichtiger Schritt zur weiteren Akzeptanz und größerer internationaler Beachtung gelungen. Am 30. Juli 2000, dem vorletzten Tag der olympischen Spiele im australischen Sydney, hat der olympische Triathlon mit den Distanzen 1,5 km Schwimmen, 40 km Rad fahren und 10 km Laufen stattgefunden.

Sydney, neben San Francisco für mich eine der schönsten Städte der Welt, erlebte einen zuschauerfreundlichen und medienwirksamen Triathlon. Die Faszination dieses Sports konnten auch wir in Europa live miterleben.

Nutzen wir die Zeit, um unseren Sport, der die gesundheitlichen Aspekte so prägt, noch weiter voranzubringen. Jeder an seinem Platz; als Veranstalter, Wettkampfrichter, Helfer, Betreuer oder ganz besonders der Athlet. Sorgen vor allem wir Athleten für einen fairen Sport und erübrigen damit jede Windschattendiskussion einiger Funktionäre. Wir Triathleten in Verbindung mit konsequenten Wettkampfrichtern brauchen keine neuen Regeln, sondern etwas mehr Fairness und Augenmaß.

In diesem Sinne Euer

Dr. Hermann Aschwer
Ameke 40
48317 Drensteinfurt

Hinweis:
Aus Gründen der Lesefreundlichkeit wird im nachfolgenden Text die geschlechtsneutrale Anrede benutzt.
Dieses Buch wurde nach den neuen Regeln der Rechtschreibung verfasst.

Warum gerade Triathlon?

Unter dem Begriff *Triathlon* (tri = drei) verbirgt sich grundsätzlich die Kombination der drei Ausdauersportarten Schwimmen, Rad fahren und Laufen, die auch in dieser Reihenfolge im Wettkampf vom Start bis ins Ziel hintereinander und ohne Unterbrechung zu absolvieren sind.

So, wie es beim Laufen Kurz-, Mittel- oder Langstrecken gibt, so unterscheidet man auch beim Triathlon zwischen:

- Jedermanntriathlon: 0,5 km S + 20 km R + 5 km L
- Kurztriathlon: ab 1,0 km S + 40 km R + 10 km L = olympische Distanz
- Mitteltriathlon: 2,0-2,5 km S + 80-100 km R + 20-25 km L
- Ultratriathlon: 3,86 km S + 180 km R + 42,2 km L = Ironman®-Distanz

wobei S für Schwimmen, R für Rad fahren und L für Laufen steht.

Triathlon ist also nicht gleichzusetzen mit dem als härteste Prüfung der Welt bezeichneten Ironman®-Triathlon auf Hawaii. Bei dieser größten sportlichen Herausforderung geht es bekanntlich über 3,86 km Meeresschwimmen, 180 km Rad fahren sowie einem Marathonlauf über die klassische Distanz von 42,195 km (und das alles bei tropischen Temperaturen).

Foto: Stefan Schwenke

Als 1980 die ersten Fernsehbilder vom Ironman®-Triathlon auf Hawaii über unsere Bildschirme flimmerten, waren einige sofort hellauf begeistert, die meisten schüttelten nur den Kopf. Keiner konnte 1980 ahnen, dass sich nur einige Jahre später weltweit über eine Million Ausdauersportler dieser neuen Sportart verschreiben würden. Dieser mehr als stürmische Aufschwung zeigte, dass die Zeit reif für Triathlon war.

Bereits Mitte der 70er Jahre trafen sich in Deutschland Ausdauersportler, die Spaß an der Abwechslung hatten, zu so genannten Ausdauermehrkämpfen. Getrennte Wettbewerbe wie Skilanglauf im Winter, Waldlauf im Frühjahr, Rad fahren und Schwimmen im Sommer, wurden zu einer Wertung zusammengefasst.

Die Idee aus Hawaii entfacht in Europa ein regelrechtes Feuerwerk. Bereits 1981 finden in Almere (Holland) und in der damaligen Tschechoslowakei die ersten Triathlonveranstaltungen Europas statt. Am 25.4.1982 treffen sich unter der Regie von Ernst Peter BERGHAUS im Essener Grugabad die ersten Triathleten zum Wettkampf auf deutschem Boden. Wenige Wochen später auch in Ansbach, Kassel, Gerolstein, Kehl, Fischbach und am Edersee. Bei sieben Veranstaltungen zählt man 300 Teilnehmer. Manuel DEBUS und Detlef KÜHNEL kehren als erste deutsche Ironmen® aus Hawaii zurück. 1983 gibt es bereits 15 Veranstaltungen mit 3.000 Startern, 1984 bei 50 Veranstaltungen 10.000, 1985 bei 100 Triathlons 20.000, 1986 bei 160 Triathlonveranstaltungen bereits 30.000 Teilnehmer und 1987 waren es 200 Veranstaltungen mit ca. 50.000 Startern. Die Zahl der Triathlonsport treibenden Athleten wird zur Zeit auf ca. 300.000 geschätzt. Die explosionsartige Entwicklung hält also weiterhin an.

Die vorgenannten Daten und Zahlen beweisen ein sehr großes Interesse. Sie zeigen weiterhin, dass Triathlon zu einem beachtlichen Angebot im Breitensport geworden ist. Für immer mehr Ausdauersportler bringt auch das für die kurzen Triathlons notwendige regelmäßige und abwechslungsreiche Training ein Mehr an körperlichem und seelischem Wohlbefinden, kurz gesagt, an Gesundheit.

Die Grenzen zum Leistungssport sind fließend. Sie sind abhängig von den körperlichen Voraussetzungen, vom Talent und von der zur Verfügung stehenden Trainingszeit. Auch hier wächst die Zahl derer, die Triathlon als Leistungssport Nr. 1 ansehen und auf nationalen und internationalen Meisterschaften um sportlichen Lorbeer kämpfen.

Die Ultratriathlondistanzen von 3,86 km Schwimmen, 180 km Rad fahren und 42 km Laufen bieten für gut trainierte Triathleten das Erleben der eigenen Leistungsfähigkeit, ein ganztägiges, kalkulierbares Abenteuer, bei dem für die meisten das Dabeisein und Ankommen („finishen") mehr bedeutet als Zeit und Platzierung.

Foto: Stefan Schwenke

Bevor ich ausführlich auf die Ausgangsfrage: „Warum gerade Triathlon?" eingehe, darf ich einige Gründe aufzählen, warum ich Triathlon ‚nicht' betreibe.

- Ich betreibe Triathlon nicht, um abzunehmen. Dafür gibt es einfachere Möglichkeiten. Für eine Gewichtsreduzierung reicht es vollkommen aus, eine der drei Ausdauersportarten zu betreiben. Ergänzend dazu sollte man eine vernünftige Vollwerternährung anstreben.
- Ich betreibe Triathlon nicht, um ‚in' zu sein. Mein Selbstbewusstsein ist groß genug, um nicht Sport treiben zu müssen und damit ‚in' zu sein. Nur, weil der Triathlonsport mittlerweile auch in Deutschland auf der ‚in'-Liste steht, oder ein Verwandter, Nachbar diesen Dreikampf toll findet, schließe ich mich nicht den Triathleten an.

- Ich betreibe Triathlonwettkämpfe nicht, um fit zu werden. Fit werden sollte man durch allgemeines Ausdauertraining.
- Ich betreibe Triathlon nicht, um stundenweise von der Familie loszukommen. Vielmehr hat mir Triathlon durch die Einbeziehung der Familie geholfen, familiäre Bekanntschaften und Freundschaften zu gewinnen.

Warum denn nun gerade Triathlon?

... weil Triathlon eine echte Herausforderung darstellt.

Für jeden Triathleten stellt ein Wettkampf über drei völlig unterschiedliche Sportarten einen großen Reiz dar. Sei es der Anfänger, der nach guter Vorbereitung 300 m zu schwimmen, 15 km Rad zu fahren und noch 3 km zu laufen hat, oder der sehr gut trainierte Ausdauerathlet, der knapp 4 km schwimmt, 180 km Rad fährt und 42 km läuft. Für beide gilt es, mit den Kräften hauszuhalten und das Pulver nicht schon frühzeitig zu verschießen.

Selbst für mich als erfahrenen Ausdauerathleten war mein bislang kürzester Wettkampf über 250 m/25 km/4 km eine Herausforderung. Ich wollte diesen Sprint in möglichst kurzer Zeit schaffen. Natürlich hat ein Wettkampf über insgesamt 226 km einen ganz anderen Stellenwert. Insgesamt sind Wettkämpfe jeder Art für mich so motivierend, dass ich dadurch immer wieder angeregt werde, regelmäßig zu trainieren.

Besser als bei jeder anderen Sportart kann man beim Triathlon seine Grenzen herausfinden. Diesen Grenzbereich lernt man nicht nur körperlich (physisch) kennen, sondern auch geistig-seelisch (psychisch). Das bedeutet ganz konkret: Wenn ich nicht bereit bin, einen mehrstündigen Wettkampf aufzunehmen, so nutzt mir das beste Training herzlich wenig. Ebenso muss ich willens sein, mit Schwierigkeiten und Problemen, die bei jedem Wettkampf mehr oder weniger stark auftreten, zu kämpfen. Hierbei kommt es in ganz entscheidendem Maße auf die Psyche an. Gründe, aus einem Wettkampf auszusteigen, finde ich mehr als genug. Hier heißt es, die im Training erworbene Willensschulung anzuwenden, und jeder wird feststellen, dass er mit seinen Schwierigkeiten fertig wird. Die Phase der Selbstüberwindung dauert manchmal nur wenige Minuten, sie kann aber in einem sehr langen Wettkampf auch schon mal ein bis zwei Stunden dauern. Umso erstaunter wird man nach diesem Durchhänger sein, dass es besser läuft als zuvor. Auch danach heißt es weiterhin – wie beim gesamten Wettkampf – kühlen Kopf bewahren und seine Kräfte richtig einteilen. Beim Triathlon rächt sich ein ungleichmäßiger Krafteinsatz oft bitter.

Was nützen mir Bombenzeiten beim Schwimmen und Rad fahren, wenn ich dafür beim Laufen elendig eingehe? Vornehmlich den jungen und unerfahrenen Triathleten versuche ich, diese Situation an folgendem einfachen Beispiel klarzumachen. Jeder Triathlet besitzt am Wettkampftag seinen ‚Energiekuchen'. Dieser ist in seiner Gesamtgröße natürlich unterschiedlich groß, je nach Talent, Trainingszustand und Psyche. Und mehr als diesen, meinen Energiekuchen kann ich in dem bevorstehenden Wettkampf nicht verzehren. Wie ich ihn aufteile, darüber entscheidet weitgehend mein Kopf. Wenn ich also beim Schwimmen und Rad fahren voll zur Sache gehe und bereits 11/12 meiner Energie verbraucht habe, so kann sich jeder ausmalen, was auf der Laufstrecke passiert. Ein Triathlon ist halt kein Zweikampf, sondern ein Dreikampf und deshalb so reizvoll, ja faszinierend.

Andererseits sollte es auch nicht so aussehen, dass während der ersten beiden Disziplinen so wenig an Energie verbraucht wird, dass man die Restenergie auf der Laufstrecke gar nicht mehr loswerden kann. In beiden Fällen gelingt es dann nicht, seine volle Leistungsfähigkeit unter Beweis zu stellen, was wiederum dazu führt, dass die Genugtuung, Freude, Zufriedenheit und Selbstbestätigung nach dem Wettkampf nicht in vollen Zügen genossen werden kann. Weiterhin wird es unter diesen Voraussetzungen nicht gelingen, die körperlichen Grenzen herauszufinden.

Für mich persönlich bedeutet das volle Ausschöpfen meines jeweiligen Leistungsvermögens sehr viel. Wenn ich an den Start gehe, will ich auch alles, was ich an diesem Tag ‚drauf' habe, geben. Es sei denn, es handelt sich um einen Vorbereitungswettkampf, den ich in der Regel nur mit maximal 85% Einsatz bestreite. Die Tatsache, dass ich mir meinen Energiekuchen sehr gut einteilen kann, belegen meine bisherigen Wettkämpfe, bei denen ich noch nicht einmal ausgestiegen bin!

Ebenso bin ich nicht der Typ, der ins Ziel fällt, weil er sich vorher total verausgabt hat. Eher gehöre ich zu denen, die von ihrem Energiekuchen immer noch ein kleines Stückchen mit zurückbringen. Mit Ausnahme von Hawaii: Dort hatte ich auf den berüchtigten 226 km schon alles restlos verzehrt, was an diesem Tag an Energie vorhanden war.

Mein Rezept dafür ist ganz einfach. Beim Schwimmen und Rad fahren habe ich während des Wettkampfs stets das Gefühl, wie im Training zu arbeiten. Bedingt durch die Wettkampfmotivation und das ruhige Training an den Vortagen bin aber doch beträchtlich schneller als im Training. Beweis dafür sind meine Wettkampfzeiten. Weder beim Schwimmen noch beim Rad fahren gelingt es mir im

Training meine Wettkampfleistungen zu wiederholen. Bei meinen 18er-Schwimmzeiten im Wettkampf schaffe ich nur ganz selten 19er-Zeiten im Schwimmtraining. Noch krasser verhält es sich bei mir im Rad fahren. Nur mit Mühe gelingt es mir, im Training eine Stunde lang einen 33er-Schnitt zu treten. Im Wettkampf sind dann aber 37-38 km/h bei Kurztriathlons und 34-35 km/h bei Ultrawettkämpfen möglich.

Bei mir heißt es also, Schwimmen und Rad fahren nicht mit voller Belastung, sondern eher mit angezogener Handbremse anzugehen. Beim Laufen kann dann eigentlich nicht viel mehr passieren, weil offensichtlich noch genügend Reserven vorhanden sind.

Das bedeutet jedoch keineswegs, dass ich ohne Probleme über die Runden komme. Beweise dazu liefern sicherlich meine Erlebnisberichte vom Almere- und Hawaii-Triathlon.

Schwierigkeiten tun sich bei jedem Triathleten auf. Es wäre schade, wenn jemand verschont bliebe. In fast allen Fällen beheben sich die auftretenden Probleme nach einer etwas ruhigeren Gangart im Wettkampf von ganz allein.

Entscheidend ist in solchen Situationen der Kopf, die Psyche. Wenn ich mich richtig auf einen Wettkampf eingestellt habe, weiß ich aufgrund meines Trainings, dass ich die auftretenden Schwierigkeiten meistern kann und werde. Das darf natürlich nicht so weit gehen, dass bei Auftreten gesundheitsgefährdender Probleme der Wettkampf unbedingt durchgestanden werden muss. Dieses wäre mehr als töricht. Vergessen sollte man nicht: „Triathlon dient der Gesundheit und nicht die Gesundheit dem Triathlon."

Die Schwierigkeiten und Probleme, die ich meine, betreffen Dinge wie: Seitenstiche, Völlegefühl, Muskelbeschwerden oder zeitweilige orthopädische Unpässlichkeiten. Oder auch einfach schwere Arme bzw. schwere Beine.

Wenn man sich so, wie oben beschrieben, im Wettkampf verhält und man zudem noch ein Kämpferherz hat, so wird es einem gelingen, beim Triathlon seine eigene Leistungsgrenze zu erfahren, kennen zu lernen oder auszuloten.

... weil Triathlontraining so vielseitig ist.

Die Vielseitigkeit des Triathlons ergibt sich aus der Tatsache, dass man es hier mit Schwimmen, Rad fahren und Laufen zu tun hat. Alle drei Disziplinen müssen regelmäßig trainiert werden. Langeweile in einer Sportart kann gar nicht aufkommen. Die ganze sportliche Betätigung ist viel kurzweiliger als nur Schwimmen, nur Rad fahren oder nur Laufen.

Foto: S. Aschwer

„Wenn ich mal zu einer Disziplin keine Lust habe, trainiere ich eben an dem Tag eine andere", heißt es schon mal bei mir. Eignet sich das Wetter nicht zum Rad fahren, dann wird eben gelaufen bzw. geschwommen. Auf diese Weise kommt keine Eintönigkeit auf.

... weil Triathlon einen großen physischen und psychischen Gesundheitsaspekt darstellt.

a) Physische = körperliche Aspekte
Um die mittlerweile unbestrittenen, gesundheitlich positiven Wirkungen des Triathlontrainings (Ausdauertraining) selbst erfahren zu können, muss man keine Hawaiidistanzen bewältigen, es reichen bereits die kurzen Triathlonstrecken dafür aus.

Umfragen bestätigen, dass bei den meisten Bundesbürgern der Wunsch nach Gesundheit an erster Stelle steht. Leider fühlt sich ein Großteil der Bevölkerung nicht gesund. Eine Tatsache, die im krassen Gegensatz zur ausgezeichneten medizinischen Versorgungslage und einem enorm hohen Lebensstandard steht. Schuld daran ist ein Zustand, den man als ‚falsche Lebensweise' bezeichnen kann. Unsere Zivilisationskrankheiten, die man wegen ihrer Verbreitung schon als Volksseuche ansehen muss, können auf Bewegungsarmut, Fehl- und Überernährung, Rauchen, Alkohol- und Medikamentenmissbrauch zurückgeführt werden. Schon heute sind durch diese Lebensweise bedingte Herz-und Kreislauf-Erkrankungen Todesursache Nummer 1. Das Ausdauertraining (Triathlontraining) übt eine Schutzfunktion gegen die degenerativen Herz-Kreislauf-Erkrankungen aus.

Ebenso werden weitere Risikofaktoren gemindert. Ein Ausdauersportler, der an Wettkämpfen teilnimmt, wird das Rauchen und eventuell übermäßigen Alkoholkonsum einstellen. Er achtet mit Sicherheit auf eine sinnvolle und möglichst vollwertige Ernährung. Dadurch wird der Fettstoffwechsel günstig beeinflusst. Aus der vorbeugend verhütenden Sicht ist der Triathlonsport hervorragend geeignet, günstige Auswirkungen auf das Herz-Kreislauf-System auszuüben.

Dieser Ausdauersport hat weiterhin positive Auswirkungen auf Gesundheit, Wohlbefinden und Lebenserwartung, wie die Statistiken eindeutig beweisen. Dass Menschen, die regelmäßig Sport betreiben, gesünder sind und länger leben als der Durchschnitt, wurde erst kürzlich wieder durch eine amerikanische Studie bestätigt. Es stellte sich heraus, dass schon die Verlängerung der wöchentlichen Laufstrecke von 5 auf 14 Kilometer das Sterberisiko um 21% minderte.

Ich bin der Überzeugung, dass Triathleten, gleichgültig welchen Alters, die ihren Sport auf vernünftige Weise und ihrer körperlichen Konstitution entsprechend betreiben, dabei nicht nur viel Freude haben und viele Freunde gewinnen, sondern auch den entscheidenden Beitrag zu ihrer Gesundheit, sprich, körperlichem und seelischem Wohlbefinden leisten. Dieses verbesserte Wohlbefinden erhöht ohne Zweifel die Lebensqualität.

b) Psychische = geistig-seelische Aspekte

Wenn wir uns keine besondere Mühe geben, in unserem Leben Mußestunden zu schaffen, gibt uns das Alltagstreiben nur selten Gelegenheit zum ruhigen Nachdenken. Beim Ausdauertraining wie Laufen oder Rad fahren hat man Zeit, seinen Gedanken zu folgen. Es klingelt dabei kein Telefon, es stört kein Besucher. Das ausdauernde Laufen oder Rad fahren bietet weiterhin die Möglichkeit, alltäglichen Zwängen zu entkommen.

Laufen kann man betreiben, wo man will, wann man will, langsam oder schnell, angestrengt oder locker. Ebenso hat man die Wahl, sich zu konzentrieren oder im Gehirn gar eine Leere eintreten zu lassen. Ähnliches gilt für das Rad fahren. Ich persönlich fühle mich dabei oft vogelfrei, fürwahr ein tolles Gefühl.

Meine Gedanken lasse ich gerne frei schweifen. Dabei lösen sich dann plötzlich Probleme jeglicher Art. Dieser Sachverhalt war für mich vor einigen Jahren der entscheidende Punkt, warum ich so aktiv mit dem Laufsport begonnen habe.

Probleme, die ich im Rahmen einer wissenschaftlichen Arbeit zu bewältigen hatte, löste ich während meiner einstündigen Dauerläufe. Meine Familie wundert sich heute noch manches Mal über meine positiven Sinnesänderungen beim Sport.

... weil Triathlon ein Sport für jedermann ist.

Dass Triathlon auf dem besten Weg ist, Volkssport zu werden, ist unter anderem darauf zurückzuführen, dass doch die meisten Freizeitsportler potenzielle Triathleten sind. Fast alle Leute können schwimmen, Rad fahren und das Laufen ist eine reine Trainingsangelegenheit. Triathlon ist ein Wettkampfsport mit einem weiten Spektrum. Vom ganz kurzen (200 m Schwimmen, 15 km Rad fahren und 2 km Laufen) als Einstieg für Schüler und Jugendliche über die große Vielzahl der kurzen und mittleren Distanzen bis zum klassischen Ironman® können sich Sportler zwischen 10 und 76 Jahren am Non-Stop-Ausdauerwettkampf Schwimmen-Rad fahren-Laufen begeistern.

Alle drei recht unterschiedlichen Disziplinen gehören zu den Ausdauersportarten. Nach vorheriger ärztlicher Untersuchung kann man sie durchaus auch noch in der zweiten Lebenhälfte beginnen. Hingegen sind viele Kurzzeitsportarten schon für 30-Jährige nur noch in sehr beschränktem Umfang möglich und sinnvoll.

Ich habe schon viele Frauen erlebt, die nach dem Erwachsenwerden ihrer Kinder mit dem Triathlonsport begonnen haben und diesen erfolgreich betreiben. Ebenso gibt es viele ältere agile Herren, die erst im Rentenalter mit dem Triathlontraining begonnen haben. Man ist also nie zu alt, zu steif oder zu dick für Triathlontraining, sondern immer nur zu faul!

... weil Triathlonwettkämpfe Genugtuung, Freude, Zufriedenheit und Selbstbestätigung vermitteln.

Jeder Ausdauersportler, ob er einen Jedermanntriathlon über 300 m/10 km/2 km, oder ob er in Hawaii über insgesamt 226 km ‚gefinisht' hat, verspürt nach den Wettkampfanstrengungen wohltuende, eventuell noch nie erlebte Gefühle wie Genugtuung, Freude, Zufriedenheit oder Selbstbestätigung.

Die Intensität dieser Gefühle ist bei mir abhängig von der Wettkampfdauer. Das ist sicherlich damit zu erklären, dass der Trainingsaufwand für eine lange Distanz doch beträchtlich größer ist als für eine kurze. Eng damit verbunden ist auch die psychische Beanspruchung.

Das Erreichen der Ziellinie wirkt wie eine körperliche und geistige Befreiung, selbst dann, wenn man einen Wettkampf hinter sich hat, in dem nicht alles nach Plan gelaufen ist.

Aber gerade die Tatsache, dass beim Triathlon ganz selten alles nach Plan verläuft, macht diesen Dreikampf zu einem kleinen Abenteuer.

... weil Triathlon Spaß macht.

Unter uns Triathleten herrscht im Allgemeinen eine gute Kameradschaft. Diese zeigt sich nicht nur im intensiven Austausch von selbst gewonnenen Trainings- und Wettkampferfahrungen, sondern insbesondere durch häufige aufmunternde Zurufe in oft schwierigen Wettkampfsituationen. Ungemein hilfreich sind kurze Anfeuerungen wie: „Du packst es! Klasse, toll, bist ja gut drauf! Super, bist ja bärenstark heute, ...". Noch lustiger geht es häufig im Training zu.

Spaß bereiten mir persönlich auch die unterschiedlichen Phasen beim Triathlon, insbesondere die Wechsel vom Schwimmen zum Rad fahren und später vom Rad fahren zum Laufen. Gerade hierbei sind mir schon die verrücktesten Dinge passiert. Eigentlich geschieht immer etwas Unvorhergesehenes. Mal reißt ein Schnürsenkel, mal das Gummiband in der Laufhose - zu diesem Zwecke führe ich stets eine Sicherheitsnadel bei mir - mal verknotet sich meine Kordel in der Badehose so, dass ich selbst mit Hilfe eines außenstehenden Teamkollegen geschlagene fünf Minuten benötige, um meine Badehose auszuziehen. Oder ich verliere beim Schuhwechsel einen Strumpf.

Trotz oder wegen aller Unzulänglichkeiten und Missgeschicke macht mir der Triathlonsport so viel Spaß. Jeder Wettkampf ist ein mehr oder weniger großes Erlebnis oder Abenteuer, da sich unvorhersehbare Dinge nicht nur in den Wechselzonen abspielen, sondern noch viel mehr beim Schwimmen, Rad fahren und Laufen. Mehr dazu später.

... weil Triathlon noch echtes Erleben bedeutet und ein kalkulierbares Abenteuer ist.

Das Erlebnis Triathlon ist etwas, das man auch mit dem dicksten Portmonee nicht kaufen kann. Man kann noch so viel Geld besitzen und damit mit einem teuren Rennrad, einem schnellen Anzug, den besten Schuhen, einem eigenen Trainer, mit Blutanalysen und einem großen Betreuerstab den Wettbewerb beeinflussen, man muss die Leistung beim Triathlon mit eigenen Kräften erbringen. Ein Aspekt, der mir bei Wettkämpfen imponiert.

Das völlig unterschiedliche Erleben der drei Einzeldisziplinen ist für mich jedes Mal eine reizvolle Angelegenheit. Ich als schwacher, jetzt vielleicht mäßiger Schwimmer erlebe jeden Triathlon in etwa so: Vor dem Schwimmen heißt es: „Wenn das Schwimmen doch schon gelaufen wäre!" In letzter Zeit stelle ich vornehmlich bei angenehmen Wassertemperaturen immer häufiger fest, dass mir meine bislang so verschmähte Auftaktdisziplin auch mehr Spaß macht. Vielleicht rührt das von den immer besser werdenden Schwimmzeiten her. Bei kühlem oder dunkelgrünem Seewasser bin ich froh, wenn ich die Schwimmstrecke geschafft habe. Im Wasser denke ich bereits an das Rad fahren und Laufen und freue mich manchmal wie ein Kind zu Weihnachten, wenn ich wieder festen Boden unter den Füßen habe. Während des Rad fahrens verfällt man schon manchmal in einen Geschwindigkeitsrausch, vor allem dann, wenn es mal kräftig bergab geht. Ansonsten genieße ich die herrlichen Landschaften, trotz der Wettkampfanstrengungen. Sei es in den Alpen, in Bayern, in Westfalen oder in der Lüneburger Heide.

Abgesehen von Hawaii bietet jeder Radkurs ein schnelles Wechselspiel zwischen Feldern, Wiesen, Wäldern, Bergen, Seen und Dörfern. Und jedes Fleckchen hat seine Reize.

Das, was auf dem Rad nur so vorbeifliegt, kann ich mir während des Laufens in aller Ruhe anschauen. Tiere, Vorgärten, Blumen, Bäume, das Treiben am und auf dem Wasser und vor allem die Zuschauer. Die Ablenkungsmöglichkeiten sind gerade auf dem schwersten Teilstück der Laufstrecke so vielfältig, dass dort oft die Zeit regelrecht verfliegt und man damit seine Schwierigkeiten sehr gut übersieht oder kaum wahrnimmt. Die Nachwettkampffreuden wie Genugtuung, Zufriedenheit, Freude und Selbstbestätigung sind nur durch vernünftiges Training und Teilnahme an Wettkämpfen zu erhalten.

Für mich sind Wettkämpfe nicht nur das Salz in der Suppe, sondern jedes Mal eine Herausforderung, bei der es u.a. darum geht, dass Trainingsleistungen honoriert werden. Zum eigentlichen Wettkampfgeschehen zählt für mich nicht nur die reine Wettkampfzeit, sondern auch die Vorbereitung auf dieses Ziel. Dazu gehört wiederum eine intensive und sorgfältige Trainingsphase, aber auch die psychische Einstellung auf den Wettbewerb. Die Bedeutung beider Sachverhalte nimmt mit der Länge der Wettkampfstrecke zu. Experten sagen, die richtige geistig-seelische Einstimmung auf einen Wettkampf macht allein 25% aus, das physische, sprich körperliche Training nur 75%.

Ich bin bei meinen Wettkämpfen zu der Überzeugung gekommen: Wenn die richtige Einstellung vorhanden ist und ich mit der Streckenlänge und möglichen Schwierigkeiten vertraut bin, so ist der erste Grundstein zum Erfolg bereits gelegt.

Wie schwierig und langwierig allein die psychische Vorbereitungsphase für den Start beim Ironman®-Triathlon in Hawaii für mich war, möchte ich hier nicht in voller Breite wiederholen. Ein volles Vierteljahr habe ich dafür gebraucht. Bei meinen anderen Starts über die 226-km-Distanz in Almere und Zürich benötigte ich dagegen eine kürzere Einstimmungsphase.

Es reicht also nicht aus, sich nur physisch auf einen Wettkampf einzustellen. Genauso wichtig erscheint mir die psychische Vorbereitung und diese muss dem zielstrebigen Training vorausgehen. Während einer intensiven Trainingsphase kann man oft nicht umhin, sich im eigenen Umfeld gegen Widerstände durchzusetzen. Auch hier gehört schon Durchhaltevermögen, Wille, Fairness, Selbstdisziplin und eine gewisse Härte gegen sich selbst dazu.

Das Wesentlichste und Wichtigste beim Triathlon ist für mich das intensive Erleben des Wettkampfs. Dazu gehört das bewusste Wahrnehmen des eigentlichen Wettkampfgeschehens, auch der kritischen und schwierigen Situationen. Da mir dieses keinerlei Schwierigkeiten bereitet, bin ich sehr wohl in der Lage, Wettkampfgeschehnisse getreu wiederzugeben. Die Wichtigkeit dieser bewussten Erlebnisphase nimmt bei mir mit der Wettkampflänge zu, gleichzeitig nimmt der Stellenwert der erreichten Zeit oder Platzierung rapide ab.

Dazu einige Beispiele: Bei einem 3.000-m-Lauf auf der Bahn zählt für mich nur die erreichte Laufzeit. Das Erleben dieses Laufs ist kaum nachhaltig. Bei einem Marathonlauf oder einem Kurztriathlon über 1/40/10 km halten sich beide die Waage, sind für mich also Zeit und Platzierung sowie Erlebnisse gleichwertig. Bei einem Ultratriathlon über 4/180/42 km neigt sich die Waage eindeutig zum Erleben. Die erzielte Zeit und Platzierung sind für mich zweit- und drittrangig.

In diesem Kapitel möchte ich noch darlegen, worin für mich der große Reiz liegt, Ultratriathlonwettkämpfe zu bestreiten. Wettbewerbe also, bei denen ich zwischen 9:55 und 12:50 Stunden benötigt habe.

1. Lang andauernde Wettkämpfe sind immer eine besondere Herausforderung.
2. Nach einer der drei Disziplinen ist noch nichts entschieden.
3. Die schwache Leistung in einer Disziplin kann man zweimal wieder wettmachen.
4. Die Unwägbarkeiten und damit ein gewisses Risiko sind hierbei größer als bei den kurzen Distanzen.

5. Lange Strecken lassen ein insgesamt ruhigeres Wettkampfgeschehen zu. Die Sekunden beim Trikotwechsel sind nicht so entscheidend.
6. Längere Strecken liegen mir besser als kurze, da sie eher meinen Trainingsgepflogenheiten entsprechen.
7. Je länger ein Wettkampf dauert, umso intensiver erlebe ich ihn.

... weil Triathlon sportliche Anreize schafft, sich in drei Disziplinen zu verbessern

Triathlon, dieser Dreikampf, bestehend aus drei völlig unterschiedlichen Disziplinen, bietet jedem leistungsorientierten Sportler die Möglichkeit, sich sowohl im Schwimmen als auch im Rad fahren und Laufen sportlich zu verbessern. Dazu benötigt man nicht nur Trainingsfleiß. Ausdauersport ist immer langfristig angelegt. Schnell erzielte Verbesserungen sind oft nur über das berüchtigte Tempobolzen zu erreichen und häufig nur von kurzer Dauer. Verletzungen sind dann vielfach der Anlass für das sportliche Scheitern.

Triathlontraining sollte regelmäßig betrieben und auch für einen längeren Zeitraum im Voraus geplant werden. Zeitliche Verbesserungen sind nicht nur in den drei Sportarten des Triathlons möglich, sondern auch bei der so genannten vierten Disziplin, dem Umkleiden.

Wo Sekunden über Platz und Sieg entscheiden, ist häufig die Umziehzeit die entscheidende. Deshalb gilt es auch, die beiden Trikotwechsel, oder besser das, was davon übrig geblieben ist, vornehmlich im Wettkampfzeitraum einige Male zu üben.

Bei einem einstudierten Wechsel lässt sich relativ leicht eine Minute gutmachen. Will man sich dagegen bei einem Kurztriathlon mit einer Laufstrecke von 10 km z.B. von 36 auf 35 Minuten verbessern, bedarf es eines enormen Plus an Trainingsaufwand.

Zeitliche Verbesserungen ermöglichen sich für mich, einem Triathleten aus dem Läuferlager, in der Regel vornehmlich in den beiden Fremddisziplinen sowie der Umkleidephase. Meine Laufleistungen sind durch Triathlontraining nicht verbessert, wohl aber konstant geblieben.

Bei mir sah das wie folgt aus: Trotz Verminderung meiner jährlichen Laufleistung um 1.000 km auf nunmehr 3.500 km konnte ich meine Laufzeiten halten. Dadurch bedingt konnte ich mich intensiver meiner schwächsten Disziplin, dem Schwimmen, widmen. Dieses Unterfangen brachte mir in Verbindung mit der Umstellung von Brust- zum Kraulschwimmen eine Verbesserung von 4-5 Minuten pro Kilometer ein.

Auf der Radstrecke waren in den letzten Jahren ebenfalls deutliche Steigerungen meinerseits möglich. Diese führe ich auf den jährlichen Radblock im März oder April sowie auf die langen, ruhigen Trainingsfahrten zurück. Der ideale Ort für lange Trainingsfahrten im Frühjahr ist das Radparadies Mallorca. Die hier mehrfach durchgeführten Radtrainingscamps mit ca. 1.200 Radkilometern stellten jeweils eine gute Basis für die kommende Wettkampfsaison dar.

Läuferisch noch nicht austrainierte Athleten verzeichnen auch durch regelmäßiges Triathlontraining zeitliche Verbesserungen im Laufen. So konnte z.B. ein 19-jähriger Triathlet unseres Vereins ohne jegliches Bahntraining innerhalb von wenigen Monaten seine 10.000-m-Laufzeit von 35:50 auf 33:16 Minuten steigern.

Bei der vierten Triathlondisziplin, dem Umkleiden, nehme ich, offen gesagt, die Sache nicht so ganz ernst. Mit dem Triathlonanzug Rad zu fahren, lasse ich mir noch gefallen. Laufen dagegen auf keinen Fall. Bei mir sitzt der Einteiler so unter Spannung, dass er mich selbst auf einer kurzen Laufstrecke von 10 km behindert. Lieber nehme ich dagegen eine Minute Umziehzeit mehr in Kauf und laufe im leichten, luftigen Laufdress.

Ein Triathlet, der aus dem Schwimmerlager kommt, erzielt mit relativ geringem Schwimmtraining immer noch sehr gute Schwimmzeiten. Das Rad fahren erlernen diese gut ausdauertrainierten Athleten ziemlich schnell. Dagegen tun sie sich zumindest am Anfang mit dem Laufen schwer. Verständlich, wenn man bedenkt, dass sie beim Laufen plötzlich ihr volles Körpergewicht zu spüren bekommen. Die Erfahrung lehrt jedoch: Ein Schwimmer erlernt schneller das Laufen als ein Läufer das Schwimmen.

Allein von daher sind die Triathleten, die aus dem Schwimmerlager kommen, im Vorteil. Einen weiteren Vorteil haben sie bei den so genannten Massenstarts. Kaum behindert, können die guten Schwimmer ihre Bahn ziehen, hinten im Hauptfeld ist ungestörtes Schwimmen allerdings nur ein Wunschtraum.

Zum Glück geht man heute dazu über, kleinere Starterfelder zu unterschiedlichen Zeitpunkten ins Wasser zu schicken.

Gute Voraussetzungen für den Triathlonsport bringen auch Radfahrer mit, die bereits eine gute Schwimmtechnik und zudem auch Lauferfahrungen aus den Wintermonaten besitzen. Nach einem systematischen und vernünftigen Triathlontraining wird jeder, ob leistungsorientiert oder Anfänger, schnell erstaunliche Leistungsverbesserungen erzielen, vor allem dann, wenn er besonders seine schwache Disziplin im Training bevorzugt.

...weil Triathlon ein fairer Sport ist.

Triathlon ist ein fairer Sport, da jeder Sportler die gleichen Chancen hat. Fremdhilfe jeglicher Art ist verboten und führt zur Disqualifikation. Unter Fremdhilfe versteht man laut Wettkampfordnung:

- Windschattenfahren beim Radrennen
- Auswechseln von Rennrädern
- Benutzen von Flossen beim Schwimmen
- Doping
- Fremdbegleitung auf der Laufstrecke.

Triathlon ist demnach eine Sportart, bei der jeder Athlet auf sich allein gestellt ist. Selbst ein defekter Fahrradschlauch muss vom Sportler persönlich und ohne jegliche äußere Hilfe gewechselt oder gar geflickt werden. Triathlon ist ganz bewusst kein Mannschaftssport, wie z.B. der Radrennsport. Dort wird innerhalb jeder Mannschaft ganz klar unterschieden nach Wasserträgern auf der einen Seite und dem Kapitän auf der anderen. Beim Triathlon ist jeder sein eigener Kapitän, aber auch sein eigener Wasserträger. Diese Windschattenregelung gilt nach wie vor für nahezu alle (99%) Triathlonwettbewerbe. Die so genannten Windschattenwettkämpfe gibt es leider im Zusammenhang mit der Qualifikation für die Olympiade.

Im Radrennsport wird nach Möglichkeit Windschatten gefahren, oder, wie es im Fachjargon heißt, „am Hinterrad gelutscht", um mit einem deutlich geringeren Kraftaufwand fahren zu können. Entschieden werden Straßenrennen dann oft erst kurz vor der Ziellinie von den Kapitänen, die kaum Führungsarbeit während des Rennens geleistet haben. Diese Regelung mag auch seinen Reiz haben, als gerecht und fair kann ich sie jedoch nicht empfinden.

Fair und gerecht sind in meinen Augen nur die Einzelzeitfahren im Radrennsport. Genau diese Disziplin ist in den Triathlonsport integriert worden. Und im Sinne der Gerechtigkeit und Fairness sollten wir Triathleten uns ausnahmslos bemühen, das unsportliche Windschattenfahren zu verdammen. Ansonsten siegt beim Triathlon nicht der beste Athlet, sondern derjenige, der die beste und schnellste Gruppe beim Rad fahren erwischt. Ohne besonders hohen Kraftaufwand gelingt es dort, Geschwindigkeiten zu fahren, die man allein, womöglich noch gegen Regen und Wind, niemals erreichen kann. „Gut", könnte man sagen, „sollen doch alle Windschatten fahren, dann gleicht sich das in etwa aus." Aber was ist mit demjenigen, der als erster Schwimmer aus dem Wasser kommt?

Er wäre hoffnungslos im Nachteil und könnte auf der Radstrecke nur auf eine nachfolgende Gruppe warten. Das schwimmerische Können würde nicht honoriert. Vergessen sollte man auch denjenigen nicht, der als Letzter aus dem Wasser kommt und ebenfalls keine Möglichkeit zum Windschattenfahren hat.

Fazit: „Gleiche Chancen für alle, Windschattenfahren verdamme."

... weil für den Triathlonsport keine besonderen physischen Voraussetzungen nötig sind.

Als eines der Geheimnisse des Triathlonsports gilt: Man braucht keine besonderen physischen Voraussetzungen, um diesen Ausdauersport zu betreiben, sondern nur Durchhaltevermögen und regelmäßiges Training. Betreibt man den Trainingsaufbau systematisch über einen längeren Zeitraum hinweg, dann werden sich alle Organe, vor allem Herz, Lunge und Kreislauf, langsam an die erhöhten Anforderungen anpassen.

... weil Triathlon Freude an der Bewegung und Zuwachs an Vitalität garantiert.

Die Freude an der Bewegung ist ein ganz wesentlicher Bestandteil des Ausdauertrainings. Beim gemeinsamen Lauf- oder Radtraining gibt es unter Triathleten immer viel zu erzählen. Außenstehende oder auch Unerfahrene meinen, Training müsse sich stets im Wettkampftempo abspielen. Wer so trainiert, kann erstens das Training nicht genießen und zweitens wird er im Wettkampf feststellen, dass er nichts zuzusetzen hat. Er wird nicht schneller als im Training sein. Gerade die langen Trainingseinheiten müssen locker und unterhaltsam absolviert werden. Das ist auch der Grund, warum Training für Ausdauersportler eine große Bereicherung ist. Draußen spürt man die vielfältige Natur, die einzelnen Jahreszeiten mit ihren positiven und negativen Gegebenheiten. Dass man dabei gleichzeitig eine körperliche Abhärtung erfährt, versteht sich von ganz allein. Beim Langlauftraining, das ich seit vielen Jahren regelmäßig in Hamm absolviere, hat es seither nicht einen einzigen Trainingsausfall aufgrund schlechter Witterung gegeben. Es gibt eben kein schlechtes Trainingswetter für Läufer, sondern nur unpassende Kleidung.

Ein weiterer, für mich ganz wichtiger Faktor ist die meditative Selbstfindung bei meinen langen einsamen Trainingsrunden. Wie bereits erwähnt, war das vor Jahren der entscheidende Faktor, warum ich den Ausdauersport begonnen habe. Viele Probleme erscheinen mir nach einem ruhigen Lauf von einer anderen Seite. Sie lösen sich zwar nicht durch Meditation - das wäre zu schön und wahrscheinlich auch zu einfach -, aber Dinge, die ich vorher pessimistisch beurteile, sehe ich nach einigen Trainingskilometern optimistischer. Hinzu kommt, dass ich sehr viele neue Ideen und Gedanken sammle, die mir letztlich doch weiterhelfen. Sei es in der Familie, im Beruf oder im Sport.

So kommen mir derzeit viele Ideen zum Inhalt dieses Buches. Ebenso lässt sich die Trainingsgestaltung und -planung sehr gut beim Training entwickeln. Die Freude an der Bewegung und eine bewusste Ernährung führt zweifels ohne zu einer Zunahme an Vitalität. Vitalität, die einem auch in der Familie und im Beruf zugute kommt.

... weil Triathlon und bewusste Ernährung zusammengehören.

Ausdauersportler, die häufiger über mehrere Stunden trainieren, haben viel Zeit und Gelegenheit, in ihren Körper hineinzuhorchen. Man entwickelt ein besonders inniges Verhältnis zu seinem Körper. Ein jeder von uns weiß, dass ein hochtouriger Motor nur mit hochwertigem Treibstoff fährt. Ebenso ist es mit uns Menschen. Unsere hochtourigen Körper sollten wir nur mit hochwertigen Nahrungsmitteln versorgen. Das gilt nicht nur für Sportler, sondern für jeden. Wenn man seine Ernährung unter diesem Gesichtspunkt betrachtet, ist es auch nicht schlimm, gelegentlich mal zu sündigen.

... weil Triathleten keine Gewichtsprobleme kennen.

Dass jemand, der regelmäßig trainiert, nur in ganz seltenen Fällen Gewichtsprobleme hat, versteht sich von selbst. Im Gegenteil: „Triathleten futtern wie die Scheunendrescher!"

Während der intensiven Trainingsphasen vergeht bei mir kaum eine Stunde, in der ich nichts zu mir nehme. Andererseits habe ich in den ruhigen Wintermonaten schnell 3 kg Winterspeck angesetzt. Der verschwindet im Frühjahr, wenn ich mich aufs Rad setze.

Hier einige Beispiele für den Energieverbrauch in kcal je kg Körpergewicht und Stunde bei Ausdauersportarten unterschiedlicher Geschwindigkeiten.

		kcal/kg	bei 60 kg Körperg. (kcal)	bei 75 kg Körperg. (kcal)
Schwimmen	2,9 km/h	10,3	620	770
	3,6 km/h	21,0	1.260	1.580
Rad fahren	20 km/h	8,6	515	640
	30 km/h	12,0	720	900
Laufen	11,9 km/h	10,8	650	810
	15,1 km/h	12,1	730	910
	18,0 km/h	15,0	900	1.130

... weil Triathlonsport eine sinnvolle Freizeitgestaltung darstellt.

Durch Arbeitszeitverkürzungen stellt sich immer mehr die Frage nach einer sinnvollen Beschäftigung in der Freizeit. Dies gilt gleichwohl für Leute bis 30 Jahre, denen im Grunde genommen alle nur denkbaren Sportarten ein ideales Betätigungsfeld liefern, als auch für 30-70-Jährige. Für Senioren bieten sich vortrefflich die Ausdauersportarten Schwimmen, Rad fahren und Laufen an.

Hier drängt sich Triathlon für alle Altersgruppen auch aus medizinischer Sicht regelrecht auf. Triathlon hat durch seine Vielfältigkeit eine Menge zu bieten. Es ist gerade für ältere Menschen wesentlich sinnvoller, etwa zweimal in der Woche zu laufen, Rad zu fahren und zu schwimmen als nur zu laufen.

Für Ambitionierte, bei denen der Wille nach Selbstbestätigung und Leistung vorhanden ist, sind auch in einem Alter, in dem z.B. Fußballspieler ihre Schuhe schon längst an den berühmten Nagel gehängt haben, Leistungssteigerungen in erstaunlichem Maß möglich.

Dazu ein wichtiger Tipp: Suchen Sie zumindest zweimal in der Woche eine Trainingsgemeinschaft auf. Es muss nicht unbedingt ein Verein sein, es reicht auch eine aktive Lauf-, Rad- oder Schwimmgruppe. Hier erst können Sie die nicht bezahlbaren Vorteile eines Gruppentrainings genießen.

Gemeinschaftstraining macht Spaß. (Foto: S. Aschwer)

Die Angebotspalette im Triathlon reicht von 0,3/20/4 über 0,5/20/5, 1/40/10 bis zu 2/90/21 und 4/180/42 km. Jede Frau, jeder Mann und das in jeder Leistungsklasse, kann ‚ihren' Wettbewerb auswählen.

Ein weiterer interessanter Aspekt beim Triathlon ist die Tatsache, dass Breitensportler, Leistungssportler und Spitzensportler bei vielen Veranstaltungen gemeinsam starten. Und jeder Einzelne macht seine Grenzerfahrungen, die besonders als Gruppenerlebnis tief greifende Eindrücke hinterlassen.

Im Zielraum darf jeder ‚Finisher', ob als Erster oder als Letzter durchs Ziel laufend, stolz auf sich sein. Er hat unter Beweis gestellt, dass er ein ‚Mensch mit Kern' ist.

... weil ich fit bleiben möchte.

Triathlon ist durch Vielseitigkeit gekennzeichnet. Daher eignet sich dieser Sport gut dazu, die Fitness zu trainieren und weiter auszubauen. Für Triathlonanfänger, die einen Wettkampf bestreiten wollen, muss Folgendes gelten: „Werde fit durch Ausdauertraining und bestreite dann einen Triathlonwettkampf. Versuche niemals durch einen Triathlonwettkampf fit zu werden. Dies würde ein gesundheitliches Risiko darstellen!"

Die vorgenannten 15 Gründe beinhalten keinerlei Rangfolge, sondern sind eine Auflistung der für mich wichtigen Argumente, Triathlon zu betreiben. Ich finde, all diese Gründe zusammengenommen, machen die ‚Faszination Triathlon' aus. Sicherlich hat jeder Triathlet bei der Gewichtung seiner Argumente eine andere Reihenfolge vorzuweisen. Was für den einen entscheidend war oder ist, kann für den anderen Nebensache sein. Wichtig ist, dass einem die sportliche Betätigung Freude bereitet und einen Sinn hat.

Soll	**Haben**
• Trainingsaufwand	• Erleben des Wettkampfs
• Schwimmen	• Erzielte Zeit
• Rad fahren	• Motivation für das regelmäßige Training
• Laufen	• Platzierung
• Aufwand an Kosten	• Freude an der Bewegung
für Training	• Zunahme an Vitalität
für Wettkämpfe	• Gesundheitsaspekt
für Ausrüstung	• Sinnvolle Freizeitgestaltung
• Zeitaufwand	• Anerkennung

Da mir bewusst ist, dass jedes Ding zwei Seiten hat, gibt es auch beim Triathlon ein Für und ein Wider, oder eine Haben- und eine Sollseite. Für mich stellt sich meine Triathlonwaage wie in vorstehender Grafik dar.

Wie werde ich Triathlet?

Diese Frage kann jeder gesunde Mensch nach wenigen Augenblicken für sich selbst beantworten. Triathlon, der Non-Stop-Ausdauerdreikampf, vereinigt in einem Wettbewerb Laufen, das wir in unserem ersten Lebensjahr erlernen, Rad fahren, das wir mit vier bis fünf Jahren meist beherrschen und Schwimmen, das wir können sollten, wenn wir in die Schule kommen.

Das heißt doch ganz konkret: Seit unserer Einschulung sind wir schon alle Triathleten. Wenn man dann noch ein regelmäßiges Ausdauertraining betreibt, sind fast alle Voraussetzungen erfüllt, um die Faszination des Triathlons am eigenen Körper zu erleben.

Wem das Ausdauertraining fehlt, der kann zu jeder Zeit und in jedem Alter damit beginnen. Wie bereits erwähnt, gilt das selbstverständlich auch, oder gerade für Leute, die sich in der zweiten Lebenshälfte befinden. Vorher sollte man sich jedoch von einem Sportarzt eingehend untersuchen lassen. Was nun noch fehlt, ist die erforderliche Ausrüstung. Eine Badehose und eine Badekappe sind mit Sicherheit vorhanden. Ebenso ein Fahrrad. Es reicht ein ganz normales Tourenrad, mit oder ohne Gangschaltung. Wenn ein Rennrad vorhanden ist, dann bitte unbedingt einen geschlossenen Helm zulegen. Mehr dazu später.

Weiterhin sind ein paar gute Laufschuhe und ein wenig Laufausrüstung wie Hose und T-Shirt notwendig. Wichtig sind vor allem die guten Laufschuhe. Hierfür sollte man schon 100-200,- DM anlegen.

Mit dieser recht einfachen Ausrüstung, die in den meisten Fällen bereits vorhanden ist, kann das regelmäßige Ausdauertraining beginnen.

Triathlon - ein Sport für Frauen

Ist Triathlon, dieser Sport für Menschen mit ‚Kern', wirklich eine sinnvolle Sportart für Frauen? Als jemand, der bereits eine Reihe von Wettkämpfen bestritten hat, bei denen jedes Mal auch Frauen und Mädchen dabei waren, kenne ich keinen Grund, warum das weibliche Geschlecht den so faszinierenden Triathlonsport nicht betreiben sollte. Vielmehr gibt es eine Anzahl von guten Gründen, weshalb Frauen genauso gut diesen Ausdauersport ausüben können wie ihre männlichen Mitstreiter.

Beispiele aus anderen Sportarten beweisen die hervorragende Ausdauerfähigkeit von Frauen. Bei der Durchschwimmung des Ärmelkanals über 33 km haben Frauen den Männern immer wieder die Rekordmarke abgejagt, obwohl eine viel größere Anzahl von Männern das Ozeanschwimmen betreibt.

In der Marathonszene haben sich die Damen, dank Dr. Ernst VAN AAKEN, längst einen festen Platz erobert. Aus den Langlaufloipen sind sie ebenfalls nicht mehr wegzudenken.

Dr. VAN AAKEN hat bereits nachgewiesen, dass Frauen keine Sprinterinnen sind, sondern Ausdauerleister. Eine Frau ist kein Muskelpaket, dafür ein Stoffwechselathlet. Sie ist zäher und geduldiger als der Durchschnitt der Männer. Sie ist in Bezug auf das Training besser motivierbar und trainingsfleißiger. Sie hat durchschnittlich ein geringeres Gewicht, einen geringeren Wasseranteil im Körper und einen geringeren Muskelanteil (40% beim Mann und nur 23% bei der Frau).

Insgesamt gesehen sollen vergleichbare Leistungen von Frauen sowohl im Triathlon als auch im Marathonlauf mit ca. 10-11% über der Zeit der Männer anzusetzen sein.

Wenn man das berücksichtigt, so kann sich jeder Mann ausrechnen, wie groß die Leistung einer Triathletin ist, die mit ihm durchs Ziel läuft. Mir passiert es in Wettkämpfen sehr häufig, dass ich nahezu gleichauf mit Triathletinnen durchs Ziel laufe. Deshalb habe ich mir schon oft Gedanken über die tolle Leistung dieser flotten Damen gemacht.

Namen wie Sonja KROLIK, Ute SCHÄFER, Ines EDSTEDT, Ute MÜCKEL, Sabine WESTHOFF, Astrid BENÖHR u.a. sind allesamt Beispiele für die hervorragende Ausdauerfähigkeit der Frauen. Sie und die vielen anderen Triathletinnen haben bewiesen, wie gut sie bei entsprechender Vorbereitung die Wettkampfanstrengungen zu meistern verstehen, dieses oft lockerer, leichter und gelöster als viele der männlichen Mitstreiter.

Wir Triathleten können bezüglich Lockerheit und Unbekümmertheit einiges von den Frauen übernehmen. Insgesamt beträgt der Anteil der Frauen an Triathlonwettkämpfen in den Vereinigten Staaten 25%, in Europa liegt er bei etwa 10%. Bei uns scheuen sich viele Damen, an Wettbewerben teilzunehmen, weil sie in der Regel nur im Mittelfeld einlaufen. Vielleicht sollten die Veranstalter das Leistungsvermögen der Triathletinnen berücksichtigen und diese entsprechend eher starten lassen. Das würde bei einem Kurztriathlon etwa eine Vorlaufzeit von 15 Minuten, bei einem Mitteltriathlon 30 Minuten und bei einem Ultratriathlon eine Stunde ausmachen. Damit wäre ein fairer und annähernd vergleichbar gerechter Zieleinlauf gewährleistet.

Eine andere Möglichkeit bestünde darin, die Wettkampfstrecken der Damen um einen bestimmten Prozentsatz zu kürzen. Mir ist klar, dass es für beide Vorschläge Argumente dafür und auch Argumente dagegen gibt. Sollte man nicht zumindest einmal den Versuch unternehmen, die bisherige Form der Triathlonwettkämpfe anders zu gestalten, um einen größeren Anreiz für die sportlichen Damen zu bieten, ihre Ausdauerqualitäten noch eindrucksvoller unter Beweis zu stellen?

Die zuvor beschriebenen fünfzehn Gründe für die Ausübung des Triathlonsports treffen selbstverständlich auch auf alle Triathletinnen zu. Ein weiterer gewichtiger Grund kommt für die Frauen sogar noch hinzu:

... weil Triathlon die Figur verbessert und schön macht!

Eine Triathletin benötigt nur wenig Make-up. Sie gewinnt beim Sport in der Sonne eine natürliche Bräune, ohne Höhensonne und ohne die so schädlichen Dauersonnenbäder ohne Bewegung.

Foto: A. Pfützner

Die normale Witterung sorgt für eine gute Durchblutung der Gesichtsmuskulatur. Fettpolster werden ohne große Hungerkuren mühelos abgebaut. Kurz, beim Triathlontraining kann die Figur nur verbessert werden. Den vielen, zumeist wohl proportionierten Triathletinnen bekommt offensichtlich das vielseitige Training besser als so mancher Straßenläuferin, bei denen man glaubt, es mit einem halb erwachsenen Jungen zu tun zu haben.

Triathlon - ein Sport für Schüler und Jugendliche

Wie bereits kurz angesprochen, sind wir alle etwa seit unserer Einschulung mit Schwimmen, Rad fahren und Laufen vertraut. Bei den über 40-Jährigen gilt diese Aussage für das Schwimmen nur mit Einschränkungen. Heute beherrschen jedoch mehr als 90% der 10-jährigen Schüler das Schwimmen. Warum soll dieser Sport nicht auch für Schüler und Jugendliche eine neue Herausforderung sein? Keine schwierige Technik wie das Kugelstoßen oder das Barrenturnen muss erlernt werden. Die von den Sportpädagogen so geschätzten motorischen Alltagserfahrungen der Kinder reichen aus, um diesen Sport zu betreiben.

Die wettkampfgerechte Zusammenfassung der drei von früher Kindheit an so vertrauten Fortbewegungsarten Schwimmen, Rad fahren und Laufen sehe ich als ideales Basisausdauertraining für alle anderen Sportarten und als neue faszinierende Sportart an. Hiermit sollte man möglichst viele Jugendliche vertraut machen.

Schulen, an denen dieser Non-Stop-Dreikampf schon praktiziert wurde, im Gegensatz zum herkömmlichen Dreikampf aus 50-m-Lauf, Weitsprung und Schlagballweitwurf, berichten von einem wahren Motivationsschub und das nicht nur für den Sportunterricht. Der Organisator eines Schülertriathlons einer Ahlener Hauptschule, Dieter MASSIN, machte in den Klassen 9 und 10 seiner Schule folgende Erfahrungen: Über das ganzjährig durchgeführte Ausdauertraining als Vorbereitung zum Schultriathlon mit Schülern, denen häufig jegliche Motivation - was die Schule anbetrifft - fehlte, nahm die Lern- und Leistungsbereitschaft der Schüler in erstaunlichem Maße zu. Verständlicherweise sollten in diesem Alter die wettkampfmäßigen Distanzen recht kurz gehalten werden. Die maximalen Empfehlungen der Deutschen Triathlon-Union sehen wie folgt aus:

9/10 Jahre: 100 m Schwimmen/ 2,5 km Rad fahren/ 0,4 km Laufen
11/12 Jahre: 200 m Schwimmen/ 5,0 km Rad fahren/ 1 km Laufen
13/14 Jahre: 400 m Schwimmen/ 10 km Rad fahren/ 2,5 km Laufen
15/16 Jahre: 750 m Schwimmen/ 20 km Rad fahren/ 5 km Laufen
17/18 Jahre: 750 m Schwimmen/ 20 km Rad fahren/ 5 km Laufen

Schüler- und Jugendtriathlons gibt es in Deutschland bereits seit 1984, so z.B. an der Erich-Kästner-Schule in Bochum. Der engagierte Sportlehrer und Organisator des Ostfrieslandtriathlons, Helmut TINNEMEYER, führt mit überaus großem Erfolg in Bochum bereits Stadtmeisterschaften der Bochumer Schulen im Triathlon durch. B-/A-Jugendliche und Junioren beiderlei Geschlechts messen sich dort beim 400-m-Schwimmen im Uni-Bad, anschließend heißt es, 13 km Rad fahren entlang des Kemmnader Stausees, bevor abschließend 3.000 m zu laufen sind.

Wie fange ich an? (Foto: H. Aschwer)

Erfolgsmeldungen dieser Art sind von vielen anderen Orten bekannt. So war es die Gemeinschaftshauptschule Alsdorf-Busch, die ebenfalls mit über 100 begeisterten 10-14-Jährigen einen Wettbewerb über 200 m/10/4,2 km und für die 15-16-Jährigen 350 m/20/7,8 km im Non-Stop-Dreikampf absolvierte.

Triathlon stellt also auch für Schüler und Jugendliche eine Bereicherung im Sportgeschehen dar. Seit 1986 führt die Deutsche Triathlon-Union Deutsche Jugendmeisterschaften für B- und A-Jugendliche mit großem Erfolg durch.

Jugendliche Triathleten bedürfen natürlich einer intensiven Betreuung. Hier sind insbesondere die Triathleten angesprochen, die bereits drei oder vier Jahrzehnte alt sind. Wir, da beziehe ich mich selbst mit ein, sollten neben unseren eigenen sportlichen Ambitionen – die ich hoch einschätze und jederzeit befürworte – nicht vergessen, unsere sportlichen Kenntnisse und auch sonstigen Lebenserfahrungen an die in letzter Zeit sehr stark ins Triathlonlager wechselnden oder einsteigenden jungen Sportler weiterzugeben.

Damit können wir die jungen Athleten vor Fehlern schützen, die man eventuell selbst erfahren hat. Gleichzeitig erleichtern wir ihnen den Zugang zum Triathlon mit all seinen Vorzügen. Ich finde, wer als junger Mensch im Sport Eigenschaften wie Fairness, Durchhaltevermögen, Selbstdisziplin entwickelt, der ist in der Lage, diese Dinge auch im Berufsleben oder ganz allgemein in seinem Leben erfolgreich anzuwenden.

Weiterhin kann die ältere Sportlergeneration so ihren Beitrag zum Volkssport Triathlon leisten. Ich möchte gar so weit gehen und behaupten: Die erfahrenen Triathleten sind moralisch verpflichtet, ihre Kenntnisse weiterzugeben, so wie man es bei den eigenen Kindern für selbstverständlich erachtet! Dass es bei dieser sportlichen Zusammenarbeit zwischen Jung und Alt nicht eine nehmende und eine gebende Seite, sondern ein Geben und Nehmen von beiden Seiten gibt, darf ich kurz aus eigener Erfahrung schildern.

In Hamm betreue ich einige jungen Triathleten, die vom Wasserball oder Schwimmen zum Triathlon gekommen sind. Sicherlich können diese jungen Burschen einiges von mir lernen und übernehmen. Andererseits stelle ich bei objektiver Betrachtungsweise fest, auch ich habe bereits etliches von diesen jungen Sportlern gelernt und übernommen. Dazu gehört u.a. die Unbekümmertheit vor Wettkämpfen und die legere Art, den Sport zu sehen. Das bedeutet keinesfalls, dass sie unvorbereitet an den Start gehen, sondern den Sport so sehen, wie und was er ist, nämlich die schönste Nebensache der Welt. Darin kann ich sie nur unterstützen und hoffen, dass es so bleibt. Es ist auch oder gerade für so junge Talente wichtig zu erkennen, dass es noch andere, wichtigere Dinge im Leben gibt als den Sport.

Für mich heißt das Motto: „Triathleten sind vielseitig in ihrer sportlichen Betätigung und sollen daher besonders vielfältig in ihrem täglichen Leben sein."

Von sportlichen Betreuern erwarten junge Sportler sicherlich Einfühlungsvermögen, sinnvolle und einsichtige Trainingsvorschläge, Rücksichtnahme im Training und Anerkennung ihrer sportlichen Leistung. Für mich ist es eine aufrichtige Freude, mitzuerleben, wie diese jungen Burschen mir in Kurztriathlonwettkämpfen einige Minuten abnehmen. Mittel- und Ultratriathlonwettbewerbe sind nach meiner Meinung erst für Athleten geeignet, die deutlich die zwanzig Jahre überschritten haben und ihre Ausdauerbasis durch jahrelanges Training verbreitert haben.

Insgesamt empfinde ich die Zusammenarbeit zwischen erfahrenen und unerfahrenen Athleten als ein Geben und Nehmen, so wie es im Leben eigentlich immer der Fall sein sollte.

Triathlon - ein Sport für Senioren

Das Seniorenalter beginnt beim Triathlon bereits mit 35 bzw. 40 Jahren und endet eigentlich erst einen Tag vor dem Tode. 60-Jährige und noch Ältere trifft man immer häufiger bei Triathlonwettbewerben.

Ein Mann wie Gotthold DUDDA, der vor Jahren die Deutschen Senioren-Meisterschaften hervorragend organisierte, bestritt auch noch selbst den Wettkampf mit. Und wie! Für 1.500 m Schwimmen (38:59 min), 60 km Rad fahren (1:54 h) und 15,8 km Laufen (1:28 h) benötigte er insgesamt nur 4:08 Stunden und wurde trotzdem noch von einem gleichaltrigen Athleten um zwei Minuten übertroffen.

Einfach erstaunlich. Und wer meint, diese Rentner seien nach solch einem Wettkampf über insgesamt 77 km tagelang erschöpft, der hätte sich mit diesen tollen Senioren nach einer kurzen Verschnaufpause unterhalten sollen. Die Spuren der Anstrengung waren nach wenigen Minuten wie verflogen.

Diese Fitness wünsche ich mir selbst noch in dem Alter.

Für die Aufnahme einer oder mehrerer Ausdauersportarten ist es nie zu spät. „Nicht die sportliche Belastung, sondern die Inaktivität ist der Todfeind des menschlichen Körpers", heißt es zutreffend in einer amerikanischen Studie.

Foto: Dietmar Kuhla

Wir wissen heute, dass für die körperlichen Probleme, die mit dem Alter in Verbindung gebracht werden, weniger das tatsächliche Alter eines Menschen als vielmehr seine Lebensweise verantwortlich sind. Einfacher ausgedrückt, heißt das doch: Wir nutzen unseren Körper nicht ab, sondern wir lassen ihn einfach verrosten. Nicht so bei Triathleten.

Der größte Vorteil für Senioren, egal, ob 30, 40, 50, 60 oder 70 Jahre, die regelmäßig Ausdauersport betreiben, besteht nicht nur in der Verbesserung ihres Gesundheitszustands, sondern darin, dass sie sich wohl fühlen und dadurch mehr vom Leben haben. Sie besitzen also eine höhere Lebensqualität.

Frauen und Männer im fortgeschrittenen Seniorenalter sind im Triathlonsport keine Außenseiter. Sie nehmen an denselben Wettkämpfen teil wie 20-Jährige und erhalten für ihre Leistung die gleiche Anerkennung wie diese.

Viele der Triathleten fürchten ihre Geburtstage nicht, sondern freuen sich sogar darauf, weil sie sich ausrechnen, in der nächsthöheren Altersklasse noch bessere Chancen auf eine gute Platzierung zu haben.

Im Seniorenalter sollte man mit langsamen Leistungssteigerungen zufrieden sein. Insgesamt nimmt die Körperkraft bis zum zwanzigsten Lebensjahr zu, dann setzt ein sehr, sehr langsamer Schwund ein. Erst mit dem sechzigsten Lebensjahr geht es mit den Kräften steiler bergab. Mitunter bleibt dieser Leistungsknick ganz aus. Der Grund für den langsamen Schwund liegt in der Abnahme der Muskelkraft, der maximalen Herzfrequenz und der Abnahme der Sauerstoffaufnahme.

Triathlonanfänger im Seniorenalter sollten sich einer ärztlichen Untersuchung unterziehen und dann allmählich ihr Trainingspensum steigern. Andererseits muss man nicht meinen, dass im Seniorenalter keine Leistungssteigerungen mehr zu verzeichnen sind. Dave „the Man" SCOTT erreichte beim Ironman® Hawaii 1994 insgesamt den 2. Platz und ließ bis auf Greg WELCH die gesamte Weltelite hinter sich. Der Triathlet und „Wetterfrosch" Kalli NOTTRODT erzielte ebenfalls im Alter von knapp 40 Jahren seine schnellste Ironman®-Zeit von 8:45 h. Mir persönlich gelang es 1993, 46-jährig, neben meiner schnellsten Ironman®-Zeit von 9:55 h in einer Saison vier Ironman®-Distanzen (Australien, Roth, Embrun, Podersdorf) und zusätzlich noch den Powerman von Zofingen, ohne Leistungseinbrüche, zu absolvieren.

Erfolgreiche Ironman®-Finisher (Foto: C. Kröger)

Triathlon – ein Sport für die Familie!

Triathlon für Kinder, Jugendliche, Frauen und Männer jeglichen Alters, ein Sport also für die gesamte Familie.

In den seltensten Fällen wird eine mehrköpfige Familie geschlossen an einem Triathlon teilnehmen. Dies ist sicherlich auch gar nicht erforderlich, um in den Genuss der positiven Auswirkungen eines regelmäßigen Ausdauertrainings zu gelangen. Ich kann nur aus eigener Erfahrung zu einem Familientraining raten.

Wenn Mutter, Vater und zwei heranwachsende Töchter z.B. 6 km laufen, oder eine Radtour unternehmen, oder im Sommer auch mal einen 500 m langen Schwimmausflug unternehmen, so ist das in den meisten Fällen mit lustiger Unterhaltung verbunden. Ganz offensichtlich entspannt sich nicht nur der Körper bei einem ruhigen Ausdauertraining, sondern auch die Psyche. Bei dieser Art von Familienausflügen fallen uns vieren, insbesondere den Kindern, die verrücktesten Dinge ein. Ob Dorfneuheiten, Familienangelegenheiten, lustige Schulbegebenheiten, kein Thema wird ausgeschlossen. Weiterhin bin ich während dieser Zeit für besondere Wünsche anderer Familienmitglieder recht aufgeschlossen. Das wissen insbesondere heranwachsende Töchter zu nutzen.

Die Ausdauersportarten Laufen und Rad fahren bieten sich für eine intensive Kommunikation an, sei es als Familien- oder als Gruppentraining.

Bei solch einem Training, wo der Schwächste das Tempo bestimmt, braucht niemand um seine gute Form zu bangen. Dem schnelleren Vater tut solch ein Familientraining aus mehreren Gründen gut.

Einmal kann er es als gute Regenerationseinheit nach einem härteren Training am Vortage ansehen, und dieses kann niemals zu langsam sein. Ebenso sollte er neben seiner körperlichen Ertüchtigung auch an die zwischenmenschliche Ertüchtigung innerhalb seiner Familie denken.

Kann man nicht besser auf ein paar Sekunden beim nächsten Wettkampf verzichten als auf eine intakte Familie?

Ähnlich verhält es sich mit einer Familienradtour. Diese kann der besonders ehrgeizige Vater dazu benutzen, seine Kinder einige hundert Meter abzuschleppen, womöglich noch bergauf. Ein Trainingseffekt und Pluspunkte bei seinen Kindern ist das Resultat.

Weiterhin bietet sich bei allen drei Sportarten das beliebte Versteckspiel oder das Fangen an. Für solch ein Fahrtspiel sind Kinder immer zu gewinnen.

Dem Vater gelingt es dabei leicht, durch längere Wege auch auf seine Kilometer zu kommen. Besonderen Spaß bereitet das Fangen im Wasser. Man sieht, schwimmen, Rad fahren und laufen muss man nicht immer mit der Stoppuhr in der Hand tätigen. Motivieren zum Ausdauersport lassen sich Kinder besonders dann, wenn Eltern auf ihre Vorschläge eingehen, selbst wenn diese ein wenig abgewandelt werden.

Unter diesen Gesichtspunkten macht das Familientraining häufig einen Riesenspaß, weil alles spielend verläuft.

Triathlon und Ernährung

Dass zum Ausdauersport, insbesondere zum Triathlon, eine vernünftige Ernährung gehört, versteht sich von allein. Einmal ist auf die erforderliche Kalorienmenge (Joulemenge) zu achten, aber noch mehr auf die Zusammensetzung der Gesamtmenge nach Nährstoffen.

In diesem Handbuch für Triathleten möchte ich nicht allgemein auf das Thema Sport und Ernährung eingehen, sondern dieses lieber Experten, wie Prof. Dr. Georg NEUMANN, überlassen. Näheres dazu lesen Sie bitte in *Ernährung im Sport* (Meyer & Meyer Verlag, Aachen, überarbeitete Neuauflage 1998) nach.

Ich möchte nur kurz einige wichtige persönliche Erfahrungen schildern. Da ich als Läufer zum Triathlon kam, musste ich mich zwangsläufig mit circa drei Kilogramm mehr an Gewicht abfinden.

Probleme hatte ich in den letzten Jahren, wie viele Ausdauersportler, mit dem Eisengehalt meines Blutes. Trotz Einnahme von verschiedenen Eisenpräparaten erreichte ich nie den Normalbereich.

Mein zu niedriger Serumeisenspiegel machte mir seit Jahren zu schaffen. Allgemeine Abgeschlagenheit, Müdigkeit, Lustlosigkeit und fehlender Trainings- und Wettkampfeifer waren mehr oder weniger stark ausgeprägt. Ich merkte mit der Zeit selbst, wann mein Eisenspiegel wieder mal extrem niedrig war.

Nach mehreren eingehenden Untersuchungen, u.a. auf Blutverluste, blieb folgende Erklärung: Durch Schweißverluste verliert man bekanntlich nicht nur Elektrolyte wie Natrium, Chloride, Kalzium, Magnesium u.a., sondern auch Spurenelemente. Dazu gehört Eisen.

Und zwar verliert der Mensch etwa 1,2 mg Eisen mit jedem Liter Schweiß.

Da ich bei meiner sportlichen Betätigung überproportional viel schwitzte, verlor ich damit auch verhältnismäßig viel an Eisen.

Bei warmer Witterung und einem flotten Trainingslauf waren es bis zu zwei Liter Schweiß in einer Stunde. Bei längeren Radtrainingsfahrten benötigte ich die doppelte bis dreifache Menge an Flüssigkeit als meine Vereinskameraden. Diese spotteten oft und meinten, ich solle einen Tankwagen als Begleitfahrzeug mitnehmen.

Wie nimmt man nun am besten Eisen zu sich? Wie der Volksmund sagt, durch Einstechen eines rostigen Nagels in einen Apfel, den man dann 24 Stunden später verspeisen soll?

Ich bevorzugte Vollkornprodukte, Weizenkeime und Gemüse. Weiterhin Kalbsleber. Bedingt durch den hohen Kadmiumgehalt der Leber bin ich der Meinung, dass man diese jedoch nur höchstens einmal im Monat essen sollte. Daran hielt ich mich auch. Trotz allem bekam ich meinen Serumeisenspiegel nie auf den gewünschten Stand. Drei volle Jahre habe ich regelmäßig mit einigen kurzen Unterbrechungen verschiedene Eisenpräparate eingenommen. Den normalen Wertebereich des Eisens, der zwischen 60 und 150 mval/l liegt, erreichte ich trotz allem nicht.

Ständig grübelte ich herum, wie ich von der ‚Pillenschluckerei' abkommen konnte. Irgendwann erinnerte ich mich an eine Unterhaltung mit einem über 50-jährigen Triathleten, der ein Jahr zuvor das Buch vom Hawaii-Triathlon gelesen hatte und daraufhin den Entschluss fasste, dieses kalkulierbare Abenteuer ebenfalls anzugehen.

Energietrunk des Autors: Apfelsaft + Brottrunk + Fermentgetreide (Foto: H. Aschner)

Er schwärmte aus eigener Erfahrung von Brottrunk und Fermentgetreide. Damals hatte ich den Eindruck, dass er nur deshalb von seinem Brottrunk so überzeugt ist, weil dieser in seiner Heimatstadt hergestellt wird. Sollte da doch etwas dran sein?

Mir gelang es dann, ein längeres Gespräch mit dem Bäckermeister KANNE zu führen. Erstaunliches bekam ich zu hören.

Trotz allem war ich skeptisch. Für mich stand nach diesem ausführlichen Gespräch jedoch fest: Die Sache mit dem Brottrunk und dem Fermentgetreide probiere ich aus.

Seither mache ich mir morgens einen Frischkornbrei aus frisch vermahlenem Hafer, kurz in Wasser aufgekocht und mit Frischobst und Rosinen garniert; dazu 2 TL von dem mineralreichen Fermentgetreide und 0,2 l Brottrunk. Mittags zur normalen Mahlzeit 0,1 l Brottrunk.

Brottrunk und Fermentgetreide sind natürliche, heilende Lebensmittel. Bei dem Brottrunk handelt es sich um ein Milchsäure-Gärungserzeugnis. Es wird aus biologisch angebautem Getreide gewonnen, das zu Vollkornbrot verarbeitet wird. In dem anschließend folgenden Gärungsprozess bildet sich natürliche Brot- oder Milchsäure, die auf den menschlichen Organismus eine äußerst positive Wirkung hat. Brottrunk enthält wichtige Mineralstoffe, Spurenelemente und Vitamine, die die Zellerneuerung fördern. Die Stiftung Sportmedizin Amsterdam hat in einer „Untersuchung über die Wirkung von KANNES Brottrunk auf Sportler" Folgendes festgestellt:

- Der Fahrradtest zeigte eine 3-5% höhere Sauerstoffaufnahme.
- Die Wiederherstellung des Pulsschlags verbesserte sich wesentlich.
- Der Coopertest ergab einen Fortschritt von 8-10%.

Eine gesteigerte Leistungsfähigkeit hat man auch im Forschungsinstitut Manfred von Ardenne, Dresden, (S. 155 in: Getreidesäure - der lebendige Milchsäuregipfel. Greiserdruck, Rastatt) bei der Einnahme von Kanne-Brottrunk festgestellt.

Diese Leistungssteigerung konnte ich in den letzten Monaten und Jahren selbst erfahren. Seit meiner Ernährungsergänzung durch nahezu tägliche Aufnahme von Brottrunk, Fermentgetreide und Frischkornbrei sind meine persönlichen Erfahrungen folgende:

- Wegfall sämtlicher Eisenpräparate
- Normalisierung des Eisengehalts im Blut
- Flüssigkeitsbedarf beim Sport hat stark abgenommen
- Allgemeine Leistungssteigerung
- Schnellere Regeneration

Foto: S. Aschwer

Zur Leistungssteigerung und zur schnellen Regeneration sind aus den letzten Wettkampfjahren folgende persönliche Beispiele anzuführen: 46-jährig gelang es mir, neben meiner schnellsten Ironman®-Zeit von 9:55 Stunden, innerhalb von zwei Monaten insgesamt drei Ironman®-Distanzen zu absolvieren. Dass dieses ohne Leistungseinbußen geschah, davon zeugen die 3:22 h im Marathonlauf des dritten Wettbewerbs. 50-jährig bereiteten mir Triathlon- und Laufwettkämpfe an 12 aufeinander folgenden Wochenenden keinerlei Probleme. Darunter befanden sich unter anderem eine Ironman®-Distanz, fünf Kurzdistanzen, zwei Marathonläufe und zwei Halbmarathonläufe. Gleiches gilt für drei Duathlon- und Triathlonwettkämpfe zwischen 2:17 h und 3:30 h innerhalb von sieben Tagen.

Für mich steht somit eindeutig fest: Die positiven Auswirkungen sind bei mir selbst so eindeutig, dass beide Nahrungsmittel – Brottrunk und Fermentgetreide – für mich und meine Familie täglich auf dem Speiseplan stehen. Offensichtlich hat der Brottrunk entscheidenden Einfluss auf den nicht nur für Sportler so wichtigen Stoffwechsel.

Ansonsten achte ich auf meine Ernährung, ohne daraus aber eine Religion zu machen. Mir ist jedoch klar, dass eine vielseitige und abwechslungsreiche Ernährung für jedermann eine wichtige Voraussetzung für die körperliche Leistungsfähigkeit ist. Normalerweise sorgt eine gute, gesunde Mischkost für die nötigen Nähr-, Wirk- und Ballaststoffe. Besonderes Augenmerk sollte man auf die leeren Kalorien richten, die nach Möglichkeit zu meiden sind. Alle in der Friteuse zubereiteten Nahrungsmittel, ebenso Majonäse, Saucen, Fleisch und auch Wurst. Als Ausdauersportler ist man vor allem auf kohlehydratreiche Kost angewiesen, denn Kohlehydrate werden vom Körper schnell in Energie umgewandelt. Anders ausgedrückt: Kohlehydrate sind das Kleinholz unseres inneren Feuers.

Anmerkungen von Sieglinde Aschwer

In unserem Vier-Personen-Haushalt hat sich in den letzten Jahren einiges verändert, nicht nur, was die Ernährung anbetrifft. Das alles geschah nicht abrupt, sondern in vielen kleinen Schritten. Einfügen möchte ich, dass der Sport insgesamt eine beträchtliche Bereicherung für die gesamte Familie darstellt. Meinem Mann ist es offensichtlich gelungen, mich und auch unsere beiden Töchter für den Sport zu begeistern. Bis etwa 1980 waren wir eine unsportliche Familie. Hermann begann als Erster mit dem Laufen. Zu Volksläufen fuhren wir vier gemeinsam hin und machten diese zum Anlass, jeweils die nähere Umgebung kennen zu lernen. Als die Töchter 8 und 12 Jahre alt waren, nahmen auch sie an 1.000-3.000-m- Läufen teil. Aus dieser Wettkampfmotivation heraus trabten sie dann regelmäßig mit dem Vater 4-6 km, etwa zweimal wöchentlich. Durch die sichtbare Freude der Kinder an den spielerischen Läufen wurde auch ich zu einer Mitläuferin. Viele lustige Begebenheiten gäbe es hiervon zu berichten. Besonders das Querfeldeinlaufen gefiel den Kindern bestens und führte zudem zu mancher Naturentdeckung. Ebenso die kurzen Spurts, die der Vater zumeist gegen seine Töchter mit 4:5 oder 3:4 verlor. 10-km-Volksläufe wurden schließlich für uns drei Damen zu einer reizvollen Angelegenheit. Die Zeiten von 46 bis 53 Minuten für diese Strecke waren nebensächlich, entscheidend die Freude an der Bewegung.

Mit 13 Jahren absolvierte Sandra in Steinheim und Essen auch je einen Triathlon, den sie ohne Schwierigkeiten verkraftete. Zwar gibt es bei uns drei Damen heute keine Wettkampfambitionen mehr, das Ausdauertraining von dreimal wöchentlich 5 km laufen behalten wir jedoch bei. Mit unseren sportlichen Aktivitäten wuchs gleichzeitig das Interesse für eine gesunde Ernährung. Mehr und mehr ernährten wir uns bewusster. Vollkornbrote, kalt geschlagene Öle, weniger Süßigkeiten – die wir zuvor in zu großen Mengen verzehrten –, mehr Salate, mehr Gemüse und noch mehr Obst bringe ich seither auf den Tisch. Bei vier Personen gilt es, nicht nur für meinen Mann und mich zu kochen, sondern auch für die Kinder. Diese taten sich anfangs mit dem Vollkornbrot recht schwer. Durch einen ständigen Wechsel der heute in so reicher Zahl angebotenen Vollkornbrote hat sich dieses Problem von selbst erledigt. Ähnlich sieht es derzeit mit dem auf Anhieb nicht gerade geschmackvollen Brottrunk aus. Durch Zugabe von Apfelsaft wird auch dieser ‚süffiger'. Der morgendlich frisch vermahlene und kurz aufgekochte Haferbrei wird, durch Frischobst wie Äpfel und Bananen angereichert, recht schmackhaft.

Immer häufiger versuche ich mich neuerdings an Vollkornkuchen. Von uns vieren sind drei leidenschaftliche Kuchenesser. Wenn mir mal ein Kuchen nicht so gut gelingt, so ist das für meinen Mann in keiner Weise ein Grund, auch nur ein Stück weniger zu essen. Bei ihm gibt es keine missratenen Kuchen, ihm schmeckt jeder. Allerdings handelt es sich überwiegend um feste Kuchen, nur in Ausnahmefällen essen wir mal richtige Sahnetorten.

So wie der Sport unser Familienleben aktiviert hat, so hat das Streben nach einer möglichst vollwertigen Ernährung meine Küche aktiviert, sie ist vielfältiger und besser geworden. Mit dem Streben nach einer möglichst vollwertigen Ernährung möchte ich andeuten, dass nicht alles vollwertig ist, was wir zu uns nehmen. Insbesondere nicht Süßigkeiten. Eine Tafel Schokolade kann Hermann essen wie eine Scheibe Brot. Dagegen ist der Alkoholkonsum bei uns minimal. Generell sollten alle Küchenchefs daran denken, dass sich Ernährungsfehler erst nach vielen Jahren negativ bemerkbar machen, oft erst nach zwanzig bis dreißig Jahren. Diese Gefahr wird heute vielfach ignoriert, obwohl wir alle die Folgen der falschen Ernährung und der mangelnden Bewegung zu tragen haben.

Abschließend möchte ich von zwei wirklich herzhaften Vollkornkuchen die Rezepte auflisten. Weiterhin einige empfehlenswerte Salate und für die vielen ‚süßen' Ausdauersportler selbst gemachtes Honigkonfekt.

Apfelkuchen mit Guss

250 g Weizenvollkornmehl, 1 Ei, 80 g Honig, 70 g Butter, 1 TL Backpulver, 1 Prise Vollmeersalz
Alle Zutaten verkneten.
Inzwischen 500 g Äpfel grob raffeln (mit Schale) und mit Zitonensaft beträufeln. Jetzt Teig in Springform geben. Teig mit Äpfeln belegen. 20 Minuten bei 200° backen.
Guß:
2 Eier getrennt, 80 g Honig, 1 Becher saure Sahne, 1 gestr. TL Zimt, Honig, Eigelb, saure Sahne schaumig rühren. Eischnee und Zimt mit Schneebesen unterheben.
Guß auf den Apfelkuchen streichen.
Kuchen nochmals 20 Minuten backen.

Zwetschgenkuchen mit Streuseln

150 g Weizenvollkornmehl, 100 g Butter, 2 Eier, 2 EL Honig, 1 TL Backpulver.
Butter, Eier, Honig schaumig rühren. Mit Backpulver gemischtes Mehl unterheben.
Teig einfüllen, dicht mit entsteinten Zwetschgen belegen.
Streusel:
100 g Weizenvollkornmehl, 2 EL Honig, 3 EL Öl
Alle Zutaten mit einer Gabel bröselig verkneten. Streusel gleichmäßig auf den Kuchen verteilen.
45 Minuten backen bei 170°.
Dieser Grundteig eignet sich auch für Torten, Kuchen auf dem Blech oder Napfkuchen.

Rotkohlsalat

Rotkohl, fein gehackte Zwiebeln, Äpfel fein geschnitten, gehackte und geröstete Haselnüsse oder Walnüsse, etwas Sonnenblumenöl, evtl. eine Prise Selleriesalz.
Das Ganze gut vermischen.
Dazu eine leichte Majonäse!

Sauerkrautsalat
Sauerkraut, fein gehackte Zwiebeln, Äpfel klein geschnitten, gehackte und geröstete Haselnüsse oder Walnüsse, etwas Sonnenblumenöl. Das Ganze gut vermischen.

Ferment-Vollkornnudeln mit Champignonsoße
Die Nudeln in sprudelnd kochendem Salzwasser möglichst in einem Nirostasieb vier Minuten kochen. Das Sieb aus dem Topf nehmen, das Wasser abschwenken und die Nudeln möglichst sofort auf den Teller geben. Das Ganze mit einer Champignonsoße servieren.

Fermentgetreide-Honigkonfekt
150 g Honig, 120 g Kanne-Fermentgetreide und 60 g Nüsse. Das Ganze wird verknetet und zu Kugeln geformt. Anschließend werden die Kugeln in Haferflocken gewälzt. Dieses Konfekt eignet sich besonders als Kraftnahrung beim Rad fahren.

Guten Appetit!

Entstehung, Ursprung und Geschichte des Triathlons

Triathlon, eine faszinierende Sportart, bestehend aus den drei Ausdauersportarten Schwimmen, Rad fahren, Laufen und hat in den ersten 20 Jahren seines Bestehens einen Aufschwung erlebt, der seinesgleichen sucht. Zwar soll es 1974 in San Diego (USA) den ersten Triathlon mit 1,5 km Schwimmen, 40 km Rad fahren und 10 km Laufen gegeben haben, die Lawine Triathlon wurde jedoch erst am 18.2.1978 beim ersten Hawaii-Triathlon so richtig ausgelöst.

Was war geschehen? Alljährlich gibt es auf der Insel Oahu mit der Hauptstadt Hawaiis, Honolulu, ein Brandungsschwimmen über 2,4 Meilen = 3,86 km - das so genannte „Waikiki Rough Water Swim", weiterhin das „Around Oahu Bike Race", ein Radrennen über 112 Meilen = 180,2 km und den Honolulu Marathon über 26,2 Meilen = 42,2 km.

In einer feuchtfröhlichen Bierrunde diskutierten Angehörige einer auf Hawaii stationierten US-Armee-Einheit darüber, welcher der drei Ausdauerwettkämpfe wohl der härteste sei. Zu einem Ergebnis kam es nicht. Wohl zu dem Vorschlag von John COLLINS, diese drei Wettbewerbe hintereinander zu absolvieren. Von den am 18.2.1978 gestarteten 15 Teilnehmern kam Gordon HALLER nach 11:46 Stunden als Erster ins Ziel.

Der Ironman®-Triathlon, zu deutsch „Eisenmann-Triathlon" war geboren. 1979 waren erstmals Frauen am Start. Lyn LEMAIRE siegte in 12:55 Stunden, Tom WARREN bei den Männern in 11:15 Stunden. Seither findet dieser einmalige Wettkampf jährlich auf Hawaii statt und ist zum größten Magneten dieser Sportart geworden. Als 1980 die amerikanische Fernsehgesellschaft ABC diesen Superwettkampf überträgt, gewinnt der Ironman®-Triathlon weltweite Beachtung.

In Frammersbach (Deutschland) findet im gleichen Jahr der erste Frammersbacher Ausdauerdreikampf statt. Zwar werden hier ebenfalls die drei Ausdauersportarten Schwimmen, Rad fahren und Laufen in einem Wettbewerb ausgetragen, aber jeweils mit einer mehrstündigen Unterbrechung.

Die ersten europäischen Triathlons finden statt. In der ehemaligen Tschechoslowakei 1980, in Holland 1981. Als das Deutsche Fernsehen vom Ironman® auf Hawaii berichtet, entschließen sich spontan einige Deutsche, solche Wettkämpfe auch bei uns durchzuführen. Darunter E.-Peter BERGHAUS aus Essen, der am 26. April 1982 dort den ersten Triathlon auf deutschem Boden durchführt. Keine Hawaiidistanz, sondern 1/70/10 km. Insgesamt gibt es in Deutschland in diesem Jahr noch sechs weitere Veranstaltungen.

Im Kreise einiger Langläufer erlebe ich den Fernsehbericht vom Ironman® Hawaii mittels einer Videoaufzeichnung.

Nizza-Triathlon (Foto: C. Kröger)

Viele halten diesen Wettkampf für „verrückt, absurd, ja beinahe für unmenschlich". Irgendwie fand ich die Sache interessant. Nachdenklich und schweigsam verfolgte ich diesen Superwettkampf am Bildschirm. Ich hätte es selbst nicht geglaubt, wenn mir jemand prophezeit hätte: „1985 bist du auch dabei."

1982 starten erstmals zwei Deutsche und ein Schweizer in Hawaii, Manuel DEBUS, Detlef KÜHNEL und René FRIEDLI.

1983 werden in Deutschland gleich zwei Triathlonverbände gegründet. Am 29. Juni 1983 organisiert Hannes SORGER am Klopeiner See in St. Kanzian den ersten Triathlon Österreichs. Rene FRIEDLI, der 1982 auf Hawaii „Blut geleckt hatte", führt den ersten Schweizer Triathlon durch. 80 Teilnehmer absolvieren am 22.7.1983 in Zürich die Ironman®-Distanz, 300 weitere die kürzeren Strecken. In der Schweiz schlug diese Veranstaltung beim Publikum und bei den Medien wie eine Bombe ein.

1984 finden die ersten Deutschen Triathlonmeisterschaften in Immenstadt (Allgäu) statt. Klaus KLÄREN bei den Männern und Hanni ZEHENDER bei den Frauen heißen die ersten Deutschen Meister. 15 Deutsche wagen das Hawaiiabenteuer.

Die erste Triathlon-Europameisterschaft findet 1985 in Immenstadt statt. Die Deutsche Triathlon-Union wird aus den beiden deutschen Triathlonverbänden gegründet, mit Dr. J. FISCHER als ihren Präsidenten. Bereits 29 Deutsche starten auf Hawaii. Hannes BLASCHKE aus Kempten wird sensationell Vierter. Ich erreiche nach 11:41 Stunden als 325. ebenfalls das so heiß begehrte Ziel in Kailua-Kona.

Ab 1986 finden regelmäßig Deutsche und Europameisterschaften statt. Die Veranstaltungen und Teilnehmerzahlen steigen unaufhörlich. Durch die vielen Kurz- und Jedermanntriathlons ist dieser Non-Stop-Dreikampf auf dem besten Wege, Volkssport zu werden. In der Schweiz werden nationale Meisterschaften über die Kurz- und Ultra- oder Langdistanz ausgetragen. In Österreich boomt ebenfalls der Triathlonsport. Nationale Meisterschaften gibt es sowohl auf der Kurzstrecke (olympische Distanz), als auch auf der Mitteldistanz und seit 1992 auch auf der Ultrastrecke (Langdistanz).

Ab 1988 müssen sich alle Europäer für den Ironman® Hawaii qualifizieren. Roth trägt seither jährlich Anfang Juli den Ironman®-Europe aus. Hier, und an mittlerweile neunzehn weiteren Orten, (s. Kap. „Triathlongipfel") hat jeder Athlet die Möglichkeit, sich für den Ironman® von Hawaii zu qualifizieren.

Jährlich finden Europa- und Weltmeisterschaften statt. Dieses nicht nur für die Elite, sondern auch für Jugendliche, Junioren und Senioren.

Ab 1997 können die Elitetriathleten, von denen ein großer Teil professionell diesen Sport betreibt, sich bei Weltcup-Veranstaltungen für die Olympiade qualifizieren.

Ab 2000 ist Triathlon olympische Disziplin.

Praktische Trainingstipps und -hilfen

Schwimmen

Die erste Disziplin beim Triathlon ist stets das Schwimmen. Es hat zwar schon Versuche gegeben, das Rad fahren und das Laufen auszutauschen, unbestritten ist und bleibt sicherlich das Schwimmen an der ersten Position.

Im Vordergrund stehen auf den folgenden Seiten nicht die Schwimmtheorie, sondern praktische Tipps und Hilfen.

Ein nicht unbeträchtlicher Teil der Triathleten betrachtet das Schwimmen als die ungeliebte Disziplin und behandelt diese Sportart dementsprechend stiefmütterlich. In Bezug auf Schwimmtechnik und -training möchte ich auf folgende Bücher hinweisen: *Sportschwimmen - Technik + Training* von Don GAMBRIL und *Richtig schwimmen* von J. GIEHRL. Beide sind im BLV Verlag, München erschienen.

Der Grund für die oft ungeliebte Disziplin Schwimmen liegt in der Tatsache begründet, dass ein Großteil der Triathleten nicht aus dem Schwimmerlager, sondern aus dem Läuferlager kommt. Diese Athleten haben wenig oder gar keine Erfahrung mit dem nassen Element und dementsprechende Probleme. Häufig beherrschen sie auch nur den Bruststil. So erging es auch mir einige Jahre. Das Brustschwimmen ist jedoch die langsamste Art, sich im Wasser fortzubewegen, und eigentlich die am schwierigsten zu erlernende. Ein Vergleich der Weltrekordzeiten von weniger als 50 Sekunden beim Kraulen und mehr als eine Minute beim Brustschwimmen über 100 m zeigt dies recht deutlich. Hinzu kommt, dass Schwimmer im Kraulstil viel weniger Energie verbrauchen als im Bruststil.

Weitere Vorteile des Kraulschwimmens: Die Beinmuskulatur kann für das Rad fahren und Laufen geschont werden. Brustschwimmer gefährden durch ihren platzgreifenden Beinschlag sich und andere Triathleten. Während des Wettkampfs bekommt man dieses in Form von unbeabsichtigten Tritten zu spüren. Bei so einem ‚Unterwasserduell' habe ich mir 1985 beim Triathlon in Almere sogar zwei Zehen gebrochen.

Der einzige Nachteil des Kraulens liegt in der nicht so guten Orientierungsmöglichkeit. So schwimmt man sicherlich etliche Meter zu viel. Da ich weiß, dass sich Triathleten aus dem Rad- und Läuferlager oft recht schwer tun mit dem Schwimmen, besonders, wenn es darum geht, den Schwimmstil zu ändern, werde ich Ihnen meine eigene erfolgreiche Umstellung näher schildern.

In 12 Monaten von 23 auf 18 Minuten!

1983 bestritt ich meinen ersten Triathlon in Steinheim. Ohne jegliches Schwimmtraining ging ich in diesen Wettkampf. 27 Minuten pro Kilometer betrug meine erste Schwimmzeit. 1984 stand nach einigen Kurztriathlons die so genannte Europameisterschaft in Köln mit 2,5 km Schwimmen bevor. Mein Training dafür absolvierte ich ausschließlich in den Monaten Juli und August; insgesamt 70 km in meinem eigenen, sonderbaren Bruststil. Damit meine ich einen Stil, wobei der Kopf immer schön über Wasser blieb. In dieser für mich zweiten Triathlonsaison benötige ich schon 25 Minuten pro 1.000 m.

1985 dann die Hawaiisaison mit einer Kilometerzeit von 24 Minuten.

1986 sollte dann die letzte Bruststilsaison werden. Die Gesamtkilometerleistung von 155 verteilte sich fast auf das ganze Jahr. Wettkampfzeit pro Kilometer 23 Minuten. Nach dem letzten Triathlon 1986 schwor ich mir: „Hermann, das war dein letzter Wettkampf im Bruststil."

Für die Umstellung hatte ich den Sommerurlaub vorgesehen. Diesen verbrachte ich im Süden Österreichs an einem Badesee. Zweifel, ob die Umstellung gelingen würde, hegte ich schon. Aber die Devise hieß: jetzt oder nie!

Mit der Theorie hatte ich mich auseinander gesetzt. Danach sollte man eine Umstellung nur unter Anleitung eines Schwimmtrainers vornehmen. Aber woher nehmen und nicht stehlen, sagte ich mir. Der nächste Schwimmverein war 40 km weiter beheimatet und große Lust, täglich hin- und herzufahren, hatte ich auch nicht. Schließlich begann der Urlaub.

Selbst ist der Mann, heißt es in solchen Situationen bei mir – und ran ging's! Vorab darf ich noch erwähnen, dass es mir im Wintertraining 1985/86 tatsächlich gelungen war, beim Brustschwimmen die Ausatmungsphase ins Wasser zu verlegen. Das heißt, ich war zeitweise mit dem Kopf im Wasser. Für mich war dies eigentlich der erste Schritt zum Kraulen. Mir war nämlich klar, das Kraulen spielt sich auch für den Kopf überwiegend unter Wasser ab.

Voller Tatendrang setze ich am ersten Tag meine Badekappe und Schwimmbrille auf, erinnere mich dabei an das Versprechen gegenüber meinen Mannschaftskameraden, im Urlaub das Kraulen zu erlernen, und begebe mich mutig ins angenehm warme Seewasser. Hole tief Luft, und los geht's. Eins, zwei, drei, vier, fünf, sechs, sieben, acht, neun, zehn, elf, die Luft wird knapp, die Arme schwer, 12 und – und 13, aus. Mehr ist nicht drin. Ich schwimme wieder im Bruststil zurück – 13 ganze Kraulzüge. Ist die Zahl 13 nun ein gutes oder ein schlechtes Omen? 13 Kraulzüge für knapp 20 Meter, geht es mir durch den Kopf. Für einige Minuten bin ich platt, richtig platt. Die Arme wollen einfach nicht mehr, oder ist es die

Start beim Schwimmen

Start beim Schwimmen (Fotos. H. No-vak)

Angst zu ertrinken? Ich weiß es nicht, wahrscheinlich beides. Misstrauisch schaue ich mir meine Oberärmchen an. Für 76-77 kg wirklich mager. Heute reicht es mir. Um trotz allem den herrlichen See zu genießen, schwimme ich in gewohnter Weise meine Hausstrecke, bis rüber zum nördlichen Ufer und zurück. Wenn ich erstmal diese insgesamt 2.000 m im Kraulstil schwimmen kann, dann habe ich es gepackt, mache ich mir während des Schwimmens Mut. In diesem Sommer sicherlich nicht, aber im nächsten? Schön wär's ja, wenn ich in der nächsten Saison nicht gleich immer fünf Minuten auf einem Schwimmkilometer gegenüber meinen Teamkollegen verlieren würde.

Eigentlich habe ich mir für jeden Tag drei Kraulversuche vorgenommen, will es heute jedoch nicht übertreiben. „Neuer Tag, neues Glück", heißt die Parole am zweiten Kraultrainingstag. Eine Steigerung gegenüber dem Vortag erhoffe ich mir schon. Also ran. Suche mir zwischen den vielen Schwimmern, die sich nur im Randbereich aufhalten, ein größeres freies Plätzchen mit der Möglichkeit, einige hundert Meter nach vorn kraulen zu können.

Ich spucke wie ein alter Schwimmveteran in meine Brille, spüle sie ein wenig aus und hoffe, dass sie dadurch nicht beschlägt. Natürlich zähle ich wieder mit – 25!!! Geschafft. Fast um 100% gesteigert gegenüber gestern, frohlocke ich. Wenn das jeden Tag, oder besser, jedes Mal so weiter geht. Ach, das ist nicht einmal eine Bahn im Freibad, resümiere ich realistisch.

Der dritte Tag. Komme mir fast so vor wie Gott bei der Erschaffung der Welt. Bin selbst gespannt, was ich in sieben Tagen auf die Beine stelle. Heute wieder nur ein Versuch, aber morgen, da geht es dreimal ran, bin ich mir sicher. Wieder die gewohnte Zeremonie. Nehme mir 30 Züge vor - und schaffe 34!

Soll erfüllt, heißt es. Ein verdammt hartes Stück Arbeit und das im Urlaub. Nun kann ich in gewohnter Manier noch 1.000 m Brustschwimmen, rede ich mir ein.

Am vierten Tag stehen drei Kraulversuche an. Wieder ist der See vormittags wunderbar glatt. Richtig einladend für mich. Hoffe heute auf 40 Züge. Wenn mir jeden Tag zehn Züge mehr gelingen als am Vortag, dann bin ich nach 20 Tagen bei 200 Kraulzügen. Das müssten etwa 300 m sein, rechne ich.

Jochen LUX, von Triathlon Hub, der ein Jahr zuvor seinen Schwimmstil geändert hat, hatte mir folgende simple Erklärung mit auf den Weg gegeben: „Wenn du 500 m schwimmen kannst, dann schaffst du auch 1.000 m zu kraulen und wenn du die gepackt hast, dann sind auch 2.000 m drin."

Also waren 500 m die magische Grenze für mich, vorerst.

Versuch Nummer 1: 25 Kraulzüge und meine Oberarme sind fast taub. Nach fünf Brustzügen, bei denen ich mich recht gut erholt habe, ein weiterer Versuch. Wieder 25 Züge. Das gibt Auftrieb. Nach einigen Brustzügen ein dritter Kraulversuch. Klappt hervorragend. Werde ganz mutig und probiere einen vierten Anlauf, um ebenfalls 25 doppelte Armzüge zu bewerkstelligen. Das wären ja insgesamt 100, wundere ich mich.

Tatsächlich schaffe ich noch einmal 25 Kraulbewegungen ohne abzusaufen. Und mit der Atmung läuft es doch. Hin und wieder mal ein Schluck Naturwasser schadet bestimmt nicht. Frage scherzhaft meine Tochter, ob sie eine Besonderheit am See festgestellt habe. Nach einem bedächtigen Kopfschütteln fragt sie: „Wieso denn?" „Ja, seitdem ich kraule, wird der See immer kleiner und" – bevor ich weiterreden kann, fährt sie dazwischen, dieses Biest: „Und dein Bauch immer voller!" An diesem Tag wagte ich zwei weitere Schwimmserien. Für mich stolze 40/30/30 Freistilzüge und 29/36/35 erreiche ich. Ich bin mit mir als Schwimmlehrling heute sehr zufrieden. Gespannt warte ich auf den nächsten Tag.

Abends, kurz vor Sonnenuntergang, trainiere ich ein wenig meine unterentwickelte Armmuskulatur mit Liegestützen und leichten Hanteln.

Am fünften Tag bin ich schon mutiger. Drei Serien mit drei Versuchen, lautet mein eigener Tagesbefehl, natürlich mit möglichst vielen Kraulzügen. Meine bisherige Bestleistung von 40 Zügen möchte ich ebenfalls überbieten. Einige Urlauber beobachten mich bereits einige Tage; bewundern oder bemitleiden die mich eigentlich? Ist mir schnuppe! Sicherlich würde ich das Kraulen lieber unter Anleitung eines Schwimmtrainers erlernen, aber, wie schon gesagt: „Woher nehmen und nicht stehlen?"

Wenn ich mich erst einmal 300 m über Wasser halten kann, dann werde ich Experten zu Rate ziehen, bin ich mir sicher. Die Fehler, die sich bis dahin einschleichen, werde ich schon wieder los! Ich schaffe tatsächlich beim ersten Anlauf heute 45/33/35 Kraulzüge, jeweils unterbrochen durch fünf bis zehn Brustzüge. Offensichtlich erholt sich meine Armmuskulatur recht schnell.

Für mich erstaunlich sind die geringen Probleme mit der Atmung. Versuche allerdings nur die Zweieratmung. Mit der Tatsache, dass sich das Kraulen fast ausschließlich unter Wasser abspielt, komme ich einigermaßen zurecht. Als unbedingt angenehm empfinde ich es natürlich nicht. Sicher kommt mir das herrlich klare Wasser hier etwas entgegen.

Die zweite und dritte Serie gelingt mir mit 40/40/35 Armzügen, genauer gesagt, Doppelarmzügen. Bin mit mir mehr als zufrieden. Gegen Abend kommt bei mir plötzlich folgender Gedanke: Wie wäre es denn, wenn ich meine Schwimmversuche im Neoprenanzug fortsetzen würde? Aufgrund des etwas besseren Auftriebs müsste dann doch etwas mehr von meiner Armkraft für den Vortrieb zur Verfügung stehen.

Am anderen Morgen: Vom genüsslichen Frühstück verzehre ich nur die Hälfte, um eher ins Wasser gehen zu können. Bestätigt sich meine Theorie, oder ist es, wie so oft, dass Theorie und Praxis zwei Paar verschiedene Schuhe sind?

Der See liegt wieder wunderbar glatt und malerisch in meiner Traumlandschaft. Bei einer Wassertemperatur von 25°C kann ich mich etlicher misstrauischer Augen nicht erwehren. Selbst Surfer tragen bei diesen hochsommerlichen Temperaturen keinen Neoprenanzug. Ich muss ehrlich zugeben, ein wenig sonderbar sehe ich schon aus. Kurzer schwarzer Neoprenanzug mit gelber Sicherheitsbadekappe und roter Schwimmbrille. Gut, dass ich mich selbst nicht sehen kann. Meine Töchter lachen sich schief, als sie mich in meinem schwarzen Anzug erblicken. Jetzt aber ab ins Wasser.

Sogleich genieße ich das neue Schwimmgefühl. Verspüre instinktiv mehr Sicherheit und damit mehr Gelassenheit bei meinen Bewegungen im Wasser. Meine bisher längste Kraulstrecke lege ich ohne große Mühen zurück, 54 Züge. Nach kurzer Pause, in der mir der Vorteil des Kälteschutzanzugs direkt spürbar wird, schaffe ich 50 und dann gar 60 Schwimmzüge.

Die Idee war goldrichtig, sage ich mir. Bereits eine Viertelstunde später ein weiterer Start zu meiner obligatorischen Schwimmserie. Ich komme gar nicht mehr aus dem Staunen heraus 80/90 und dann - ich kann es kaum glauben - 130 Kraulzüge. Das müssen nahezu 200 Meter sein! Ich bin wie aus dem Häuschen. Am sechsten Übungstag bereits vier Bahnen, kaum zu glauben. Jetzt pack ich es, frohlocke ich. Kurz vor Mittag will ich es noch einmal wissen. 100 müssen drin sein, hoffe ich. Tatsächlich 120/110 und abschließend für mich gewaltige 150 Kraulzüge, bei denen ich erstmals ganze fünf Minuten kraule. Selbst das ‚Leben' unter Wasser bereitet mir keine großen Probleme.

Nachmittags wird der See zu unruhig zum Kraulen, daher begnüge ich mich mit Brustschwimmen. Wie heißt es so schön in der Bibel? „Am siebten Tage sollst du ruhen." Also lege ich einen Ruhetag ein. Für den achten Tag kann ich mir dann etwas mehr vornehmen. 250 m vom Ufer entfernt liegt eine kleine Insel, an der ich im Bruststil immer vorbeischwimme. Das ist mein Ziel für die nächsten Tage. Zur Insel hin und nach kurzer Verschnaufpause wieder zurück. Hoch motiviert und siegessicher, die Insel ohne Unterbrechung im neuen, für mich eleganten Kraulstil zu erreichen, gehe ich die Sache an. Irgendwie läuft es jedoch nicht. Bin ich zu verkrampft? Habe ich mir zu viel vorgenommen? Oder ist mir der Ruhetag nicht bekommen? Fragen über Fragen. Nach einem Tag Pause konnte ich doch meine Schwimmkünste nicht verlernt haben, bin ich mir sicher. Drei Versuche starte ich und kein einziges Mal erreiche ich die nun für mich geltende Minimalforderung von 100 Zügen. Ich erinnere mich daran, dass ich selbst beim Laufen einmal einen schlechten Tag habe und breche mein Training ab, in der Hoffnung, am nächsten Morgen dieses unbefangener wieder aufnehmen zu können.

Für den neunten Tag nehme ich mir gar nichts vor. Nur nicht verkrampfen, locker bleiben. Mit diesem Vorsatz geht es ins Wasser. Natürlich in Richtung Insel und abermals mit Neoprenanzug. 100 Züge und noch keine Ermüdungserscheinungen. Jetzt werde ich mutig und visiere die Insel an. Nach jedem zehnten Zug blicke ich nach vorn auf den wieder aalglatten See und merke beim Aufschauen recht deutlich, dass die Insel immer näher kommt. Zähle nicht mehr die 165, 166 Züge, weil es einfach zu lang ist. Werde dabei absaufen, sinniere ich. Ständig zähle ich bis zehn und schaue dann sehnsüchtig dem Ziel entgegen. Packe ich es, packe ich es wirklich ohne Pause? Euphorie macht sich breit, nur locker bleiben. Die Zählerei bis zehn macht das bestimmt schon fünf Minuten andauernde Unterwassererlebnis sehr kurzweilig. Lang durchziehen und die Arme locker nach vorn bringen, ja, prima, es läuft doch. Komme in den Bereich, in dem ich Seegrund entdecke. Sieht ja nicht gut aus, egal, gleich hast du es geschafft.

Jetzt kann nichts mehr passieren. Die letzten Kraulzüge und ich habe wieder festen Boden unter den Füßen. Ein tolles Gefühl, besonders nach dem gestrigen Misserfolg. Jetzt erst einmal verschnaufen und den schönen Badenixen zuschauen, heißt es für mich. Suche mir ein schattiges Plätzchen, weil es mir in meinem schwarzen Anzug recht warm wird in der prallen Sonne. Wenn ich mich nicht verzählt habe, waren es genau 200 Armzüge. Also, doch noch nichts verlernt, Hermann! Komme ich wohl in einem Rutsch zurück? Ich werd es probieren. Zur Not kann ich ja Brustschwimmen. Arme ausschütteln und ab. Nur die Ruhe bewahren, auf die Atmung achten, auf den gemächlichen Beinschlag und vor allem auf den Armzug. Versuche, mich im Wasser noch länger zu machen, als ich bereits bin und zähle, zähle, zähle. Immer mehr Surfer tauchen auf, deshalb schaue ich nun nach jedem fünften Zug nach vorn. Offensichtlich ist Wind aufgekommen. Oh, davor hatte ich bislang ein wenig Bammel, weil ich dann Wasser schlucken könnte. Erinnere mich daran, dass man in solchen Situationen den Kopf ein wenig mehr zur Seite drehen soll. Klappt prima. Schon ist die erste Hälfte geschafft, die zweite geht bekanntlich schneller, wenn – ja, wenn man nicht einbricht. Ach, was soll das? Ich fühle mich stark. Habe das Gefühl, als wenn ich beinahe so gut schwimme wie Albatros Michael GROß. Dazu fällt mir ein Lied ein: „Oh, Albatros, flieg in den Süden". Jedes Mal, wenn ich unter Wasser „Albatros" mitsumme, wird mein Armzug besonders lang.

Bei der ganzen Summerei bin ich tatsächlich aus meinem Zählrhythmus gekommen. Egal, bis zum Strand, heißt es. Einige lockere Züge noch und unter mir wird in einigen Metern Tiefe Sand und feiner Kies sichtbar. Nach diesem ersten Inselerlebnis komme ich mir wirklich wie ein Albatros vor. Beim Rückblick auf die Insel verspüre ich Genugtuung und bin mir sicher: Kraulen lernst du auch mit 40 Jahren noch, obwohl ich aus einigen Munden Gegenteiliges gehört habe. „Kraulen muss man als Kind erlernen; in deinem Alter willst du den Schwimmstil ändern? Wenn du es tatsächlich lernst, dann wirst du damit nicht schneller sein als mit deinem Bruststil." Trotz allem gilt für mich:

1. Warum soll mir die Umstellung nicht gelingen? Was viele 20-Jährige können, kann ich ebenfalls.
2. Ich habe bei diesem Unternehmen nichts zu verlieren, sondern nur zu gewinnen. Selbst wenn ich durch Kraulen nicht schneller werde als beim Brustschwimmen, so sehe ich trotz allem den Vorteil, dass ich beim Kraulen meine Beinmuskulatur fürs Rad fahren und Laufen schonen kann.
3. Mir sitzt der Schock mit den zwei gebrochenen Zehen von Almere noch in der Haut. Beim Kraulen wäre das nicht passiert.

Abends steht wieder ein wenig Krafttraining an. Nach dem so erfolgreichen neunten Tag ist der zehnte ein regelrechter Reinfall. Ich bekomme die Arme nicht aus dem Wasser und schaffe daher nicht einmal 30 Züge. Offensichtlich ist nur jeder zweite Trainingstag im Schwimmen erfolgreich. Ich nehme mir nun vor, nur noch jeden zweiten Tag ein leichtes Krafttraining zu betreiben.

Und siehe da, in den nächsten Tagen geht es gleich wieder besser. Täglich ist die Insel mein Ziel. Mal gelingt es mir, ohne Pause durchzukraulen, dann sind wieder ein oder zwei kurze Verschnaufpausen zwischendurch notwendig. Hin und wieder mehr oder weniger starke Zweifel, ob mein Unternehmen, dass man als Kraftakt sehen kann, erfolgreich sein wird. Vor allem dann, wenn es nicht wie gewünscht läuft. Dann wiederum besinne ich mich auf meine Kämpferqualitäten und sage mir, jetzt erst recht.

Vom 15. Kraultrainingstag an gelingt es mir, ohne Verschnaufpause bis zur Insel zu kommen und dann nach zwei Minuten wieder zurückzukehren. Weiterhin zähle ich die Schwimmzüge. Zwischen 180 und 200 sind es jeweils.

Zu meinem Erstaunen bemerke ich nach insgesamt zwei Wochen: Schwimmen macht mir wirklich Spaß, selbst das Eintauchen, das mir einen Winter zuvor so viel Schwierigkeiten bereitet hat. Der Mensch ist halt ein Gewohnheitstier. Er gewöhnt sich offensichtlich auch an unangenehme Dinge. Man muss sie nur häufig genug ausführen, damit man sich damit abfindet und schließlich die unangenehmsten Tätigkeiten Spaß bereiten. Schon ein bisschen eigenartig, der Mensch.

Noch habe ich eine ganze Schwimmwoche vor mir. 500 m an einem Stück, heißt das neue Ziel, nachdem das erste Teilziel bereits erreicht ist. Also, zur Insel hin und ohne Pause zurück. Denke wieder an den Ausspruch: Wenn du 500 m schaffst, dann sind auch 1.000 m drin. Sogleich schweben mir die 1.000 m vor. Eine geeignete Strecke dafür habe ich. Eine halbe Seedurchquerung und zurück. Bei meinen vorjährigen Seedurchquerungen hatte ich längst die Seemitte durch häufiges Zählen meiner Brustzüge ermittelt und fixiert.

Vorerst lautet mein Ziel jedoch 500 m. Vornehmlich bei ruhigem See starte ich in den nächsten Tagen meine Kraulübungen. Es funktioniert immer besser. Die Anzahl der Schwimmzüge verringert sich sogar auf 155 für eine Strecke. Mit 200 habe ich angefangen, erinnere ich mich hocherfreut. Offensichtlich ein Zeichen dafür, dass meine Schwimmbewegungen ruhiger und mit mehr Kraft ausgeführt werden.

Am 18. Tag lasse ich die kurze Pause entfallen und komme mehr als zufrieden nach 500 m, ohne k.o. zu sein, wohlbehalten an Land zurück. Jetzt beginne ich sogar, die Stoppuhr mitlaufen zu lassen. Mich interessiert brennend die Frage: Bin ich jetzt schon so schnell wie beim Brustschwimmen in den Vorjahren?

Meine Tagebuch- und Trainingsaufzeichnungen bestätigen mir: Ja, Hermann, du bist nach weniger als drei Wochen Kraulen genauso schnell, besser gesagt, genauso langsam, wie beim Brustschwimmmen. Die Zeit beträgt auf dieser Strecke 11:30 Minuten. Diese Tatsache gibt mir einen mächtigen Motivationsschub. Toll, schon so schnell wie beim Brustschwimmen, sage ich mir selbst. Ich will es kaum glauben. Unverzüglich geht es wieder in das vertraute Nass. Mit Stoppuhr natürlich. Ich habe ein Gefühl, als wenn ich über das Wasser fliegen würde, so geht die Post ab. Hin zum Wendepunkt und nonstop zurück. Bin so freudig erregt, dass ich bereits einige Meter zu früh auf die Uhr blicke. Tatsächlich eine 10 vor dem Komma, 10:50 Minuten.

Lasse mir nur zehn Minuten Zeit, um es jetzt am 20. Urlaubstag zu wagen. „Erstmals versuche ich die 1.000 m", verkündige ich meinen drei Damen. Sicherheitshalber oder vielleicht auch nur, um meine eigene Stärke besser demonstrieren zu können, bitte ich eine Tochter, mich mit dem Schlauchboot zu begleiten.

In voller Montur, also mit Neoprenanzug, schwimme ich meine 1.000-m-Strecke an. Die 500-m-Marke erreiche ich ohne jegliche Probleme. Nach der Wende werde ich dennoch stutzig, als ich Richtung Strand schaue. „So weit ist das Ziel entfernt?", frage ich erstaunt meine Tochter. „Keine Sorge, Papa, ich bin immerhin bei dir", bekomme ich tröstend zu hören. „Zur Not kannst du doch noch Brustschwimmen, oder?"

Nach diesem kleinen Schock konzentriere ich mich wieder auf meinen Schwimmstil und beginne zu summen: „Oh, Albatros, zieh in den Süden, oh ..." Dabei versuche ich, mich wieder lang und länger zu machen. Nachdem ich mich nicht mehr im Schutzbereich der Insel befinde, tauchen plötzlich Wellen auf. Das Wasser ist mächtig unruhig geworden. Bislang bin ich diesen unangenehmen Wellen immer aus dem Weg gegangen. Aber jetzt? Soll ich resignieren und ins Boot steigen? Was soll meine Tochter denken? Ich suche bereits Ausreden, um aus meinem Unternehmen aussteigen zu können. Aussteigen. Dieses Wort ist mir einfach zuwider. Noch nie bin ich ausgestiegen bei einem Wettkampf. Aber dies ist kein richtiger Wettkampf. Doch, mein erster Kraulwettkampf über 1.000 m. Instinktiv drehe ich meinen Kopf etwas mehr und siehe da, die Wellen fressen mich doch nicht. Warum hab ich bloß solche Angst vor den kleinen Wellen? Ich und Angst vor diesen Wellenbewegungen? Langsam steigt Trotz in mir auf.

Jetzt erst recht! Zur Belohnung schlucke ich sofort kräftig Wasser und huste wie ein Kettenraucher am frühen Morgen. „Papa, komm doch ins Boot!", sagt meine Kleine mit piepsiger Stimme. „Bis zum Strand ist es schließlich noch ein ganzes Stück!" Diesem Argument kann ich kaum widerstehen, als ich nach vorn schaue. „Nein, nein", kann ich gerade noch entgegnen. Zur Belohnung schlucke ich abermals echtes österreichisches Naturwasser. „Verflixt", denke ich. Wieder Zweifel. Nein, ich steige nicht aus, bin ich mir jetzt sicher. Die Schwimmzüge zähle ich seit einiger Zeit nicht mehr und die Zeit spielt ebenfalls keine Rolle, rede ich mir ein.

Einige ruhige Züge, dann blicke ich nach vorn. Die Hälfte von meiner alten 250-m-Strecke ist zurückgelegt. Den Rest schaffe ich. Langsam spüre ich meine Arme. Fange wieder an, die Züge zu zählen. Es dürften keine100 mehr sein. Immer häufiger geht mein Blick nach vorn. Gleich hab ich es. Noch 20, zehn, ... drei, zwei, eins. Ziel!

Mein erster Tausender in 26:30 Minuten. Ich bin sehr, sehr zufrieden. Sofort nehme ich mir vor, diese Strecke am letzten, dem 21. Tag, noch einmal zu schwimmen. Tatsächlich gelingt mir am letzten Urlaubstag ein Fünfhunderter in nur 10:35 Minuten und mein zweiter Tausender in 25:00 Minuten.

Ein Vergleich mit der Zielsetzung von vor drei Wochen fällt überaus positiv aus. Zu dem Zeitpunkt hätte ich mich mit 300 Metern Kraulen begnügt. Alles weitere, Verbesserung der Technik und damit zeitliche Vorteile, erwartete ich vom kontinuierlichen Training zu Hause.

Wie ging es weiter?

Bis zum Jahresende 1986 etwa zweimaliges Schwimmtraining in der Woche je ein Kilometer. Weiterhin ohne Schwimmtrainer. Natürlich versuchte ich, Leute anzusprechen, die nach meinem Dafürhalten einiges vom Schwimmen verstehen. Jeder dieser Leute erzählte mir andere Dinge, die ich unbedingt beachten sollte. Meistens hieß es jedoch: Der Schwimmstil sei eigentlich ganz gut. Nur fragte ich mich anschließend immer: „Wenn mein Stil gar nicht schlecht ist, dann müsste ich doch um einiges schneller sein!"

Meine 500-m-Zeiten lagen derzeit bei zwölf Minuten; etwa so wie die Zeiten beim Brustschwimmen. Ich versuchte, auf all die vielen Kleinigkeiten, die man mir sagte, zu achten. Dabei musste ich dann feststellen, dass meine Schwimmzeiten nicht besser, sondern schlechter wurden. Wieder traten Zweifel auf, ob meine Umstellung Vorteile brächte. Eine sechswöchige Zwangspause, herbeigeführt durch eine Oberarmverletzung um die Jahreswende verstärkte diese Zweifel.

Ein paar Bemerkungen zu dieser Oberarmverletzung: Während eines zehntägigen Winterurlaubs wollte ich endlich einmal das Augenmerk auf meine verkümmerte Oberarmmuskulatur richten. Da bot sich Skilanglauf regelrecht an. Man hört und liest ja viel davon, wie gut dieses Training für Triathleten sei. Also, jeden Tag in die Loipe und kräftig die Arme einsetzen, hieß es. Um die Armmuskulatur noch mehr zu stärken, forcierte ich den Doppelstockeinsatz. Insgesamt kam ich auf 150 Langlaufkilometer. Nur am vorletzten Tag konnte ich plötzlich meinen rechten Arm kaum noch bewegen.

Verletzungen waren mir aus meiner Triathlonzeit bislang völlig unbekannt. Ich befürchtete sogleich eine Verletzung, die aus der im Nachhinein logischen Überlastung herrührte. Vielleicht war ich auch nur mit einem Skistock bei einem kräftigen Armschub irgendwo hängen geblieben. Zum Glück deuteten Röntgenaufnahmen nicht auf eine ernsthafte Veränderung im Schulterbereich hin. Ein Sportorthopäde wollte mir dann eine Serie von Spritzen, insgesamt zehn Stück, in die Oberarmmuskulatur geben. Nach der Zweiten hatte ich die Nase voll und suchte einen zweiten Sportmediziner auf. Mittlerweile waren mehr als drei Wochen vergangen und ich verspürte kaum Besserung. An Schwimmen war nicht zu denken. Beim zweiten

Arzt genügte eine Spritze, die die Probleme zumindest weitgehend beseitigte. Der Rest wurde schließlich von „Dr. Zeit", der in solchen Fällen immer kostenlos und wirkungsvoll hilft, erledigt.

Ein Satz noch zu Verletzungen im Triathlon. Durch die Vielseitigkeit der sportlichen Betätigung kommt es nur in Ausnahmefällen (meist überzogenes Training) zu ernsthaften Verletzungen. Hier stellt sich keineswegs die Frage, dass man diese nach Möglichkeit von einem Sportmediziner behandeln lassen muss. Viel häufiger treten - wenn auch im Vergleich zu anderen Sportarten wie Laufen, Rad fahren oder Schwimmen in viel geringerem Umfang - kleine Wehwehchen auf, die durch die beiden „Naturwunderdoktoren Dr. Zeit und Dr. Schonung" völlig geheilt werden. Zudem noch kostenlos und zu Hause!

Nachdem bei mir also „Dr. Zeit und Dr. Schonung" ganze Arbeit geleistet hatten, begann ich Mitte Februar wieder vorsichtig mit dem Schwimmtraining. Laufen konnte ich unterdessen ganz normal. Dreimal in der Woche stand Schwimmen wieder bei mir auf dem Programm. Ich musste erst einmal meinen alten Rhythmus wieder finden. Vier Wochen später war wieder alles o.k. Die 1.000 m legte ich Mitte März in 22:30 Minuten zurück.

Anfang April folgte ein von mir erstmals absolviertes Radtrainingslager auf Mallorca. Bei Wassertemperaturen von 15-16°C war Schwimmen dort kaum möglich. Bis auf zweimal 200 m habe ich das kühle Nass nicht aufgesucht. Trotz allem konnte ich dort den Grundstein für eine deutliche Leistungsverbesserung legen.

Unter den vielen Triathleten auf Mallorca befanden sich exzellente Schwimmer und ein erfahrener Schwimmtrainer. Hier wagte ich nochmals einen Vorstoß, um meine Technik zu verbessern. Sowohl die Gebrüder Ralf und Detlef WILMS von Nonstop Köln als auch Manfred BRUNS aus Selm gaben mir entscheidende Tipps.

Bislang stach ich mit meiner Hand in Verlängerung der Körperachse oder sogar darüber hinaus ein. Das verursacht ein zu starkes Rollen des Oberkörpers und einen bei weitem nicht optimalen Armzug unter Wasser. Diese Experten machten mir Folgendes klar: Ein Schwimmer soll sich mit seinem Armzug so verhalten wie jemand, der in einer Holzkiste liegt. Er soll die Hände dort einstechen, wo sich die seitlichen Begrenzungsbretter befinden. Hinzu kommt, dass man die Hände möglichst weit nach vorn bringen und anschließend das bekannte ‚S' ziehen soll.

Diese Tipps habe ich nach Mallorca sofort erprobt. Der Erfolg stellte sich für mich überraschend schnell ein. Bereits zwei Wochen später gelangen mir im Training 19:40 Minuten über 1.000 m. Jetzt war ich mir sicher, dass ich im Wettkampf noch schneller schwimmen konnte, ohne mich dabei voll zu verausgaben. So war es dann auch im Verlauf der Wettkampfsaison. Über 19:10, 18:55 erzielte ich in Buchholz 18:20 Minuten als Durchgangszeit beim 1.500-m-Schwimmen im Freibad.

Schließlich in Nizza über 3.000 m 56:30 Minuten. Ein Jahr zuvor hatte ich mir als Ziel eine zwanziger Zeit gesetzt. Für mich war das Erlernen des Kraulstils ein recht interessantes Unterfangen, das nicht nur mit Höhen versehen war und zugleich der beste Beweis dafür, dass es sich auch oder gerade im fortgeschrittenen Sportleralter lohnt, seinem eingefahrenen Bruststil „Ade" zu sagen und damit die Vorteile des Kraulens voll wahrzunehmen.

Trainings- und Wettkampftipps zum Schwimmen

1. Sollte Schwimmen die schwächste Disziplin sein, so muss diese am häufigsten trainiert werden. Das heißt: Anfänger sollten mindestens zweimal und Fortgeschrittene mindestens dreimal wöchentlich das kühle Nass aufsuchen, damit überhaupt ein Trainingseffekt erzielt wird.
   Ebenso wichtig ist die Gewöhnung an das für viele Läufer und Radfahrer ungewohnte Medium Wasser. Während der Sommermonate sollte man häufiger Seen aufsuchen. Hier kann man vornehmlich das Ausdauertraining absolvieren, auch mit Neoprenanzug. Weiterhin ist man draußen gezwungen, sich Orientierungshilfen zu suchen und sich an das oft dunkelgrüne Wasser zu gewöhnen. Dinge, mit denen man im Wettkampf konfrontiert wird.
2. Nach Möglichkeit sollte man unter Anleitung das Kraulen erlernen, weil nur ein Außenstehender, sprich Betreuer oder Trainer, die Lage im Wasser und den Armzug korrigieren kann.
3. Schwimmen mit Paddels: Bedingt durch die vergrößerte Handfläche, hat man es hierbei mit einem verstärkten Krafteinsatz zu tun. Diese Form des Krafttrainings im Wasser dient der Stilkontrolle und der Stilverbesserung. Tauchen die Hände nämlich nicht richtig ins Wasser ein, so kommt es vor, dass die Paddels aus den Handschlaufen rutschen.
4. Zugseiltraining: Das Training mit dem Zugseil stellt ein Trockentraining für Schwimmer dar. Es ist eine weitere Möglichkeit, die Kraftausdauer zu verbessern. Zugseile und Paddels gibt es in Sportgeschäften zu kaufen. Für Anfänger sollten Seile mit einer Zugkraft von 200 N (20 kg), später auch mit 300 N (30 kg) benutzt werden. Mit diesen Zugseilen können die Armbewegungen unter Wasser nachvollzogen werden. Mein Zugseil liegt im Kellerbereich und immer dann, wenn ich in einer Saunapause Bewegung benötige, mache ich 2-3 x 30 Züge. Die Zahl der Serien kann, je nach Lust und Laune, bis auf 6 x 30 oder 10 x 30 Züge gesteigert werden.

Triathloneinteiler

5. Kälteschutzanzug (Neoprenanzug): In unseren Breiten ist nach meiner Meinung ein Neoprenanzug für Triathleten, die Wettkämpfe über die Mittel- und Ultradistanz bestreiten, unbedingt erforderlich. Dagegen ist bei Kurztriathlons, mit Schwimmstrecken zwischen 1.000 und 1.500 m, die zudem häufig schon in Freibädern stattfinden, die Anschaffung eines 350-650,- DM teuren Kälteschutzanzugs nicht unbedingt erforderlich.
Die Neoprenanzüge sind heute meist ärmellos und mit langen Beinen ausgestattet. Diese haben gegenüber den kurzbeinigen zwei entscheidende Vorteile. Der Auftrieb im Wasser ist etwas größer, dadurch die Lage des Körpers im Wasser besser, und die Beinmuskulatur kühlt nicht so aus. Die dabei gleichzeitig auftretenden zeitlichen Vorteile pro Kilometer betragen bei kurzbeinigen Neoprenanzügen nach meinen Erfahrungen 30 Sekunden, bei langbeinigen circa 45-50 Sekunden. Dieser Vorteil wird jedoch durch eine etwas längere Umziehzeit fast wieder aufgehoben.
6. Schwimmbrille: Mit Schwimmbrillen habe ich bereits eine Menge Ärger gehabt. Entweder waren sie nicht dicht oder ich hatte keine klare Sicht, was mich stets ärgert. Das Beschlagen der Brille lässt sich auf recht einfache Art und Weise vermeiden: Die trockenen Gläser werden mit einem leichten Speichelfilm über-

zogen, der einmal nur ganz kurz ausgespült wird. Für die Dichtigkeit gibt es kein Patentrezept. Man muss verschiedene Modelle testen. In der Regel benötigen Triathleten Schwimmbrillen, um die Augen vor dem gechlorten Wasser im Frei- oder Hallenbad zu schützen. In den natürlichen Seen schützt man sich in erster Linie gegen Wasserspritzer, die bei der Orientierung hindern. Triathleten, die nicht mit ihren Augen ins Wasser eintauchen, benötigen nicht unbedingt eine Schwimmbrille.

7. Nach dem Schwimmtraining sollte man unbedingt dafür sorgen, dass der äußere Gehörgang richtig getrocknet wird. Damit können oft auftretende unangenehme Ohrentzündungen vermieden werden. Dies gilt nicht nur für die kalte Jahreszeit, sondern auch für die Sommermonate.
8. Fett: Dieses hat beim Schwimmen zwei Aufgaben zu erfüllen: Einmal schützt Fett vor zu schnellem Auskühlen des Körpers im kalten Wasser. Das gilt vor allem für Triathleten ohne Kälteschutzanzüge, vornehmlich bei Wassertemperaturen unter 18°C. Zu diesem Zweck cremt man den gesamten Körper, bis auf kleine Stellen an Oberschenkeln und Oberarmen, die für die Beschriftung der Startnummer freibleiben müssen, dick mit Vaseline oder auch Melkfett ein. Für Schwimmer mit Neoprenanzug gilt es vor allem, den Nacken, die Achselhöhlen und alle weiteren Reibungsstellen mit Fett zu versehen.
9. Schwimmwettkampf: Findet die erste Disziplin des Triathlons in einem Schwimmbad statt, so starten pro Bahn etwa sechs bis acht Athleten. Hierbei ist unbedingt zu empfehlen, dass sich die Starter einer Bahn kurz absprechen, wer als Erster, Zweiter usw. losschwimmt. Ansonsten kann es zu ganz erheblichen Behinderungen in einer Bahn kommen. Bei Massenstarts sollte man unbedingt Folgendes beachten: Ein Startplatz in der vordersten Reihe ist nur den sehr guten Schwimmern zu empfehlen. Schwächere sollten sich weiter hinten platzieren, um nicht von den Schnelleren überschwommen zu werden. Bei der richtigen Einordnung aller Teilnehmer zieht sich das gesamte Feld sehr schnell auseinander, was jedem Triathleten zugute kommt.

   Im freien Gewässer kann man seine eigene Schwimmgeschwindigkeit nicht kontrollieren, es sei denn, man weiß aus dem Streckenplan, dass z.B. bei 800 m eine Boje zu umschwimmen ist. Ein kurzer Blick auf die Uhr ist in diesem Fall hilfreich. Ich persönlich bin bislang mit folgender Einstellung sehr gut gefahren: Vom subjektiven Gefühl her schwimme ich im Wettkampf etwa so wie im Training auf der Langstrecke, ein wenig verhalten. Dadurch gerate ich nie in Sauerstoffschuld und habe selbst im Schwimmziel das Gefühl, noch weiter schwimmen zu können. Bedingt durch die Wettkampfsituation (Motivation, direkte Konkurrenz), schwimme ich jedoch im Wettkampf beträchtlich schneller als im Training.

10. Orientierungshilfen beim Schwimmen können sein: Bojen, aber auch Gebäude, Schlote, große Bäume, die im Hintergrund am Seeufer stehen.
11. Jeder Triathlet sollte im Wettkampf seinen eigenen Rhythmus schwimmen.
12. Beine für das Rad fahren und Laufen schonen. Dies ist natürlich nur beim Kraulen möglich.
13. Auf langen Strecken können zwischendurch ein paar Brustzüge zur Entspannung und besseren Orientierung dienen.
14. Die letzten 20 Meter im Bruststil sorgen für eine lockere Muskulatur.
15. Triathloneinteiler: Damit ist der einteilige Triathlonanzug gemeint, der im Wettkampf ohne Wechsel in allen drei Disziplinen getragen wird. Hierbei ist nur noch der Schuhwechsel zu tätigen. Durch den Wegfall des zweimaligen Trikotwechsels bringt der Triathlonanzug zeitliche Vorteile.
    Ich komme allerdings mit diesem Einteiler, der aus einem speziellen, schnell trocknenden Material besteht, nicht gut zurecht. Das war für mich der Grund, ihn zu teilen und nur noch das Unterteil als Rad- und Schwimmhose zu nutzen. Für das Schwimmen und Rad fahren halte ich den Triathlonanzug für geeignet. Beim Laufen fühle ich mich durch die im Schrittbereich ständig auftretenden Spannungen stark behindert. Aus diesem Grund nehme ich selbst bei einem Kurztriathlon einen Trikotwechsel vor, um ungehinderter und freier in einer leichten Laufhose den letzten Teil des Triathlons absolvieren zu können.

Rad fahren

Das Rad fahren als zweite Sportart des Triathlons ist zeitlich die längste Teilstrecke. Auf ihr kann man sehr viel Zeit gutmachen, aber auch verlieren. Das Radrennen wird als Einzelzeitfahren gegen die Uhr durchgeführt. Windschattenfahren führt in der Regel berechtigterweise zur Disqualifikation.

Im Training erfordert das Rad fahren den größten Zeitaufwand. In der Summierung der Trainingszeiten ist der Aufwand für das Pedalieren mindestens so groß wie die Lauf- und Schwimmzeit zusammengenommen, in den meisten Fällen gar größer. Ein einfaches Beispiel macht dies deutlich: Trainiert jemand in der Woche 3 km Schwimmen, 150 km auf dem Rad und läuft er noch 40 km, so benötigt er ohne Anfahr-, Umkleide- und Duschzeiten etwa eine Stunde für das Schwimmen, drei für das Laufen und mindestens fünfeinhalb für das Rad fahren.

Für Radfahrer, die ganz andere Trainingsumfänge gewohnt sind, ist das nichts Besonderes. Alle anderen müssen sich erst damit vertraut machen. Ich behaupte nicht nur, nein – ich bin davon überzeugt, dass der Trainingsaufwand für Triathlon groß ist, größer jedoch ist die Faszination des Triathlons!

Mit dem hohen Zeitaufwand konnte ich mich noch nie so recht anfreunden und fand dafür vor einigen Jahren eine, wie ich meine, ideale Lösung. Man benutze einfach das Touren- oder Rennrad für den Weg zur Arbeit. Sicherlich bedarf es bei längeren Fahrstrecken einer Dusch- und Umkleidemöglichkeit, diese sind jedoch in vielen Betrieben und Verwaltungen gegeben.

Von der täglichen 18-km-Radtour zur Arbeit bis zum 180-km-Wettkampf im Triathlon

Seit 1982, also ein Jahr vor meinem ersten Triathlonstart, fahre ich von Anfang März bis Ende Oktober tagtäglich mit dem Rad zur Arbeit. Mein Dienstort liegt 18 km von meinem Wohnort entfernt, sodass ich während dieser Zeit täglich 36 km mit dem Rad zurücklege.

In der ersten Zeit empfand ich diese Radtouren als Ausgleichstraining zum Laufen. Dann, 1983, war dieser Sachverhalt der eigentliche Anstoß zu meinem Triathlondebüt in Steinheim. Dort galt es, 1.000 m zu schwimmen, 56 km Rad zu fahren und 13 km zu laufen. Bis auf das Schwimmen, das ich nur in den Sommermonaten vom Baden her kannte, war ich als Marathonläufer und täglicher Radler mit den zwei anderen Disziplinen recht gut vertraut. Und damals lautete die Devise noch: „Eine schwache Disziplin hat jeder." Dieses ‚Damals' war 1983 und 1984.

Wie schnell sich die Zeiten ändern, wahrscheinlich nirgendwo so schnell wie im Triathlon. Heute kennen weder die Spitzensportler noch die meisten Leistungssportler eine schwache Disziplin. Die Hobbysportler, Freizeitsportler oder wie man sonst die überwiegende Zahl der vielen tausend Triathleten bezeichnen mag, sollten sich davon nicht beirren lassen und ihrem Sport weiterhin mit viel Freude nachgehen. Hier sollte gelten: Der Sport dient dem Sportler! Und nicht: Der Sportler dient dem Sport!

Ich kann nur jedem empfehlen, seinen täglichen Weg zur Arbeit, seien es 5 oder 25 km, nach Möglichkeit mit dem Rad zurückzulegen. Entscheidend dafür ist der Wille. Und wo ein Wille ist, da ist auch ein Weg.

Eine nur 5 oder 7 km lange Wegstrecke erfordert nicht unbedingt eine Duschmöglichkeit. Auf dem Heimweg hat man dann jedoch die Wahl, seine Trainingsstrecke beliebig zu verlängern. Auf diese Zeit sparende Art und Weise absolviere ich mehr als die Hälfte meines gesamten Radtrainings.

Meine Rechnung für den 18 km langen Weg zum Dienst ist recht einfach. Mit dem PKW benötige ich zwanzig Minuten, mit dem Fahrrad die doppelte Zeit und per pedes die Vierfache. Dabei benutze ich natürlich keine Hauptverkehrsstraßen, sondern Nebenstrecken und Wirtschaftswege, auf denen ich morgens um halb sieben nicht nur das lockere Rad fahren genieße, sondern ebenso intensiv die Natur erlebe. Das Aufgehen der Sonne, das Gezwitscher der munteren Vogelwelt, das Aufsteigen des Frühnebels, das Weiden der Tiere, die malerische Ferne, die wohltuende Ruhe, kurz die Natur. Ich fühle mich als ein Teil der Natur und habe den Eindruck, als würde alles an mir vorbeiziehen und ich wäre der Mittelpunkt der Erde. Von daher ist es für jedermann verständlich, dass mich weder ein paar dunkle Regenwolken noch der Wind oder selbst der Regen von meiner morgendlichen Erlebnisfahrt abhalten können.

Übrig bleibt für mich dann nur das Schwimm- und Lauftraining. Unter Berücksichtigung der Tatsache, dass man als Triathlet seinen Umfang an Laufkilometern gegenüber einem Nurläufer beträchtlich reduziert und dafür schwimmen geht, ist der zeitliche Aufwand bei mir selbst jetzt kaum höher als zur Läuferzeit, mit Ausnahme der vierwöchigen Intensivphase vor einem Ultratriathlon.

In der oben beschriebenen Form ist Triathlontraining nahezu für jeden durchführbar. Sowohl für Familienväter und -mütter, Schichtarbeiter, Bürobedienstete, Lehrer, Schüler, Handwerker und auch Firmenchefs.

Radtraining, in ähnlicher Form durchgeführt, wie ich es beschrieben habe, ist sicherlich ausreichend für Kurztriathlons, wo es über 40 Radkilometer geht. Ebenso sind die täglichen Fahrten zur Arbeit in den Sommermonaten bis auf einige längere Radtouren geeignet für Mittel- und Ultratriathlons. Wie aus meinen Trainingsplänen ersichtlich, bereite ich mich auf 180-km-Radwettkämpfe in der beschriebenen Art und Weise vor.

Etwas anders wird es dort aussehen, wo wirklich nach Ausschöpfung aller Möglichkeiten diese täglichen Fahrten zur Arbeit entfallen. Diese Sportler sollten zumindest eine kürzere Einheit im Laufe der Woche und die längeren auf das Wochenende verlegen.

Zurück zur morgendlichen und nachmittäglichen Dienstradfahrt. Diese hat noch weitere Vorteile, abgesehen davon, dass die Frauen dankbar für das zu Hause gelassene Auto sind.

In der Frühe sollte man das Radtraining als Regenerationseinheit ansehen und entsprechend ruhig fahren. Nachmittags besteht dann die Möglichkeit, hin und wieder einige Intervalle zu fahren, etwa in der Form, dass Abschnitte von 2, 3 oder gar 5 km mehrfach flott gefahren werden. Flott bedeutet dabei eine Übersetzung

52 x 18 oder 52 x 17, die man noch rund treten kann. Das Ganze aber erst dann, wenn man nach mehrwöchigem Frühjahrstraining seinen runden Tritt gefunden hat. Dazu fährt man etwa zwei Monate nur mit dem kleinen Kettenblatt, etwa 42 x 17 bei 100-110 Umdrehungen pro Minute.

Auf diese Frequenz ist häufiger zu achten. Entweder ist der Radcomputer mit einem Frequenzzähler ausgestattet, oder man zählt halt 30 Sekunden die gefahrenen Umdrehungen und multipliziert diese mit zwei. Führt man diese Kontrollzählung im Frühjahr öfters durch, so erhält man ganz schnell ein ziemlich gutes Gefühl für seine getretene Umdrehungszahl.

Ähnlich ergeht es beim Laufen. Durch regelmäßige Kontrolle seiner Kilometerzeiten erhält man auch hier einen wichtigen Anhaltspunkt. Das angesprochene Intervalltraining fördert die Leistungsfähigkeit im Ausdauerbereich und verbessert gleichzeitig die Fahrtechnik. Ebenso gewöhnt man sich an die höheren Geschwindigkeiten, die auch im Wettkampf gefahren werden, selbst bei unebenen und schlechten Straßenverhältnissen.

Nach einem flotten Abschnitt sollte dann etwa über die gleiche Streckenlänge locker gekurbelt werden, mit kleinem Kettenblatt, um so die Übersäuerung der Muskulatur abzubauen. Ehrlicherweise muss ich persönlich eingestehen, dass ich zwar um diese Dinge weiß, es mich mittags jedoch eine sehr große Überwindung kostet, dieses Intervalltraining zweimal in der Woche auf dem Heimweg durchzuziehen. Meistens habe ich solch einen großen Hunger und verfalle in meine ruhige, ja, ich meine sogar oft zu ruhige Fahrweise.

Das ist selbstkritisch betrachtet, auch ein Grund für meine Vorliebe für Mittel- und Ultratriathlondistanzen. Da geht alles ein wenig ruhiger, gelassener zu, selbst die Umkleidephasen. Während eines Gemeinschaftstrainings fällt es mir dagegen nicht allzu schwer, Tempoverschärfungen über einige Kilometer mitzufahren. Darin besteht ohne Zweifel einer der Vorteile des gemeinsam durchgeführten Trainings. Neben der Kurzweile, bedingt durch die stets unterhaltsamen Gespräche, fördert es die Kameradschaft, die für mich ein ganz wesentlicher Teil des Sports ist. Ebenso fördert das Gruppentraining den so wichtigen Dialog zwischen jungen Triathleten und den so genannten alten Hasen.

Einiges zur technischen Ausstattung beim Triathlon

Es gibt viele Triathleten, die sich nicht sofort eine komplette, teure Radausrüstung für einige tausend DM zulegen können, sondern erst einmal einen Triathlon mit einem Tourenrad bestreiten. Genauso habe ich es gemacht und rate es heute jedem, der einen Triathlon bestreiten möchte. Gibt es einen Grund, warum man seinen ersten Triathlon nicht mit einem Tourenrad machen soll? Ich sehe keinen. Es sei denn, dass ein bereits hervorragender Ausdauerathlet, der vom Schwimmen oder Laufen kommt, gleich mit bestimmten Ambitionen Triathlonwettkämpfe bestreitet.

Als Nächstes kann ich nur jedem Einsteiger empfehlen, sich zunächst ein Rennrad für 1.000-1.200,- DM zu kaufen, dieses nach einigen Erfahrungen als Trainingsrad zu benutzen, um sich dann einen Mittelklasserenner zwischen 2.200 und 2.500,- DM zuzulegen. Andererseits gibt es gute Gründe, sich sofort einen Mittelklasserenner zu kaufen. Bei rund 4.000,- DM ist die Technik bereits ausgereizt, sodass es darüber nur noch um Geschmack und Aussehen geht.

Ich möchte an dieser Stelle nur kurz auf die wichtigsten und gebräuchlichsten technischen Details eingehen. Weitere Informationen findet man auf den Seiten 193-200 meines Buches *Triathlon Training – Vom Jedermann zum Ironman®*. Zeitfahrmaschinen mit abfallendem Oberrohr, 28-Zoll- und 26-Zoll-Laufräder, Scheibenräder, Trispokes und andere Raffinessen sind für Spitzenfahrer, die größere Geschwindigkeiten als 40 km/h treten können, eher von Vorteil als für den normalen Triathleten. Die oft nicht zu unterschätzenden psychologischen Vorteile bringen sie auf jeden Fall für alle Besitzer von tollen Rennmaschinen mit sich.

Bei der Bereifung gibt es Argumente für und gegen Draht- bzw. Schlauchreifen. Mittlerweile sind die Rolleigenschaften der Drahtreifen denen der Schlauchreifen gleichzusetzen. Ich vertraue auf Drahtreifen, weil sie mir sicherer erscheinen und zudem kostengünstiger sind. Der Vorteil des Schlauchreifens liegt wohl in der schnelleren Auswechselbarkeit.

Radcomputer erscheinen mir nützlich zu sein, da sie ein Gefühl für die Geschwindigkeit vermitteln. Ebenso lässt sich über eine Trittfrequenzanzeige der runde Tritt besser erlernen, genauso wie das richtige Schalten. Exakte Angaben über die gefahrenen Trainingskilometer und die dabei erzielte Durchschnittsgeschwindigkeit sind ebenso hilfreich.

Eine optimale Kraftübertragung und eine schnelle Ausstiegsmöglichkeit durch seitliches Drehen des Fußes bieten die neuartigen Pedalsysteme von Look, Adidas oder SPD. Sie ersetzen die herkömmlichen Rennpedale mit Rennhaken und Riemen. Gleichzeitig bedeuten die neuen Systeme auch mehr Sicherheit beim Halten und eventuellen Stürzen, da das Lösen der Riemen hierbei entfällt.

Die Radschuhe können in der Wechselzone bereits eingeklemmt am Rad befestigt werden. Während der ersten gefahrenen Meter zieht man die Radschuhe an. Dieses Eilverfahren ist nur in Verbindung mit Klettverschlüssen möglich.

Für Triathleten sind Laufräder besonders wichtig. Nicht die Leichtigkeit sollte entscheidend sein, sondern die Stabilität und Zuverlässigkeit. Was nützen einem wenige Sekunden, die man durch eine Verringerung der Speichenzahl erreicht, wenn sich dafür das Risiko ein- oder mehrfachen Speichenbruchs erhöht? Weniger Speichen bedeutet auch weniger Wirbelbildung, sprich weniger Luftwiderstand; daher auch die aerodynamischen Vollverkleidungen der Laufräder. Besondere Vorsicht ist damit bei starkem Seitenwind geboten, da man dadurch schnell von der Straße fliegen kann. Aus diesem Grunde sind Scheibenräder beim Ironman® auf Hawaii verboten.

Die echten Karbonscheibenräder mit Stückpreisen zwischen 800,- und 3.200,- DM sind wohl eher für Leute gedacht, bei denen das Geld keine Rolle spielt oder die finanzkräftige Sponsoren haben.

Dagegen gibt es Kunststoffverkleidungen für circa 100,- DM, die bei ganz bestimmten Felgen und Zahnkränzen aufschraubbar sind. Laufräder, die mit diesen Vollverkleidungen ausgestattet sind, bieten beträchtliche aerodynamische Vorteile. Die zeitlichen Vorteile wachsen dabei mit Zunahme der durchschnittlichen Fahrgeschwindigkeit.

Neueste Radtechnik (Foto: Tri Dynamics)

Triathleten, die über 40 km lange Wettkampfstrecken Durchschnittsgeschwindigkeiten von 34-36 km/h fahren können, kommen bereits in den Genuss eines zeitlichen Vorteils. Bei höheren Geschwindigkeiten macht sich dieser Vorteil noch stärker bemerkbar.

Generell lässt sich sagen: Jede gewöhnliche Rennmaschine eignet sich für den Triathlon. Spezielle Triathlonmodelle unterscheiden sich eigentlich nur durch einen zweiten Flaschenhalter und den Triathlonlenker von den herkömmlichen Rennrädern. Für Mittel- und Ultratriathlondistanzen sind zwei Flaschenhalter unbedingt erforderlich. Die Luftpumpe wird dann am Oberrohr befestigt.

Für den wichtigsten Ausrüstungsgegenstand für einen verantwortungsbewussten Triathleten halte ich den Radhelm. Er schützt jeden vor schweren und schwersten Kopfverletzungen. Deshalb halte ich es für unverantwortlich, ohne Helm auch nur einen einzigen Meter mit einem Rennrad zu fahren. Das gilt nicht nur für den Wettkampf, bei dem das Tragen eines Helms Pflicht ist, sondern genauso für jeden Trainingsmeter.

Parc Ferme in Roth (Foto: Stefan Schwenke)

Jeder hat mittlerweile eingesehen, dass es für Mofafahrer erforderlich ist, mit Helm zu fahren. Ich bin gar der Überzeugung, dass wir auf dem Rennrad noch weitaus gefährdeter sind. Und das aus zweierlei Gründen: Zum einen ist jeder Rennradfahrer, insbesondere bei der unteren Lenkerhaltung, stark kopflastig. Das bedeutet, nur ein kleiner Anstoß von der Seite oder von hinten reicht aus, um einen Sturz zu verursachen. Dabei knallen meist Kopf und Schulter auf den harten Straßenasphalt.

Zum zweiten ist die Fahrgeschwindigkeit auf einem Rennrad, sowohl in der Ebene als auch auf Abfahrten, beträchtlich höher als beim Mofa. Deshalb kann ich nur jedem, der sich auf ein Rennrad setzt, dringend empfehlen, 80-140,- DM für einen geeigneten Radhelm auszugeben und diesen stets geschlossen zu tragen! Dass man sich dabei häufig spöttischem Gelächter ausgesetzt sieht, sollte uns nicht im Geringsten stören.

Ich erfahre diese Reaktion fast täglich, wenn ich selbstverständlich mit Helm an der Schule ankomme und auch wieder fortfahre. Und das bei 16-23-jährigen Schülern. War die Reaktion vor einigen Jahren anders, als Helm-pflicht für Mofa- und Mopedfahrer eingeführt wurde? Ich glaube kaum. Und gewöhnen kann man sich ebenfalls daran. Man denke doch nur an die Gurtgewöhnung im PKW. Wenn man dann noch wie ich im Nachbardorf, im Kollegenkreis und in der eigenen Familie drei schwere Unfälle dieser Art erlebt hat, die mit ordnungsgemäß geschlossenem Helm nur zu geringen Verletzungen geführt hätten, so kann man meine Reaktion sicherlich verstehen.

Um meine allgemeinen Äußerungen zu unterstreichen und jedem Triathleten das Tragen eines Helms mehr als nahe zu legen, möchte ich ganz kurz auf die drei erwähnten Radunfälle eingehen.

Ein 60-jähriger Radtouristikfahrer im Nachbardorf erlitt kurz vor Weihnachten bei einem Sturz so schwere Kopfverletzungen, dass er daran zwei Wochen später verstarb. Ein ganz normaler Trainingssturz mit den schrecklichsten Folgen.

Ein Lehrerkollege wurde während einer Spazierfahrt mit seinem Rennrad von einem PKW nur gestreift. Die Folgen waren ein Schädelbruch und andere kleinere Verletzungen. Nach seiner Genesung gestand er mir: „Nie wieder ohne Helm! Jetzt weiß ich auch, warum du jeden Meter mit Helm fährst." Mit Sicherheit wären beide Unfälle ebenso mit Helm geschehen. Die Folgen wären jedoch bei keinem nicht so schlimm gewesen.

Ähnlich der dritte Fall, den ich nur ungerne schildere, weil damit schreckliche Erinnerungen in mir wieder aufleben. Wieder war die Ursache für einen Zweiradunfall ein Zusammenstoß mit einem PKW, der unmittelbar vor einer Grundstückseinfahrt geschah. Bedingt dadurch, dass der Helm bereits gelöst und vor dem Aufprall auf das Straßenpflaster fortgeschleudert wurde, hatte der Aufprall schwerwiegende Folgen. Neben einem Schädelbasisbruch und Schulterbruch führten Gehirnblutungen zu einem dreiwöchigen Koma und zu Schäden am Kurzzeitgedächtnis. Mehr als ein Jahr dauerte die vollständige Genesung meiner Tochter.

Was also für PKW-Fahrer gilt: Erst gurten, dann spurten, sowie erst stehen, dann lösen, gilt in vollem Umfang auch für jeden Triathleten beim Rad fahren. Der ein oder andere wird einwerfen, dass Radprofis auch ohne Helm fahren. Purer Leichtsinn. Die 80-140,- DM für einen guten Helm sind also mehr als gut angelegt. Andererseits gibt man viel Geld fürs Rennrad, für eine gute Sonnenbrille oder gute Handschuhe aus. Noch viel wichtiger sollte uns unsere Gesundheit sein. Jeder Radrennfahrer ist überzeugt, dass Radhandschuhe wichtig sind, um bei einem Sturz keine Hautabschürfungen an der Hand zu erleiden. Richtig! Und der Kopf?

Tipps für das Radtraining

1. Fahre nie ohne Helm.
2. Stets zwei Reserveschläuche mitführen.
3. Rad mit zwei Flaschenhalterungen ausrüsten.
4. Optimale Drehzahl: 108 U/min.
5. Stets für einen runden Tritt sorgen.
6. Bekleidung soll nicht einengend sein.
7. Auf längeren Touren reichlich Flüssigkeit und Verpflegung aufnehmen (Bananen, Reiskuchen, Energieriegel, Brottrunk). Immer etwas Essbares bei sich haben, damit kein Hungerast auftritt.
8. Bei starken Steigungen rechtzeitig schalten und im Wiegetritt fahren.
9. Renn- oder Tourenrad tagtäglich für den Weg zur Arbeit nutzen.
10. Die ersten acht Wochen im Frühjahr nur mit kleinem Kettenblatt fahren.
11. Erst danach Intervalle (1, 3, 5 km) einschieben. Gleiche Strecke mit 42/17 zur Erholung weitertreten, oder 3 min hohe Belastung, 2 min Erholung, 4, 5, 6, 7, 8 min hohe Belastung, jeweils eine Minute kürzere Erholung - also 3, 4, 5, 6, 7.
12. Rennlenker zeitweise auch in tiefster Position anfassen.
13. Mit 52/19 legt man annähernd die gleiche Entfernung pro Umdrehung zurück wie mit 42/15.
14. Sonnenbrille schützt vor Wind, Sonne und Mücken.

Wettkampftipps

1. Pedalsysteme verbessern die Kraftübertragung.
2. Startnummer am Gummiband befestigen, besonders beim Tragen von Triathlonanzügen geeignet.
3. Rad mit kleinem Gang bereitstellen, schnellerer Start und schnelleres Aufwärmen dadurch möglich.

4. Sofort mit der Flüssigkeitsaufnahme beginnen.
5. Optimale Drehzahl 80-90 Umdrehungen in der Minute.
6. Im Wettkampf nur das essen und trinken, was man im Training vorher ausprobiert hat. Bei unbekannten Getränken im Ausland Wechsel zwischen Wasser und Elektrolytgetränk.
7. Immer etwas Essbares bei sich haben, damit kein Hungerast auftreten kann.
8. Nacken-, Arm- und Schultermuskulatur entspannen. Zehen häufiger bewegen. Hin und wieder Rücken und Hüfte im Stehen gegen den Lenker beugen.
9. Möglichst aerodynamische Position einnehmen, da der Windwiderstand proportional zur Fahrgeschwindigkeit wächst.
10. Nie Windschattenfahren!
11. Die letzten 2 km, bei Kurzdistanz 1 km, mit kleinem Kettenblatt bzw. kleinerer Übersetzung fahren, um die Muskulatur für das Laufen zu lockern.
12. Handschuhe rechtzeitig ausziehen.
13. Helm erst im Ziel öffnen!
14. Sonnenbrille benutzen.
15. Einen Tag nach dem Wettkampf: ruhiges Radtraining = ideale Regeneration, nur mit 42/17 locker treten.

Laufen - dritte und schwerste Disziplin?

Laufen, häufig als die härteste der drei Disziplinen bezeichnet, bildet den Abschluss eines Triathlons. Hierbei schlägt für Triathleten, die starke Läufer sind und hier sicherlich ihre stärkste Phase haben, als auch in ganz besonderem Maße für die Triathleten, die vom Schwimmen und Rad fahren kommen, die Stunde der Wahrheit. Die Stunde der Wahrheit deshalb, weil es sich beim Laufen mehr als rächt, wenn man sein Pulver zu früh verschossen hat. Es gehört schon eine gewaltige Selbstdisziplin dazu, seinen Energiekuchen richtig aufzuteilen. Für mich ist allein aus diesem Grunde jeder Triathlonwettkampf eine besondere Herausforderung.

Das gilt sowohl für Kurztriathlons, die etwa einen Gesamtumfang von 51 km haben, als auch für die Mitteltriathlons, wo es bereits über 112 km geht, aber in ganz besonderem Maße für die berüchtigten 226 km bei einem Ultratriathlon. Auf der Laufstrecke haben siegesgewisse Triathleten ihr blaues Wunder erlebt und sind auf den letzten Kilometern regelrecht eingegangen. Starken Läufern, die im Schwimmen oder Rad fahren durchschnittlich oder gar schwach sind, gibt es sehr viel Auftrieb, wenn sie in ihrer Disziplin viele Athleten überholen können.

Allerdings gibt es bei denjenigen Triathleten, die sich bei Wettkämpfen ganz vorne tummeln, keine durchschnittliche oder schwache Sportart mehr. Das sah vor einigen Jahren teilweise anders aus. 1982, 1983, 1984, eventuell auch 1985, konnten Sportler Wettkämpfe gewinnen, die tatsächlich neben zwei starken eine durchschnittliche Disziplin verkraften konnten.

Gemeinsam mit dem Schwimmen stellt das Laufen die ganzjährige Basis dar. Mit dem Radtraining in den Monaten November bis Februar ist es ja bekanntlich in unseren Breiten schlecht bestellt, es sei denn, jemand kann sich für das Training auf der Rolle begeistern.

Laufen gilt beim Triathlon auch als die unkomplizierteste Sportart. Das einzig Wichtige sind die Laufschuhe. Der große Vorteil des Laufens liegt in der Tatsache, dass man zu jeder Zeit, bei jedem Wetter, allein, in der Gruppe, also immer und überall trainieren kann.

Auch in diesem Abschnitt möchte ich nicht so sehr auf Laufstil, Lauftechnik und andere laufspezifische Eigenheiten eingehen, sondern mehr auf die triathlonspezifischen Eigenarten. Ansonsten empfehle ich Ihnen folgende Literatur: *Laufen mit Lydiard* von Arthur LYDIARD und *Richtig laufen mit Galloway* von Jeff GALLOWAY.

Für einen Läufer, womöglich mit Marathonerfahrungen, wird es kein Problem sein, einen Kurztriathlon ohne größeres Spezialtraining durchzustehen. Genau aus dieser Sicht heraus habe ich meine ersten Triathlonwettkämpfe bestritten. Entscheidend war stets die vernünftige Krafteinteilung, um gut über die Runden zu kommen.

Will man dann etwas mehr als gut über die Runden kommen, so wird der Läufer nicht umhinkommen, seinen Trainingsumfang pro Woche zu vermindern, um sich in den beiden anderen Sportarten zu verbessern. Generell gilt nämlich für jeden Triathleten: Bevorzuge im Training nicht die stärkste, sondern die schwächste Disziplin!

Ein Läufer wird bei dem vielseitigen Training sehr schnell feststellen, dass er mit weniger Trainingskilometern kaum etwas von seiner Schnelligkeit einbüßt. So erging es mir vor einigen Jahren. Obwohl ich mein Lauftraining von 90 km pro Woche auf 70 km reduzierte und dafür mein Schwimmtraining forcierte, konnte ich meine 35iger Zeit über 10 km halten.

Um die wettkampffreie Zeit für Triathleten von November bis April, also sechs lange Monate, zu überbrücken, eignen sich im Winter Crossläufe oder im Frühjahr Serienläufe zur Motivationserhaltung und gleichzeitig zur Leistungsüberprüfung. Für mich dienen die Monate November und Dezember als echter Regenerationszeitraum, in dem ich nur locker laufe und schwimme. Ab Januar, wenn das Lauftraining intensiviert wird durch Tempoläufe über 5 x 1.000 m in 3:30-3:40 Minuten pro Kilometer – einmal wöchentlich –, steht für mich eine Winterlaufserie über 10 und 21 km im Vordergrund. Diese Läufe, die in Abständen von je zwei Wochen stattfinden, gibt es auch andernorts und lockern das Training im Winter ein wenig auf.

Ich finde, auch für Anfänger ist es jeweils ein guter Kräftevergleich gegen die Uhr. Ebenso können während dieser Zeit Volks- und auch ein Marathonlauf bestritten werden. Achtung, bei Volksläufen liegen in den seltensten Fällen vermessene Strecken vor. Mir sind bei 10-km-Volksläufen Streckenlängen von 9 km, aber auch 11 km begegnet. Von daher darf man die gelaufenen Volkslaufzeiten nicht so ernst nehmen. Vermessene Laufstrecken findet man dagegen bei DLV-Straßenläufen.

Auch Schwimmern und Radfahrern, die oft große Probleme mit dem Laufen haben, seien diese Frühjahrsläufe empfohlen. Für sie gilt in erster Linie, das Laufpensum wohl zu dosieren und überwiegend ruhig zu trainieren. Es gilt für sie wie für alle Laufanfänger die einfache Regel:

> Mit zweimaligem Training in der Woche hält man seine Form,
> mit dreimaligem Training verbessert man seine Form,
> mit viermaligem Training verbessert man sich schneller!

Das gilt natürlich nicht für ausgewachsene Läufer. Sicherlich können auch sie in der Winterpause sechs Wochen lang zweimal laufen, dazu noch zweimal schwimmen. Danach wird jedoch wieder häufiger trainiert, um an die Leistungen des Vorjahres anknüpfen zu können.

Die noch wenig erfahrenen Läufer müssen sich erst an die spezifische Belastung ihres Halte- und Bewegungsapparats gewöhnen. Deshalb ist es sinnvoll, jedes Lauftraining in drei bis vier Abschnitten zu absolvieren. Zehn Minuten locker einlaufen bzw. eintraben, einige Minuten Dehnübungen, Trainingslauf, bei dem die letzten 1-2 km locker ausgelaufen werden. Leichte Dehnübungen nach dem Lauf beenden diese Laufeinheit. Sobald man in einer Gruppe läuft, wird es oft schwierig sein, nach zwei Kilometern eine Gymnastikpause einzulegen. In diesem Fall sollte man die abschließenden Dehnübungen intensiver gestalten.

Für Laufanfänger erscheint mir ein Gruppentraining besonders sinnvoll zu sein. Neben der besseren Unterhaltungsmöglichkeit, die auch wichtig ist, da sie ein Gradmesser für das richtige Tempo ist, trotzt man in einer Gruppe den widrigen Witterungsverhältnissen besser.

Triathleten, die aus dem Schwimm- oder Radlager kommen, können mit Trainingsfleiß, Talent und Vernunft schnell überdurchschnittliche Leistungen im Langstreckenbereich erzielen. Umgekehrt ist es für Läufer oder Radfahrer viel schwieriger, die richtige Schwimmtechnik schnell zu erlernen, es sei denn, man beginnt das intensive Schwimmtraining noch in den ersten zwei Lebensjahrzehnten. Ich meine, dass Laufneulinge mit Vernunft, nicht mit Gewalt diese, für sie ungewohnte Disziplin trainieren sollen. Sie können nur sehr behutsam ihre wöchentlichen Laufkilometer erhöhen. Der wöchentliche Zuwachs sollte 10% auf keinen Fall überschreiten.

Wer mit Gewalt seine 10-km-Bestzeit herunterschrauben will, der riskiert nicht nur Verletzungen, sondern zieht sie sich auch mit Sicherheit zu. Laufen belastet am härtesten den gesamten Stützapparat des Menschen, also die Knochen, Gelenke, Muskeln und Sehnen. Die Stoßbelastung beim Laufen kann in ungünstigen Fällen bis zum Siebenfachen des Körpergewichts betragen. Aus 75 kg können dann rund 500 kg werden, daher auch die enorme Bedeutung der Laufschuhe. Weil dem so ist, ist es möglich, dass auf Dauer bei reinen Langstrecklern, die oft viele Jahre wöchentlich rund 150 km zurücklegen, langwierige Verletzungen auftreten. Beim Triathlon ist diese Gefahr, abgesehen von den Spitzensportlern, kaum gegeben.

Der Grund liegt darin, dass bei einem ausgewogenen Triathlontraining immer wieder andere Muskelgruppen beansprucht werden. Aus meinen Erfahrungen kann ich dies nur bestätigen. Weder meine Triathlonkollegen noch ich hatten in den vergangenen Jahren ernst zu nehmende Verletzungen. Einzig und allein waren Folgen aus Radstürzen zu beklagen. So genannte Überlastungsschäden traten nicht auf.

Tipps für das Wettkampftraining

1. Mehrere Paar Laufschuhe vorrätig haben und diese im Wechsel tragen. Mindestens zwei Paare unterschiedlichen Fabrikats.
2. Alle sich reibenden Körperstellen mit Vaseline oder Fett behandeln.
3. Bekleidung darf nicht zu eng sein. Im Winter lieber mehrere dünne Bekleidungsstücke übereinander tragen als wenige dicke.
4. Während des Laufens nur Flüssigkeit zu sich nehmen.
5. Nach jedem Training sofort trockene Sachen anziehen.
6. Trainingsablauf:
   - Einlaufen
   - Gymnastik
   - Trainingseinheit
   - Auslaufen mit Dehnübungen

Wettkampftipps

1. Realistische Ziele stecken.
2. Laufen als härtester Wettkampfteil erfordert ruhiges, gleichmäßiges Anlaufen auf den ersten Kilometern.
3. Locker und gelöst anlaufen.
4. Niemals neue Schuhe im Wettkampf tragen.
5. Schuhe mit Klett- oder Schnellverschlüssen tragen.
6. Regelmäßig trinken.
7. Bei Hitze: unbedingt eine helle Laufmütze tragen, Schwämme zur Kühlung nutzen.
8. Bei Seitenstichen kräftiges und langes Ausatmen, ruhiger laufen.
9. Bei Muskelkrämpfen: Dehnung der Muskeln, bis der Krampf sich löst.
10. Ablenkung von den eigenen Schwierigkeiten durch:
    - Bewusstes Wahrnehmen der Umgebung.
    - Mitstoppen der Kilometerzeiten.
    - Beobachtung anderer Triathleten, die oft noch größere Probleme haben.
    - Kurze Unterhaltung einstreuen.
    - Zuschauerreaktionen beachten.
    - Eigene Endzeit hochrechnen.
    - Bei Wendepunktstrecken; vor einem liegende Triathleten zählen.
    - An etwas Schönes denken.

Der fliegende Wechsel

Je kürzer der Triathlon, umso wichtiger sind die Wechsel vom Schwimmen zum Rad fahren und vom Rad fahren zum Laufen. Diese werden heute von Spitzenleuten fast fliegend vollzogen. Vielfach werden die Wechsel als die vierte Disziplin des Triathlons angesehen. Vorwiegend im Wettkampfzeitraum sollten beide Kleiderwechsel hin und wieder trainiert werden. Die benötigten Ausrüstungsgegenstände richten sich nach der Witterung und natürlich nach der Wettkampflänge.

Benötigt werden:

a) Vor dem Wettkampf:

- Startunterlagen
- Leichte Kost, Banane
- Gummiband
- Sicherheitsnadeln

b) Zum Schwimmen:
- Badehose, -anzug
- Eventuell Neoprenanzug
- Triathlonanzug
- Badekappe
- Schwimmbrille
- Vaseline
- Eventuell Nasenzwicker
- Ohrenpfropfen

c) Zum Rad fahren:

Rennrad mit Luftpumpe, zwei Ersatzschläuche, volle Radflaschen, Startnummer, Energiebarren + Banane mit Klebestreifen am Rahmen befestigt, unter der Sattelspitze Vaseline.
- Helm
- Handtuch
- Radschuhe mit Klettverschluss
- Eventuell Radhose
- Radtrikot mit Startnummer und Toilettenpapier
- Sonnenbrille
- Wenn Triathlonanzug, dann Startnummer am Gummiband
- Radhandschuhe

d) Zum Laufen:
- Eingelaufene Schuhe mit Schnellverschluss
- Eventuell Lauftrikot mit Startnummer vorn
- Leichte Laufhose mit kleiner Toilette (Papier + Vaseline)
- Bei Hitze: helle Laufmütze.

e) Nach dem Wettkampf:
- Trockene Kleidung
- Bequeme Schuhe
- Massageöl
- Handtuch, Duschzeug
- Elektrolytgetränk.

Beim Kurztriathlon empfiehlt sich ein Triathloneinteiler, den man während aller drei Disziplinen tragen kann. Erforderlich ist dann nur ein Schuhwechsel und das Umhängen der an einem Gummiband befestigten Startnummer. Wer bereits mit Laufschuhen auf das Rad steigt, hat zwar einen Schuhwechsel gespart, nimmt dafür jedoch eine schlechtere Kraftübertragung beim Rad fahren in Kauf. Weiterhin läuft er Gefahr, dass sich die Laufschuhe durchtreten und die Fußballen auf dem ersten Teil der Laufstrecke regelrecht taub sind.

Bei kalter Witterung kann man sich vor dem Rad fahren noch schnell ein Radtrikot überziehen. Befürchtungen, man könne sich auf dem Rad erkälten, sind unbegründet, da der Triathlonanzug innerhalb weniger Minuten trocknet. Aber nicht jeder, der einen Triathlon bestreitet, besitzt solch einen etwa 100,- DM teuren Einteiler, der auch nicht unbedingt notwendig ist. Ich selbst habe zwar einen Triathloneinteiler, nutze ihn aber nur als Rad- und Badehose, da das Oberteil abgetrennt worden ist. Das aus folgenden Gründen: Für das Rad fahren fehlt mir bei dem Einteiler eine entsprechend große Rückentasche, um eine Banane, einen oder zwei Kraftriegel und meine ‚kleine Toilette' mitnehmen zu können. Auf der Laufstrecke stören mich die im Schrittbereich des Triathlonanzugs auftretenden Spannungen. Ich fühle mich darin zu sehr eingeengt. Das gilt bereits auf einer kurzen Laufstrecke von 10 km.

Daher nehme ich eine etwas längere Umkleidezeit in Kauf, bin aber überzeugt, dass ich diese anschließend wieder gutmache. Meine Kleiderordnung bei Kurztriathlonwettkämpfen sieht wie folgt aus: Schwimmen im abgeschnittenen Triathlonanzug-Unterteil, eventuell Neoprenanzug darüber. Er dient als Bade- und Radhose, da die Hose mit einem Ledereinsatz bestückt ist.

Beim ersten Wechsel ziehe ich mir ein trockenes, je nach Witterung lang- oder kurzärmeliges Radtrikot über. Hinzu kommen Socken und Radschuhe. In der Trikottasche steckt eine Banane, ein Kraftriegel und eine kleine Plastiktüte mit Toilettenpapier für alle Fälle. Unter der Sattelspitze befindet sich etwas Vaseline. Weiterhin finden sich in der Trikottasche Radhandschuhe und eine Sonnenbrille, die ich während der Fahrt anlege. Nicht zu vergessen ist der Helm. Die ersten und die letzten ein bis zwei Kilometer kurbele ich mit dem kleinen Kettenblatt herunter, 42 x 16 bzw. 42 x 15-17.

Der zweite Wechsel läuft bei mir wie folgt ab: Handschuhe und Sonnenbrille werden bereits auf den letzten Kilometern in die Trikottasche gesteckt. Bei Radstillstand: Helm ab, Schuhe, Rad-, Badehose und Trikot aus, Laufschuhe und leichte Laufhose an und ab. Netzhemd und Mütze werden während der ersten Laufschritte angezogen.

Dieser zweite Wechsel dauert bei mir rund eine Minute, der erste, je nach Witterung und Wassertemperatur, zwischen zwei und drei Minuten.

In der Wechselzone (Foto: S. Aschwer)

Diese meine Kleiderordnung wende ich mittlerweile sowohl bei Kurz- als auch bei Mittel- und Ultratriathlons an. Sie hat sich für mich bewährt. Ich meine: Was nützen mir einige Umziehsekunden, wenn ich mich anschließend über viele Kilometer behindert fühle.

Bei den sehr häufig auftretenden kühlen Wassertemperaturen sind die Schnellverschlüsse an den Rad- und Laufschuhen sehr wichtig. Sie ermöglichen selbst bei kalten Fingern eine vernünftige Schnürung. Die Schnellverschlüsse sind bereits für wenige Pfennige zu haben. In Almere habe ich vor Jahren nahezu fünf Minuten benötigt, um meine recht dünnen Radschuhschnürsenkel zu verknoten. Nach einer ganzen Stunde im 16°C kalten Wasser kein Wunder.

Eine andere Sache, die man in der Wettkampfphase einige Male üben sollte, ist das Ausziehen des Neoprenanzugs. Dies geschieht am besten nach einem kurzen Duschbad. Große Anforderungen an das Koordinationsvermögen des Athleten stellen die Wechsel vom Schwimmen zum Rad fahren und ganz besonders vom Rad fahren zum Laufen. Im Training gilt es, vornehmlich im Vor- und Wettkampfzeitraum, diese Übergänge zu üben.

Der Übergang vom Schwimmen zum Rad fahren bereitet kaum Probleme. Es sei denn, jemand hat sich bei der ersten Sportart schon so verausgabt, dass er eine längere Zeit auf dem Rad benötigt, um sich davon zu erholen. Erhebliche Probleme bereitet der zweite Übergang vom Rad fahren zum Laufen. Dies gilt insbesondere für Triathlonerfahrene. Einmal treffen hier zwei beinbelastende Sportarten aufeinander, hinzu kommt die längere Wettkampfdauer. Diesen zweiten Übergang sollte man häufiger trainieren. Dazu eignen sich folgende Trainingseinheiten: leichtes Radtraining über 20-30 km mit einem anschließenden flotten Lauf über 12 km oder eine flotte 30-km-Radeinheit mit einem ruhigen 12-km-Lauf.

Gleichzeitig lässt sich dabei der Trikotwechsel trainieren. Zwei bis drei Wochen vor einem Wettkampf trainiere ich alle drei Disziplinen hintereinander, jedoch mit kürzeren Distanzen und ruhiger Wechselphase. Mehr dazu bei den Trainingsplänen.

Krafttraining, Stretching und Gymnastik

Was Krafttraining für Triathleten anbetrifft, so geht es nicht um Muskelzuwachs – dies ist für das Rad fahren und besonders für das Laufen ungünstig, sondern um die Leistungssteigerung vornehmlich beim Schwimmen. Für Triathleten ist vor allem Kraftausdauer gefragt, weniger Schnell- oder Maximalkraft.

Nicht alle Weltklasseathleten betreiben intensives Krafttraining. Von einigen weiß man, dass sie auf ein ausgeklügeltes Krafttraining schwören, andere dagegen halten nicht viel davon und trainieren nur die drei Einzeldisziplinen.

Für das Schwimmen bieten sich das Zugseil und die Paddels neben leichten Hantelübungen an. Krafttraining beim Rad fahren kann darin bestehen, dass man mit einer großen Übersetzung steile Anstiege hinauffährt.

Stretching und Gymnastik sollten zu jeder Trainingseinheit gehören. Neben einer Auflockerung der Muskulatur verringert das Stretching die Regenerationszeit. Beachten sollte man, dass das richtige Dehnen erst nach einem kurzen Warmlaufen und zudem nicht abrupt erfolgt. In der Regel dauert die Dehnphase zwischen 10-20 Sekunden. Bei abruptem Dehnen besteht Verletzungsgefahr. Ausführliches zu Stretching und Kraftausdauer auf den Seiten 84-90 meines Buches *Tipps für Triathlon*.

Regeneration – 5. Triathlondisziplin?

Neben den drei Ausdauersportarten Schwimmen, Rad fahren und Laufen gelten die Wechsel als vierte Disziplin. Nicht ohne Einfluss auf die jeweilige Wettkampfleistung ist die Regeneration. Diese Wiederherstellung der körperlichen Fähigkeiten beginnt bereits mit der genauen Wettkampfvorbereitung. Durch zeitgerechte, kohlehydratreiche Vorwettkampfkost, die nach der völligen Entleerung der Glykogenvorräte vier Tage vor dem Wettkampf einsetzt, können die Glykogendepots über das normale Maß hinaus gefüllt werden.

Mit der aktiven Aufwärmphase durch Lockerungs- und Dehnungsgymnastik wird die Durchblutung und der Stoffwechsel der Muskulatur gefördert. Die Gefahr von Muskel- und Gelenkverletzungen verringert sich dadurch. Während des Wettkampfs soll durch schluckweises Trinken von Wasser und Mineraldrinks bzw. Gemisch aus Brottrunk und Wasser sowie bei längeren Wettkämpfen durch Aufnahme kohlehydratreicher Nahrung die Energiebereitstellung für die Muskulatur gewährleistet bleiben.

Nach dem Überqueren der Ziellinie sollte umgehend auf die Durchführung eines Regenerationsprogramms geachtet werden. Dieses könnte in Stichpunkten etwa so aussehen:

1. Verschnaufpause, trockenes Trainingszeug anziehen.
2. Dehnübungen.
3. Fünf Minuten traben oder 6 km lockeres Rad fahren oder 500 m lockeres Schwimmen.
4. Duschen.
5. Wenn möglich Massage.
6. Reichlich Elektrolytgetränke.
7. Kohlehydratreiche Kost.
8. Eventuell heißes Bad.

Die ersten vier Punkte sollte man nach einem anstrengenden Wettkampf auf jeden Fall beherzigen, um die Muskelspannung zu lockern, was wiederum den Abbau der Stoffwechselschlacken fördert. Für eine schnelle Regeneration sind ganz entscheidend die kohlehydratreiche Ernährung und die Elektrolytgetränke.

Nach kräfteraubenden Wettkämpfen umfasst die Regeneration nicht nur einige Tage, sie kann auch mehrere Wochen in Anspruch nehmen. Erst danach sollte man wieder ganz normal trainieren. Für die Zeitdauer der Regeneration gibt es keine feste Formel. Sie ist abhängig von der Wettkampfdauer, der Zahl der Trainingsjahre, vom Trainingszustand und vom Wettkampftypen.

Ein Triathlonwettkampf über drei Stunden ist bei weitem nicht so belastend wie ein Marathonlauf in der gleichen Zeit, weil sich die Belastung auf viel mehr Muskelgruppen verteilt. Zudem hat man beim Schwimm- und Radteil nicht sein ganzes Körpergewicht zu tragen.

Da ich die unterschiedlichsten Wettkampftypen kenne und miterlebt habe, wie Athleten, die den gleichen Wettkampf bestritten haben, völlig andere Zeiten für ihre körperliche Wiederherstellung benötigten, möchte ich hier nicht versuchen, allgemein gültige Regeln aufzustellen, sondern etwas zu meinen eigenen Regenerationszeiten anmerken.

Vorweg eins zu Triathleten, die noch jung an Jahren oder auch jung an Wettkampfjahren sind. Diese Athleten benötigen in den meisten Fällen eine etwas längere Erholungsphase, weil die Ausdauerbasis noch nicht so groß ist. Andererseits regenerieren sich Ausdauertypen schneller von harten Wettkämpfen als so genannte Sprintertypen. Ausdauertypen, die z.B. einen Kurztriathlon bestreiten, sind es gewohnt, von ihrem maximalen Leistungsvermögen nicht solch einen hohen Prozentsatz ihres Könnens einzusetzen wie Sprintertypen.

Bei mir, der ich 18 volle Jahre Ausdauertraining hinter mir habe und mich zu den Ausdauertypen zähle, sehen die Regenerationszeiten wie folgt aus:

Nach Kurztriathlons: eine Woche
Nach Mitteltriathlons: zwei Wochen
Nach Ultratriathlons: drei Wochen

Während dieser Zeit trainiere ich nur ruhig, einfach nach Gefühl. Im Anschluss an diesen Zeitraum trainiere ich wieder ganz normal. Mir ist bewusst, dass ein Wettkampf über 226 km auch nach drei Wochen nicht vollkommen überstanden ist, daher sehe ich das Training nach Gefühl weiterhin als wichtig an.

Um einen weiteren ernsthaften Wettkampf zu bestreiten, benötige ich allerdings nach einem Ultratriathlon eine mindestens einmonatige Pause. Während dieser Zeit kann sich dann auch meine Psyche von den 226 km erholen und sich langsam wieder auf neue Ziele einstimmen. Bevor ich mich nicht geistig-seelisch auf ein neues Ziel eingestellt habe, brauche ich mit dem gezielten Training dafür nicht zu beginnen. Bei mir heißt es: erst die Psyche, dann die Physis. Also, erst der Geist und dann der Körper.

Zur allgemeinen Regeneration tragen weiterhin bei: Saunabesuche, ausreichender Schlaf, Kurzurlaub und das Erkennen, dass es im Leben noch andere, wichtigere Dinge gibt als Schwimmen, Rad fahren und Laufen. Kurzum: Nach einer intensiven Belastung benötigt der Triathlet auch eine intensive Erholung.

So weit zur Regeneration von einzelnen Wettkämpfen. Die große Regeneration fällt bekanntlich in den Übergangszeitraum. Hierbei gilt es, sich von den Strapazen des gesamten Jahres zu erholen.

Trainingspläne

Trainingstipps und -hinweise für Anfänger

Für Leute, die erstmals einen Triathlon bestreiten wollen, eignen sich die Streckenlängen 0,5/20/5 km bzw. 1,5/40/10 km. Wie ich eingangs bereits erwähnt habe, gilt es, fit in einen Triathlonwettkampf hineinzugehen und nicht Triathlonwettkämpfe zu bestreiten, um fit zu werden.

Für den Anfänger, egal, ob 16 oder 60 Jahre, liegt das Ziel erst einmal darin, fit zu werden. Das geschieht am einfachsten durch ruhiges Ausdauertraining, sei es Schwimmen, Rad fahren oder das Laufen. Entscheidend ist, dass man ein Trainingstempo wählt, bei dem ohne Anstrengung eine Unterhaltung mit dem Sportgefährten möglich ist – mit Einschränkung beim Schwimmen.

Der häufigste Anfängerfehler im Training betrifft das Trainieren mit zu hoher Intensität, also mit zu großer Geschwindigkeit. Leute, die die dreißig Jahre überschritten und seit mehreren Jahren keinen regelmäßigen Sport betrieben haben, sollten vor Aufnahme einer sportlichen Betätigung zumindest ihren Hausarzt dazu befragen.

Auf den ersten Buchseiten hat sich bereits jeder überzeugen können, dass wir alle seit unserer Kindheit Triathleten sind. Als Kind bewegt man sich spielerisch viele Kilometer am Tage, lernt im Vorschulalter das Rad fahren und spätestens in der frühen Schulzeit das Schwimmen. Wenn diese spielerischen Bewegungen irgendwann zu statischen Bewegungen geworden sind, so können wir alle auch nach Jahrzehnten zu der spielerischen Form zurückfinden. Dieser Prozess dauert selbstverständlich bei jedem Menschen unterschiedlich lange und ist abhängig vom Alter, Willen, Ernährung, beruflicher Tätigkeit und vielen weiteren Faktoren.

Wer als Anfänger sich mit dem Gedanken beschäftigt, einen Triathlonwettkampf zu bestreiten, sollte ein ganzes Jahr als Vorlaufzeit für ein regelmäßiges Training ansehen. Ausgenommen sind hier diejenigen, die bereits aktiv eine der drei Ausdauersportarten ausüben. Ähnliches gilt für Sportler anderer Disziplinen wie Ruderer, Fußballer, Handballer, Tennisspieler und andere.

Generell gilt als Minimalforderung für das wöchentliche Training: Mindestens die Wettkampfdistanzen im Training zurücklegen.

Das heißt ganz konkret für einen Kurztriathlon über 1,5/40/10 km: Wöchentlich mindestens 1,5 km Schwimmen, 40 km Rad fahren und 10 km Laufen.

Mit diesem Minimaltraining kann man den Wettkampf ohne gesundheitliche Schäden überstehen. Für einen Jedermanntriathlon entsprechend: 0,5 km Schwimmen, 20 km Rad fahren und 5 km Laufen.

Zur Verdeutlichung: 500 m an einem Stück schwimmen entspricht zehn Bahnen in einem 50 m Schwimmbad. Selbst für jemanden, der nur badet, ist diese Distanz in weniger als 15-18 Minuten zu schaffen. Im Urlaub oder bei hochsommerlichen Temperaturen sollten die Schwimmübungen in einen See verlegt werden. 20 km Rad fahren stellt sicherlich für niemanden ein Problem dar, selbst mit einem verkehrssicheren Hollandrad nicht. 40 Radkilometer sind auch mit einem Tourenrad zu schaffen. Es muss nicht unbedingt eine teure Rennmaschine sein. Wer 40 km in der Woche Rad fährt, sollte sich diese aufteilen in eine 30 km und eine 10-15 km Tour. Vielleicht gelingt es, die lange Strecke ruhig zu fahren und die kurze dafür etwas flotter. Hier gilt wiederum: Nur so schnell fahren, dass man sich dabei noch unterhalten kann.

Das größte Problem dürfte für einen Anfänger das Laufen sein. Dieses Training fällt jedem Neuling am leichtesten, wenn in einer Gruppe oder einem Lauftreff geübt wird. Pärchen, von denen einer bereits Lauferfahrungen besitzt, empfehle ich, in getrennten Gruppen zu trainieren. Bekanntlich hat man mit fremden Personen mehr Geduld als mit dem eigenen Partner oder Familienangehörigen.

Sollte das Training jedoch allein versucht werden, so rate ich zu folgendem Vorgehen: Man suche sich eine etwa 3 km lange Strecke und versucht diese, mit mehreren Gehpausen, trabend zu bewältigen. Wer dies zwei- bis dreimal in der Woche probiert, der wird sehr schnell feststellen: Die Gehpausen werden immer kürzer und weniger. Diese Tatsache lässt ein regelrechtes Hochgefühl aufkommen und veranlasst den Trainierenden, die Strecke auf 5 km auszudehnen. Und wer 5 km laufen kann, der ist auch in der Lage, die magischen, 10 km anzupeilen. Wichtig dabei ist es, ruhig und gleichmäßig zu laufen. Weitere *Tipps für Laufanfänger* findet man in dem gleichnamigen Büchlein von Carl-Jürgen DIEM.

Wer 500 m schwimmen kann, 20 km mit dem Rad schafft und auch noch 5 km laufen kann, der ist also ein Triathlet. Eine Frau, ein Mann mit Kern!

Welche Ausrüstung benötigt man dazu?

Einen Badeanzug oder Badehose, ein verkehrssicheres Fahrrad und ein Paar gute Laufschuhe. Alles andere wie T-Shirt und kurze Hose hat man sowieso.

Man merke: Einen Triathleten erkennt man nicht an seiner Ausrüstung, sondern an seiner Einstellung! So einfach gestaltet sich ein Trainingsplan für Anfänger. Wer etwas mehr tun will, der kann sich langsam an die Distanzen 1,5/40/10 km herantasten. Hier gibt es dann ein weiteres interessantes Betätigungsfeld. Nach einem Jahr kann man sich an Trainingsplänen für Fortgeschrittene orientieren. Mit ‚orientieren' meine ich auch orientieren, nicht kopieren! Unter Berücksichtigung des eigenen Umfeldes sollte man sein Triathlontraining gestalten.

Trainingspläne für Fortgeschrittene

Jeder Triathlet hat ‚sein Umfeld'

Trainingspläne, die für einen Großteil der Triathleten oder gar für alle Gültigkeit haben könnten, gibt es nicht.

Der Grund für die gerade im Triathlonsport so große Vielfalt der Trainingsgestaltung liegt ganz einfach in der Tatsache begründet, dass jeder Triathlet in einem anderen Umfeld lebt. Hinzu kommt: Jeder hat seine individuellen Möglichkeiten.

Das bedeutet ganz konkret: Jeder Triathlet bringt für seine sportliche Betätigung recht unterschiedliche Größen mit, die jede für sich ganz entscheidenden Einfluss auf die Trainingsplanung und Trainingsgestaltung haben. Diese unterschiedlichen Größen sind:

1. Die sportlichen Voraussetzungen
   Je nachdem, ob ein Athlet aus dem Läufer-, Schwimmer- oder Radfahrlager stammt, bringt er verschiedene Stärken für die drei Ausdauersportarten mit.
2. Der sportliche Ehrgeiz
   Dem einen reicht es, wenn er bei einem Wettkampf gut über die Runden kommt, der andere möchte schon zeigen, was er drauf hat. Ein Dritter geht erst dann an den Start, wenn er meint, einen der ersten Plätze belegen zu können.
3. Die berufliche Tätigkeit
   Ein Schüler oder Student hat von der zeitlichen Einteilung her andere Möglichkeiten als ein Berufstätiger, der womöglich noch täglich zwei Stunden für seinen Weg von und zur Arbeit benötigt. Ebenso können Lehrer und Schichtdienstleistende ihre Trainingszeiten variabler gestalten als ein Verkäufer, der seinen Sport nur an freien Tagen oder am Wochenende ausüben kann. Ganz zu schweigen von Sportlern, die bei der Sportförderkompanie der Bundeswehr tätig sind.
4. Das Talent
   Diese eigentlich schon mit in die Wiege gelegte Eigenschaft des Menschen ist mehr als unterschiedlich. Talentierte Ausdauersportler machen ihren Weg im Triathlon. Vorausgesetzt, sie bringen noch andere Eigenschaften als Willen, Trainingsfleiß, Disziplin und die richtige Einstellung mit. Andererseits kann je-

der Mensch mit weniger Talent bei richtiger Einschätzung seiner eigenen Möglichkeiten genauso viel Freude an diesem Sport haben wie die wenigen Siegertypen.

5. Das Alter
   Selbstverständlich hat ein junger Mensch im Alter von 20 Jahren andere Perspektiven als ein Mensch im 40. oder 60. Lebensjahr. Dass man aber im Ausdauersport mit Ende 30 keinesfalls zum alten Eisen gehört, beweisen viele Triathleten, denen es gelingt, gerade in diesem Alter ihren Leistungshöhepunkt zu erreichen.
6. Die örtlichen Gegebenheiten
   Darunter fallen die mehr oder weniger langen Anfahrtswege zu den Trainingsstätten. Ein Athlet, der nur einige hundert Meter neben einem Hallen- oder Freibad wohnt, wird zwangsläufig häufiger das kühle Nass aufsuchen als jemand, der 20 Kilometer davon entfernt wohnt. Ein Großstädter, der das Rennrad auf dem Dachgepäckträger seines PKWs befestigen muss und eine halbe Fahrstunde benötigt, um seine Trainingsstrecke zu erreichen, ist nicht zu vergleichen mit Leuten, die auf dem Lande wohnen und damit ihre Radstrecke vor der Tür liegen haben.
7. Die klimatischen Bedingungen
   Rauhes Seeklima an der Nordsee, das milde Wetter in der Rheinebene oder strenge Winter im Alpenraum sind selbstverständlich nicht ohne Einfluss auf die Trainingsgestaltung. In schneereichen Lagen ist der Skilanglauf eine hervorragende Trainingsvariation. In Küstengegenden sorgt der stets frische Wind dafür, dass diese Flachländer selbst in den Bergen gut zurechtkommen. Hier ersetzt der Wind die Steigungen.
8. Der Stellenwert des Triathlonsports
   Für jeden Sportler, ob mit wenig oder viel Talent ausgestattet, mit wenig oder viel Zeit, mit optimalen oder minimalen sportlichen Voraussetzungen, stellt sich die Frage nach dem Stellenwert des Triathlons in seinem Leben. Eine Ausnahme bilden die Hochleistungssportler, denen der Sport nahezu zum Beruf geworden ist. Jeder muss für sich die Rangfolge persönlich festlegen. Ob Beruf, Familie, Sport; oder Sport ..., Beruf ..., Familie. Eng mit dem sportlichen Stellenwert verbunden ist der persönliche Ehrgeiz und der Faktor Zeit.

Bei der überwiegenden Mehrzahl der Triathleten treffen bestimmt nicht alle positiven Größen zusammen. Im Gegenteil: Jeder hat ganz unterschiedlich mehr oder weniger große Probleme mit seinem Umfeld.

Typisch für einen Triathleten ist jedoch die Tatsache, dass er trotz aller Schwierigkeiten seinen Sport ausübt und versucht, das Beste aus seinen Möglichkeiten zu machen. Daraus resultiert für mich die Feststellung: „Triathlon, ein Sport für Menschen mit Kern."

Trotz des für jeden Triathleten unterschiedlichen Umfeldes gibt es allgemeine Trainingsgrundsätze, die für jeden Sportler Gültigkeit haben. Ohne eine Rangfolge festlegen zu wollen, gehören dazu:

- Regelmäßiges Training.
- Das wöchentliche Trainingspensum richtet sich nach den Wettkampfdistanzen.
- Gute Vorbereitung, d.h. in den letzten zwei Monaten vor dem Wettkampf wöchentlich das Doppelte der geplanten Wettkampfdistanz trainieren.
- Langsame Erhöhung der Trainingsbelastung; zuerst den Umfang, dann die Intensität erhöhen.
- Schwächste Disziplin bevorzugt trainieren.
- Täglich in den Körper hineinhorchen.
- Sich bewusst ernähren.
- Mit Freude trainieren, nicht mit Gewalt.
- Lieber mal einen Ruhetag mehr einlegen als geplant.
- Auch kleine Verletzungen sorgsam beachten.
- Das Training stets abwechslungsreich gestalten.
- Auf harte Trainingsphasen folgen lockere.

Triathleten, die einem Verein oder einer Trainingsgemeinschaft angehören, haben bestimmt schon Folgendes festgestellt: Wo zehn Triathleten trainieren, da wird auch zehnfach unterschiedlich trainiert. Dies hat seinen Grund in dem für jeden Athleten anders gestalteten Umfeld.

Aus dieser Tatsache heraus ist es nach meiner Meinung unmöglich, detaillierte Trainingspläne für Athleten aufzustellen. Erst wenn das gesamte Umfeld mit berücksichtigt wird, ist die Erstellung von Trainingsplänen sinnvoll. Das kann und soll auch in diesem Buch nicht geschehen.

Trainingshilfen dagegen kann ich mir dort holen, wo neben dem Trainingsumfang auch die Trainingshäufigkeit – und was ich für entscheidend halte – die Trainings- und Wettkampfzeiten aufgelistet sind. Ich persönlich kann mit Angaben wie 60 km Laufen, 300 km Rad fahren und 8 km Schwimmen pro Woche, wenig anfangen, da sie nur die Quantität und nicht die entscheidende Qualität angeben. Der eine versteht unter 60 km Laufen 4 x 15 km ruhig, ein anderer 2 x 10 km Tempo plus 2 x 20 km ruhig, ein Dritter 3 x 12 km plus 1 x 24 km usw.

Wenn jedoch in Trainingsaufzeichnungen der Umfang und die Zeit aufgelistet ist, so ist jeder Triathlet eher in der Lage, diese Daten auf seine Verhältnisse zu übertragen. Aus den vorgenannten Gründen heraus sind auf den folgenden Seiten tatsächlich durchgeführte Trainingseinheiten aufgelistet mit Zeiten und Wettkampfergebnissen sowohl für:

• Kurztriathlondistanzen	1/40/10 km
• Mitteltriathlondistanzen	2/90/20 km
• Langtriathlondistanzen	3/120/32 km
• Ultratriathlondistanzen	3,8/180/42,2 km (Ironman®-Distanzen)

Diese Pläne sind in keiner Weise modifiziert, sondern in der Tat so durchgeführt worden. Für die gängigsten Distanzen 1/40/10 km sind weitere Aufzeichnungen von meinem Mannschaftskameraden Hans-Dieter NOTT beigefügt. Interessant daran ist, dass selbst zwei Vereinskollegen – die zudem fast gleich alt sind – anders trainieren und auch andere Schwerpunkte setzen. Trainingspläne weiterer Sportsfreunde würden meine vorher geäußerte Meinung noch unterstreichen.

Um die Trainingspläne besser einordnen zu können, seien hier einige sportliche Eckdaten von Hans-Dieter und mir aufgelistet.

Wettkampfergebnisse

	H.-Dieter Nott, Jg. 51	H. Aschwer, Jg. 47
10.000 m Laufen	34 Min.	35 Min.
25 km Laufen	1:25 h	1:33 h
42,2 km Laufen	2:40 h	2:44 h
1.000 m Schwimmen	16:57 Min.	18:20 Min.
40 km Rad fahren	1:04 h	1:05 h

Die Schwimm- und Radfahrzeiten sind im Triathlonwettkampf erzielt worden. Dass die nachfolgend aufgeführten Trainingspläne nicht von jedermann in der Form übernommen werden können, habe ich bereits angesprochen. Nahezu jeder Triathlet befindet sich in einem anderen, seinem individuellen Umfeld.

Vielmehr sollen die Pläne aufzeigen, wie man trainieren kann, und welche Ergebnisse dabei erzielt werden. Ich bin auch nicht so vermessen zu behaupten, dass diese Pläne für mich und andere optimal sind. Insbesondere nehme ich jedoch für mich in Anspruch, mit sehr viel Freude trainiert zu haben.

Sicher haben auch berufliche, familiäre, witterungs- und gefühlsmäßige Einflüsse bei meiner Trainingsgestaltung mitgewirkt; eben mein gesamtes Umfeld. Allerdings habe ich schon versucht, zielstrebig auf meine Ziele hinzutrainieren. Und dieses ist mir, wie die Wettkampfergebnisse zeigen, recht gut gelungen. Auch was die psychische Einstellung anbelangt, war ich für meine großen Wettkämpfe stets bestens eingestellt.

Mit meinen Hauptwettkämpfen in der Saison B, Roth, Zürich und Nizza, war ich sehr zufrieden. Wobei Zeiten und Platzierungen für mich im Triathlon nicht alles sind. Erlebnisse, zielstrebige Vorbereitung und das Meistern sportlicher Schwierigkeiten bedeuten mir sehr viel.

Das handschriftliche Raster und die persönlichen Eintragungen sollen verdeutlichen, dass keine Wissenschaft nötig ist, um Trainingsleistungen aufzuzeichnen. Vielmehr kann jeder Athlet in einer selbst gewählten Form diese Aufzeichnungen tätigen. Wichtig sind sie, um im Nachhinein Schlüsse über das absolvierte Training ziehen zu können. Hier gilt es festzustellen: Was war richtig, was war weniger richtig oder gar falsch?

Ohne Einzelheiten vorwegzunehmen, darf ich sagen, dass für mich die Trainingsgestaltung in der Saison B im Großen und Ganzen richtig war. Meine gesunde Selbstkritik veranlasst mich jedoch für die nächsten Jahre zu folgenden geringfügigen Änderungen:

1. Regelmäßige Kontrolle meines Eisenspiegels im Blut, trotz des derzeitigen guten Normalwerts.
2. Etwas mehr Tempoeinheiten auf dem Rad und beim Schwimmen.

Ein systematischer Jahrestrainingsaufbau beinhaltet drei unterschiedlich lange Zeiträume:

1.	Vorbereitungszeitraum:	Januar-April (Dezember-April)
2.	Wettkampfzeitraum:	Mai-Oktober (Mai-September)
3.	Übergangszeitraum:	November-Dezember (Oktober-November)

1. Vorbereitungszeitraum

Dieser Zeitraum umfasst rund ein halbes Jahr und dient der Schaffung einer guten Ausdauer, der so genannten *Grundlagenausdauer*. Besonders die ersten Monate bilden das Fundament für das intensivere Training der nachfolgenden Monate und der Wettkampfzeit.

Aus diesem Grunde wird überwiegend ruhig trainiert, wobei ich je nach Gefühl auch mal die Fahrtspielmethode anwende. Witterungsbedingt werden Laufen und Schwimmen trainiert. Die Winterlaufserie über 10, 15 und 21 km in Abständen von je zwei Wochen verhindert einen monotonen Rhythmus. Die Verbesserung der Schwimmtechnik ist die zweite wichtige Trainingssäule. Hinzu kommt bei mir einmal in der Woche eine Dreiviertelstunde leichtes Krafttraining.

Das Radtraining beginnt bei mir im Monat März, mit den täglichen Fahrten zur Arbeit. Anschließend habe ich ein Radtrainingslager auf Mallorca absolviert. Damit dieses zu einem Erfolg wird, sollte man vorher zumindest mehrere hundert Radkilometer in den Beinen haben. Als Ausgleich zum Rad fahren wurde auf Mallorca nur noch gelaufen, da mir ein regelmäßiges Schwimmen im 16°C kalten Pool wenig Freude bereitete. Übrigens eignet sich dieser Mallorcaaufenthalt im März gut, die Familie mitzunehmen.

Für meine Person kann ich im Nachhinein feststellen, dass mir diese intensive Radtrainingsphase die ganze Saison über genutzt hat. Es war eine hervorragende Basis für die noch folgenden langen Wettkämpfe. Diesen zweiten Teil der Vorbereitungszeit schloss ich mit einer harten Trainingswoche (letzte Ferienwoche) ab.

Der Hamburg-Marathon stellte wirklich einen Trainingshöhepunkt dar. In Anbetracht des bevorstehenden Wettkampfzeitraums war dieser Lauf nur mit 3:20 h geplant. Überrascht war ich dort jedoch, als ich merkte, dass ich trotz der vielen Radkilometer prächtig in Schuss war. Nur mit Mühe und zwei wirklich bewussten Pausen (Massage, Toilette) von insgesamt zehn Minuten gelang es mir, über drei Stunden zu kommen.

Nachträglich habe ich mich selbstverständlich gefragt: Welche Zeit wäre bei den optimalen äußeren Bedingungen möglich gewesen, wenn ich voll zur Sache gegangen wäre? So kurz vor der Triathlon-Wettkampfzeit wollte ich mich jedoch nicht voll verausgaben. Ich hatte noch drei Saisonhöhepunkte vor mir liegen. In Hamburg gelang mir zwei Jahre später nach dem Mallorca-Radtrainingslager und insgesamt nur 75 Laufkilometern in der Woche, eine Zeit von 2:44:21 Stunden.

Aus dem ersten Teil der Vorbereitungszeit stammen die Aufzeichnungen der Trainingswochen 10-13/B. Aus dem zweiten, intensiveren Teil der Vorbereitungszeit die Trainingspläne der Wochen 14-17 aus B. Diese bildeten zugleich den nahtlosen Übergang zum Wettkampfzeitraum ab Woche 18 (Trainingspläne Wo. 10-17/B, S. 105-108).

2. Wettkampfzeitraum

Mit Hilfe der „Freibad-Triathlonveranstaltungen" ist es in Deutschland möglich, den Wettkampfzeitraum um mindestens einen Monat zu verlängern. Mitte September endet sie dann auch schon wieder, es sei denn, man hat sich für den Oktober Hawaii als Saisonhöhepunkt ausgewählt. Die ersten Kurztriathlonwettkämpfe kann man sicherlich nicht in Höchstform bestreiten. Vielmehr sind sie als Aufbauwettkämpfe für die gesteckten Höhepunkte anzusehen.

In diesem entscheidenden Zeitraum sollte man unbedingt darauf achten, dass harte und lockere Trainingswochen einander abwechseln.

Trainingspläne für Kurztriathlondistanzen 1/40/20 km

a) Aufzeichnungen von H.-Dieter NOTT, Jahrgang 1951

Der 47-jährige Berufsfeuerwehrmann Hans-Dieter kommt wie ich aus Hamm, ebenfalls vom Langlauf. Er bevorzugt Triathlondistanzen von 1/40/10 bis 1,5/60/15 km. Verständlich, wenn man bedenkt, dass er von der Mittelstrecke über den Langlauf zum Triathlon gefunden hat. Im Langstreckenbereich fühlt er sich nur bis 15 km recht wohl. Zwar ist er bereits 1:25 h über 25 km gelaufen und die Marathonstrecke in 2:40 h, aber nur ungern, wie er sagt. Hans-Dieter ist einer, der mit einem relativ geringen Trainingsumfang recht ansprechende Leistungen erbringt, also ein Mann mit Talent.

Ein Vergleich zwischen ihm und mir muss etwa so lauten: Hans-Dieter trainiert insgesamt weniger und intensiver als ich, d.h. mehr Qualität und weniger Quantität. Ich trainiere dagegen lieber ruhiger und länger. Daraus wird ersichtlich, dass er die kurzen Distanzen, ich dagegen die längeren bevorzuge. Kurze Triathlons betrachte ich als Test- oder Aufbauwettkämpfe für die langen Distanzen.

Bei Kurztriathlons ist Hans-Dieter eindeutig stärker als ich, im Ultrabereich ist es wohl umgekehrt. Seinen 7 km langen Weg zur Arbeit legt er ebenfalls mit dem Rad zurück. Diese täglichen 2 x 7 km mit dem Tourenrad sind im Gegensatz zu meinen Aufzeichnungen nicht in den Trainingsplänen eingetragen.

Mit diesen Informationen zum Umfeld von Hans-Dieter NOTT kann sich nun jeder besser in diese Trainingspläne hineindenken (Trainingspläne Wo. 29-34/B, H.-D. NOTT, S. 109-111).

b) Trainingspläne des Autors

Auf den folgenden Seiten erscheinen meine Trainingsaufzeichnungen der Wochen 18-29 aus Saison B. Darin eingebettet sind einige Kurztriathlonwettkämpfe zum Saisonauftakt in Neuss, Herten und Essen. Die Wochenpläne 22-25 sind auf den ersten Saisonhöhepunkt, die Mitteltriathlon-Europameisterschaft, ausgerichtet. Nahtlos geht es mit den Trainingsplänen der Wochen 26-29 weiter. Am Ende der 29. Woche bildet der Ultratriathlon von Zürich den zweiten Saisonhöhepunkt.

Anschließend erfolgte eine längere Regenerationsphase von 3 Wochen und ein neuer Aufbau über einige Kurztriathlonwettkämpfe für den Nizza-Triathlon (38-43). Unmittelbar daran folgte für mich der Übergangszeitraum. Aus dieser Zeit liegen die Wochenpläne 44-47 vor.

Mit den acht Wochenplänen aus dem Vorbereitungszeitraum sind insgesamt von mir 30 Wochenpläne aus einer Saison abgedruckt. Hinzu kommen sechs weitere von Hans-Dieter NOTT. Damit liegt ein geschlossener Block von tatsächlich ausgeführten Trainings- und Wettkampfleistungen vor, aus denen sicherlich viele Triathleten wertvolle Schlüsse ziehen können.

Bei meinen Aufzeichnungen könnte man den Eindruck gewinnen, insbesondere was das Radtraining anbetrifft, dass es sich hierbei um einen Profi handelt. Man bedenke jedoch, die täglichen Radfahrten von und zur Arbeit haben für mich eher regenerativen Charakter. Bei Fortfall dieser insgesamt sechs Monate im Jahr ausgeführten ‚Dienstfahrten' verbleiben mir nur noch 4.000 Radkilometer. Auf diese recht einfache Weise, die zudem relativ wenig Zeit kostet, kann ich mir so manche Trainingsfahrt ersparen.

Anmerkungen zu den Trainingsplänen der Wochen 18-21: Drei meiner insgesamt 13 Triathlonwettkämpfe der Saison B fanden bereits im Mai statt. Jedes Mal wurde das Schwimmen in 50-m-Schwimmbädern ausgetragen. In Neuss waren es 20:17 Minuten trotz großer Behinderungen. Von den acht Schwimmern in meiner Bahn waren vier gleich stark, sodass wir uns alle vier sehr stark behinderten. Wenn man tatsächlich acht Schwimmer auf einer Bahn unterbringen muss, so sollten zumindest nicht alle gleichstark sein. Bei unterschiedlicher Schwimmstärke der Triathleten zieht sich das Feld sehr viel schneller auseinander.

Besser wäre es, man ließe von jeder Seite vier Schwimmer starten. Dazu werden jedoch doppelt so viele Rundenzähler benötigt. In Herten klappte es mit 19:10 schon besser und die 18:55 Minuten in Essen waren für mich schon toll.

Zwischen diesen drei Kurztriathlons, die jeweils in Abständen von nur einer Woche stattfanden, habe ich nur sehr ruhig trainiert. Jungen Triathleten würde ich nicht zu solch einer Tortur raten. Aus zweierlei Gründen meine ich, diese dichte Wettkampffolge verkraften zu können. Einmal besitze ich eine gute Ausdauerbasis und zum zweiten kann ich mich bei Wettbewerben über zweieinviertel Stunden nicht völlig verausgaben.

Im Ziel solch kurzer Distanzen habe ich stets das Gefühl, das Gleiche noch einmal machen zu können. Andererseits bin ich kaum in der Lage, die einzelnen Bewerbe schneller zu absolvieren. Ganz offensichtlich eine Folge meines ruhigen, vielleicht sogar oft zu ruhigen Trainings.

Zudem wusste ich noch von meinem Eisenmangel im Blut. Trotz Einnahme von Eisenpräparaten bekam ich leider dieses Problem lange Zeit nicht in den Griff. Erst kurz vor Nizza, im Oktober also, mit Umstellung meiner Ernährung, wurde dieses Problem langsam behoben. Mein Training in der gesamten Saison war nicht speziell auf die Kurztriathlons abgestellt, sondern auf die Mittel- und Ultratriathlonwettkämpfe von Roth, Zürich und Nizza (Trainingspläne Wo. 18-21/B, S. 112-113).

Trainingspläne für Mitteltriathlondistanzen 2/92/20 km

Dazugehörige Trainingspläne der Wochen 22-25. Für die 92 km lange Radstrecke von Roth bedurfte es einiger längerer Radeinheiten. Seit Mallorca, Anfang April, hatte ich keinen ‚Hunderter' mehr gefahren. Eine Woche vor Roth startete ich beim Kurztriathlon in Dortmund. Diese Generalprobe ging vollends daneben, sowohl von der Einstellung als auch vom gesamten Ablauf. Dazu beigetragen hatte der erneut abgefallene Eisenwert. Das zeigte sich durch fehlenden Biss, Müdigkeit und Abgeschlagenheit totz Einnahme von Eisenkapseln. Ich verstand die Welt nicht mehr. Der normale Eisenwert liegt zwischen 60 und 160 Einheiten. Leistungssportler sollten mindestens 80 haben. Zehn Tage vor Roth war ich bei 38 angelangt. Fast verzweifelnd gab es drei Eisenspritzen und eine andere Sorte von Eisenpräparaten.

In den fünf Tagen vor Roth dann kaum noch Training. Dienstags hatte ich beim Schwimmen ein Gefühl, als wenn ich es völlig verlernt hätte. Da half nur eins: Schwimmpause. Und siehe da, in Roth klappte nicht nur das Schwimmen bei 15-16°C Wassertemperatur, sondern auch das Rad fahren und Laufen recht ordentlich. Die Trainingspause, die richtige Einstellung und die Eisenzugaben haben ihre Wirkung offensichtlich nicht verfehlt.

In Anbetracht der vorausgegangenen Probleme waren die 4:53 h eine starke Leistung für mich (Trainingspläne Wo. 22-25/B, S. 114-115).

Trainingspläne für Ultratriathlondistanzen 3,86/180/42 km

Läuferisch hatte ich für Zürich genug drauf. Das stellten die für mich guten 54:23 Minuten bei einem 15-km-Lauf nur knapp eine Woche nach Roth unter Beweis. Lange Rad- und Schwimmeinheiten schienen mir erforderlich zu sein. Aber Zeit blieb nicht mehr. Schließlich galt es, sich erst einmal von Roth zu regenerieren. Der Kurztriathlon von Hückeswagen, gut eine Woche vor Zürich, war ein willkommener Test. Hier konnte noch einiges ausprobiert werden. Auch in Hückeswagen musste ich jedoch wieder feststellen, dass ich mit meinen Gedanken und meiner Einstellung bereits in Zürich war. Von daher erwarte ich von diesen kurzen Testwettkämpfen eine Woche vor einem Mittel- oder Ultratriathlon nichts Großartiges mehr.

Einzulösen hatte ich vor den anstehenden Sommerferien noch eine interessante Schülerwette. Dabei ging es um Folgendes: Ein 18-jähriger Schüler, sportlich passiv und mit etlichen Kilos zu viel ausgestattet, posaunte herum, für ihn sei es kein Problem, mit dem Fahrrad eine Durchschnittsgeschwindigkeit von 30 km/h über eine längere Strecke zu fahren. Ich versuchte, ihn mehrfach davon zu überzeugen, dass es für einen Ungeübten sehr schwer sei, diese Geschwindigkeit über eine halbe Stunde zu fahren.

So kam es schließlich zu folgender Wette: Der Schüler wollte eine 9,1 km lange Strecke, von der Schule bis zur Kirche seines Heimatdorfes, in einem 30er Schnitt fahren. Nachdem er nun mehrere Wochen lang geübt hatte, stellte ich ihm mein Trainingsrad mit Helm dafür zur Verfügung. Mit solch einem Rad sei die Sache ja ein Kinderspiel, tönte er. Meine vielfachen Warnungen schlug er in den Wind.

Um die Sache noch interessanter zu gestalten, stellte ich mich als Läufer für diese 9,1 km zur Verfügung. Mittels einfacher Rechnungen wurde zuvor meine Vorlaufzeit ausgerechnet. Dabei verpflichtete ich mich, schon volle Pulle zu laufen, also 3:33 Minuten pro Kilometer. Durch die Vorlaufzeit wurde die unterschiedliche Geschwindigkeit zwischen Läufer und Radfahrer ausgeglichen. Sollte der Schüler die 30 km/h erreichen, so würde er mich als Läufer kurz vor seinem Heimatort einholen. Diese Wette ging wie ein Lauffeuer durch die ganze Schule.

Am 2. Juli, 13 Uhr war es dann so weit. Die für mich fremde Strecke war sehr gut ausgeschildert. „Hermannsweg" nannte man ihn. Auch die Presse hatte davon Wind bekommen. „Ironman® gegen Schüler" hieß es. Ein Schiedsgericht sorgte für ordnungsgemäßen Ablauf. Radbegleitung für mich und PKW-Begleitung für den Schüler. Ich kam mir vor wie bei dem berühmten Wettlauf Hase gegen Igel.

Zwangsläufig rückte der Bursche immer näher. Ich lief, als wenn es um mein Leben ginge. Durch meine Teilnahme und durch mein früheres Eintreffen am Zielort wollte ich diese jungen Kerle zu etwas mehr Nachdenklichkeit und kritischerer Selbsteinschätzung bringen.

Nahezu drei Minuten früher als der doch zum Schluss müde gewordene Schüler erreichte ich das Ziel. Für mich war dieser Tempolauf eine willkommene Trainingsauflockerung, für den jungen Mann eine lehrreiche Angelegenheit.

Für Zürich suchte ich, so oft es ging, bei den teilweise hochsommerlichen Temperaturen einen Natursee auf. Hiermit wollte ich mich auf das Schwimmen im Zürichsee einstellen.

Vor solch langen Wettkämpfen absolviere ich dienstags meinen Glykogenlauf. Neben 6 km Ein- und Auslaufen heißt es über weitere 6 km Vollgas. Da ich mich jedoch an dem Tage ziemlich schwer tat, ließ ich es bei 3 x 1.000 m in je 3:40 bewenden. Läuferisch meinte ich, genug getan zu haben. Die wenigen langen Radeinheiten gaben mir am meisten zu denken. Ausführliches zum Wettkampf von Zürich später.

Nach dem erfolgreichen Wettkampf in 10:34 Stunden folgte eine dreiwöchige Regenerationsphase, in der überwiegend geschwommen wurde. Rad- und Lauftraining jeweils nur 2 x wöchentlich in ganz lockerer Form. Zudem stand der Sommerurlaub an. Die größte Überraschung von Zürich war meine Radzeit mit nur 5:30 Stunden. Sehr enttäuscht war ich von meinen 1:33 h im Schwimmen (Trainingspläne Wo. 26-29/B in Zürich, S. 116-117).

Trainingspläne zu Langtriathlondistanzen 3/120/32 km (Nizza)

In den drei Wochen nach Zürich, Jahreswochen 30-32, stand die notwendige Regeneration im Vordergrund. Das Trainingsraster für die Wochen 33-37 sah wie folgt aus:

- Schwimmen: 2-3-mal pro Woche mit insgesamt 4-5 km. Eingestreut wurden immer wieder flotte Abschnitte von 6 x 50 m in 55 s, oder 4 x 100 m in 1:50-1:55 Minuten.
- Rad fahren: In den Ferien 3 x 40-50 km, ab September wieder die täglichen Fahrten zur Schule, zusätzlich 1 x 60 km pro Woche.
- Laufen: Zwischen 50 und 80 km mit einmaligem Fahrtspiel in der Woche.
- Ende August und Mitte September noch jeweils ein Triathlonwettkampf über 1,2/44/11 km in 2:17 h, und 1,5/60/15 km in 3:15 h.

Die letzten sechs Wochen vor Nizza sind dann auf den nächsten Seiten detailliert dargestellt. An den letzten drei Samstagen vor Nizza stand Schwimmen plus Rad fahren plus Laufen auf dem Programm, um die Ausdauer zu verbessern. Dabei wurde gleichzeitig das Wechseltraining mit eingebunden. Gerne hätte ich einige längere Radeinheiten mehr trainiert, andererseits fühlte ich mich so schon genug belastet. Ohne meine dienstlichen Radkilometer hätte ich sehr schlecht ausgesehen. Beim Duisburg-Marathon begleitete ich meinen Schützling, den 15-jährigen Jörn DEIFUß, in 3:24 h über die 42,2 km. Für ihn war dieser Lauf der Erste über 42,2 km. In Anbetracht der für ihn so erfolgreich abgeschlossenen Triathlonsaison und des gleichmäßigen Tempos verkraftete er diesen Lauf - der für ihn keinen Wettkampfcharakter hatte - recht gut.

Eigenartigerweise neige ich nach viermaligem Schwimmtraining in der Woche zur Schwimmunlust. So auch eine Woche vor Nizza. Offensichtlich bekommt mir dann eine kleine Schwimmpause vor Wettkämpfen gut. Auch dieser dritte Saisonhöhepunkt war sportlich für mich ein voller Erfolg. Näheres dazu beim Erlebnisbericht über Nizza (Trainingspläne Wo. 38-43/B, S. 118-120).

Trainingspläne für den Iroman®-Triathlon auf Hawaii

Diese Trainingsaufzeichnungen sind aus zweierlei Gründen mit in dieses Triathlon-Handbuch aufgenommen worden: Einmal erscheinen sie mir im Vergleich zu Zürich aus der Saison B interessant zu sein, und zweitens komme ich damit der Bitte vieler Triathleten nach, diese Pläne zu veröffentlichen.

Die Teilnahme am Hawaii-Triathlon stand für mich bereits im Januar fest. Einige Monate benötigte ich, um mich psychisch darauf einzustellen. Im Juli, während der Sommerferien, in denen ich sehr viel Schwimmtraining betrieb, verspürte ich große Lustlosigkeit beim Training. Ich sagte mir: „Hawaii, das ist erst Ende Oktober. Bis dahin ist noch lange hin." Dann, am 22.7., erinnerte ich mich plötzlich an den Rat des damaligen Triathlon-Präsidenten Dr. J. FISCHER, doch in Almere erstmals über die 226-km-Distanz zu starten, um die Länge von Hawaii zumindest einmal zu erfahren.

Ich fasste kurzerhand den Entschluss, dort an den Start zu gehen und Almere als Generalprobe für Hawaii anzusehen. Diese Entscheidung gab mir einen mächtigen Motivationsschub für mein tägliches Training. Schlagartig erhöhte ich die Schwimm- und Laufeinheiten. Beim Schwimmen, in meinem eigenartigen Badestil, kam ich in der letzten Urlaubswoche auf sagenhafte 20,5 km. Für mich war dieses Schwimmen jedoch mehr Urlaub als Training.

Meine Formkurve stieg von Tag zu Tag. Fast erschien sie mir unheimlich, besonders beim Laufen fühlte ich mich bärenstark. Dann Almere, dieser für mich stets unvergessene Wettkampftag. Mit zwei gebrochenen Zehen gab es danach fünf Wochen absolute Laufpause, das alles kurz vor Hawaii. Zum Glück konnte ich mit einem Spezialverband Schwimmen und Rad fahren trainieren. Wie es zu diesem Missgeschick kam und wie ich mit diesem Handicap noch 224 km Wettkampf bestritt, möchte ich hier nicht wiederholen. Dies ist ausführlich in meinem Buch *„Ironman® – Der Hawaii-Triathlon"* nachzulesen.

Almere, die große Generalprobe für Hawaii, wurde somit fast zu einem K.O. für Hawaii (sechs Wochen Almere-Trainingspläne Wo. 28-33/A, 121-123; acht Wochen Hawaii-Trainingspläne Wo. 36-43/A, S. 124-127).

Erläuterungen zu den Hawaii-Trainingsaufzeichnungen:
Nachdem der Fußverband entfernt war, musste ich langsam wieder laufen lernen. Muskelkater und andere kleine Wehwehchen stellten sich ein. Fortan hieß es: Radtraining kürzen und das Lauftraining intensivieren. Ganz entscheidend für mich war dann der Testlauf über 42,2 km im Rahmen des Marathonlaufs von Huchem-Stammeln. Dieser Lauf, im normalen Trainingstempo absolviert, brachte mir die Gewissheit, dass ich auch in Hawaii die Marathonstrecke durchstehen könnte. Wie und in welcher Zeit, war ein ganz anderes Problem.

3. Übergangszeitraum

Jedes Lebewesen benötigt einmal im Jahr einen längeren zusammenhängenden Zeitraum der Ruhe und Besinnlichkeit. Insbesondere der Triathlet, der neben seinem Beruf, seiner Familie auch noch ein Kräfte zehrendes Hobby hat. Während dieser zweimonatigen aktiven Ruhephase stehen kurze und lockere Einheiten auf dem Programm. Bei mir fällt das Rad fahren in diesen Monaten ganz flach. Kurz, ich werde richtig häuslich.

Während dieser Zeit sollte sich jeder Athlet sowohl physisch als auch psychisch entspannen und dadurch neue Kräfte sammeln. Gleichfalls gilt es, eine kritische Nachbetrachtung der abgelaufenen Saison vorzunehmen und den Aufbau und die Vorbereitung der bevorstehenden Saison zu planen.

Zu diesem Zweck ist es unabdingbar, dass man die Trainingsaufzeichnungen des vergangenen Wettkampfjahres kritisch betrachtet; ebenso die erzielten Wettkampfergebnisse. Interessant ist stets die Registrierung der Wochen- und Jahreskilometer.

Auf den nachfolgenden Seiten habe ich vier Wochen, die Jahreswochen 44-47 aus B, meines Übergangszeitraums, aufgeführt. Dieser begann unmittelbar nach dem Wettkampf in Nizza und setzte sich normalerweise bis Anfang oder Mitte Januar fort. In dieser Saison dauert er allerdings zwei Monate länger, da mich die Fertigstellung dieses Buches an einem intensiveren Training hindert.

Die um die Jahreswende geplante sportliche Abwechslung in Form von Skilanglauf und Alpinski entfiel aufgrund des herrschenden Schneemangels. Ohne großes Wehklagen nutzte ich diese freien Tage für ausgiebige, sehr erholsame Wanderungen. Wie heißt es doch so schön: aus jeder Situation das Beste machen (Trainingspläne Wo. 44-47/B, S. 128-129).

Abschließend möchte ich Kriterien auflisten, die nach meiner Meinung mindestens erfüllt sein sollten, um Triathlonwettkämpfe der unterschiedlichsten Länge erfolgreich absolvieren zu können.

Voraussetzungen für Kurztriathlonwettkämpfe: 1/40/10 km bzw.1,5/40/10 km

1. Einjähriges, regelmäßiges Ausdauertraining
2. Teilnahme an 10-20-km-Läufen
3. Radfahrten von 50 km
4. Schwimmeinheiten von 1.200-1.500 m.

Voraussetzungen für Mitteltriathlonwettkämpfe: 2-2,5/80/20 km

1. Zweijähriges, regelmäßiges Ausdauertraining
2. Teilnahme an einem Marathonlauf
3. Radfahrten von 80-100 km
4. Schwimmeinheiten von 2.000-2.500 m

Voraussetzungen für Ultratriathlonwettkämpfe: 4/180/42 km

1. Mehrjähriges, systematisches Ausdauertraining
2. Absolvierung von Marathonläufen
3. Radfahrten von 130-150 km
4. Schwimmeinheiten von 3.000 m

Mit welchem Trainingsaufwand und unter welchen Voraussetzungen bestimmte Wettkampfzeiten erreichbar sind, dazu siehe das bereits erwähnte Buch *Triathlon Training - Vom Jedermann zum Ironman®*.

Datum: vom 2. 3. bis 8. 3. Woche: 10/B

Tag	Gew. kg (mo)	S Dist.	S Zeit	R Dist.	R Zeit	L Dist.	L Zeit	sonst. sportl. Betätig.	Kommentar	Puls Ruhe Bel.	Gew. kg (ab)
Mo	79,2										80,2
Di		1700	5x50 53–54			18	4x1000 3:38				
Mi		1000 1700	23:50						S unruhig		
Do		5x50 1000 1700	50–55 22:36			12	1:00		S prima		
Fr	77,4			18	40						79,9
Sa						25	1:33:46		25 km Serienlauf kalter Wind		
So	77,1					15	1:12				79,7
Summe		5100		18		70					

Datum: vom 9. 3. bis 15. 3. Woche: 11/B

Tag	Gew. kg (mo)	S Dist.	S Zeit	R Dist.	R Zeit	L Dist.	L Zeit	sonst. sportl. Betätig.	Kommentar	Puls Ruhe Bel.	Gew. kg (ab)
Mo		2000				12	57				
Di									Sportmed. Unters. Münster Erg. max. 400 W		
Mi	77,2	5x50 1000 2000	54 s 22:20			18	1:27				78,7
Do		3x50 1000 1600	57 23:30			18	1:18				
Fr				18 18	41 43						
Sa		3x50 1000 1700	55 22:10			32	2:30		L: letzten 2 km total platt		
So	78,7			20							80,5
Summe		7300		56		80					

Datum: vom 16. 3.		bis 22. 3.								Woche: 12/E	
Tag	Gew. kg (mo)	S		R		L		sonst. sportl. Betätig.	Kommentar	Puls Ruhe Bel.	Gew. kg (ab)
		Dist	Zeit	Dist	Zeit	Dist	Zeit				
Mo		3x50 500 1400	56 10:45			11	53				
Di						14 5 19	18:20		L 5 km Glyko-Lauf		
Mi	77,5	3x50 1000 1700									79,7
Do						12	1 h		Ergebnis v. MS FE=59 zu wenig		
Fr				18 18	44 36						
Sa	78					42,2	2:48		Marathon Steinfurt		78,7
So		1300	locker			11	57				
Summe		4400		36		95					

Datum: vom 23. 3.		bis 29. 3.								Woche: 13/B	
Tag	Gew. kg (mo)	S		R		L		sonst. sportl. Betätig.	Kommentar	Puls Ruhe Bel.	Gew. kg (ab)
		Dist	Zeit	Dist	Zeit	Dist	Zeit				
Mo		5x50 500 1700	56 11:38								
Di				15		18	1:23				
Mi	77,8	5x50 500 2000	54 10:59	18 18	43 37				S nur Kraul		9,1
Do				18 60	43 29iger Schnitt	18	1:31				
Fr	77,1	500 1500 2000	36:50			12	56		S locker		9,7
Sa				28	150 Wett						
So				85	3:15	19	1:30		Rad prima L:abends		
Summe		5700		235		67					

Datum: vom 30. 3. bis 5. 4. Woche: 14/B

Tag	Gew. kg (mo)	S Dist.	S Zeit	R Dist.	R Zeit	L Dist.	L Zeit	sonst. sportl. Betätig.	Kommentar	Puls Ruhe Bel.	Gew. kg (ab)
Mo		1000 / 1500	in 22:57			11	53				78,4
Di	77,2	4x50 / 1700	57 s	18 18	40 39	18	1:22				78,1
Mi	76,8			18 18 85	39 39 3.20				R:viel getr.		79,4
Do	78,2	500	Stilüb.	18 18		19	6x1000 3:27 – 3:33		L: stramme Oberschenkel		
Fr									Flug nach Mallorca		
Sa				70	2:10	12	1:00		R: 35 in 1:10 35 in 1.00		
So				115	3:55	13	1:05		R: oft flotte Abschnitte in der Gruppe		
Summe		3700		380		73					

Datum: vom 6. 4. bis 12. 4. Woche: 15/B

Tag	Gew. kg (mo)	S Dist.	S Zeit	R Dist.	R Zeit	L Dist.	L Zeit	sonst. sportl. Betätig.	Kommentar	Puls Ruhe Bel.	Gew. kg (ab)
Mo				116	4:01			5x30 Seilzug	R. Steigungen ohne Prob.		
Di		200	Pool	118	4:48	10	4x400 78–82		R. am Berg immer besser		
Mi				92	3:49 Wind	12	56	Gymn.	R: 2000 Höhenmeter Soller		
Do				164	6:17	13	1:00	Gymn.			
Fr		200	im Meer			19	2x400	Gymn.			
Sa				100	20 km Zeitf. 34:55	14	2x400 77–74	Gym.	R. Zeitfahren		
So				105	4:00				R: ab 85 km „platt“		
Summe				695		68					

Datum: vom 13. 4. bis 19. 4. Woche: 16/B

Tag	Gew. kg (mo)	S		R		L		sonst. sportl. Betätig.	Kommentar	Puls Ruhe Bel.	Gew. kg (ab)
		Dist.	Zeit	Dist.	Zeit	Dist.	Zeit				
Mo				70	2:50	10	50		R:wieder gut erholt		
Di		200 Pool	Stilüb.	176	7:01				R:Le Colobra 3000 Höhenmeter – sehr gut –		
Mi		200		70		14	1:04				
Do				145	5:08						
Fr						19	5x1000 3:50 – 3:37		Rückflug v. Mallorca		
Sa	78,0	1800	Stilüb.	80	3:50	13			S+L+R		78,6
So	77,3			30	2:15				Laufen recht gut		79,7
Summe		2000		540		86					

Datum: vom 20. 4. bis 26. 4. Woche: 17/B

Tag	Gew. kg (mo)	S		R		L		sonst. sportl. Betätig.	Kommentar	Puls Ruhe Bel.	Gew. kg (ab)
		Dist.	Zeit	Dist.	Zeit	Dist.	Zeit				
Mo	77,0					18	6x1060 3:25				80,2
Di	78,0	500		18 65	39 2:20 stramm	18	1:22		S+R abends L		79,5
Mi	77,5	2000	Pyramide 50–250	18 65	40 2:25						
Do	77,8	2000	Pyramide 50–200 1000 in	80		16	1:15		na. R–L ab. müde		
Fr	76,9	2000		25		12	lustlos				
Sa	77,7	1700							S:kraftlos „zuviel?"		
So						42,2	3:10	bewußt ruhig geb.	HAMBURG Marathon – locker –		79,0
Summe		8200		271		106			harte Woche		

Datum: vom 13. 7. bis 19. 7. H.-D. Nott Woche: 29/B

Tag	Gew. kg (mo)	S Dist.	S Zeit	R Dist.	R Zeit	L Dist.	L Zeit	sonst. sportl. Betätig.	Kommentar	Puls Ruhe Bel.	Gew. kg (ab)
Mo		1100	21			10	46				
Di		600	11:30			18	1:28				
Mi				35	1:20			Kraft-training			
Do		1500	29:15	50	1:50						
Fr											
Sa		1000		44		10			Wettkampf Gummersbach (krank)		
So						7	35				
Summe		4200		130		52					

Datum: vom 20. 7. bis 26. 7. Woche: 30/B

Tag	Gew. kg (mo)	S Dist.	S Zeit	R Dist.	R Zeit	L Dist.	L Zeit	sonst. sportl. Betätig.	Kommentar	Puls Ruhe Bel.	Gew. kg (ab)
Mo		1500	30	50	1:30						
Di		800				18	1:22	Kraft-training			
Mi		1600		35	1:20						
Do				30	1:06	6					
Fr		500	10								
Sa		1500	27:39	63	1:49	15	58:03		DM St. Wendel 3:19 h		
So						6	30				
Summe		5900		175		45					

Datum: vom 27. 7. bis 2. 8. — H. D. Nott — Woche: 31 B

Tag	Gew. kg (mo)	S Dist.	S Zeit	R Dist.	R Zeit	L Dist.	L Zeit	sonst. sportl. Betätig.	Kommentar	Puls Ruhe Bel.	Gew. kg (ab)
Mo	70	1300		50	1:49					56	
Di											
Mi						22	1:42				
Do		2000	40								
Fr						7		Kraft-training			
Sa				50	1:51	7					
So		1200	23			20	1:35				
Summe		4500		100		56					

Datum: vom 3. 8. bis 9. 8. — Woche: 32 B

Tag	Gew. kg (mo)	S Dist.	S Zeit	R Dist.	R Zeit	L Dist.	L Zeit	sonst. sportl. Betätig.	Kommentar	Puls Ruhe Bel.	Gew. kg (ab)
Mo	71			35	1:16	8				60	
Di		1200	23:10			20	1:35				
Mi				35	1:17	7	34		R: 2x2 km Tempo 52x13		
Do		1200	500 in 8:51	35	1:18	7					
Fr		1200	19:15	35	1:18						
Sa											
So		900	16:20	40	1:11	10	37:10		Wettkampf SIEGEN (nur Regen)		
Summe		4600		180		52					

Datum: vom 10. 8.		bis 16. 8.				H. D. Nott			Woche: 33/B		
Tag	Gew. kg (mo)	S		R		L		sonst. sportl. Betätig.	Kommentar	Puls Ruhe Bel.	Gew. kg (ab)
		Dist.	Zeit	Dist.	Zeit	Dist.	Zeit				
Mo	70	1600	30:00							56	
Di						10	47	Kraft-training			
Mi		1200	3x100 1:33	50	1:52	7					
Do		1200	23:00	30	1:03	10	48				
Fr				50	1:49	7	31				
Sa						7	35				
So		1500	30:00			21	1:39				
Summe		5500		130		62					

Datum: vom 17. 8.		bis 23. 8.							Woche: 34/B		
Tag	Gew. kg (mo)	S		R		L		sonst. sportl. Betätig.	Kommentar	Puls Ruhe Bel.	Gew. kg (ab)
		Dist.	Zeit	Dist.	Zeit	Dist.	Zeit				
Mo	70	1500	28:51	35	1:19					56	
Di		1200	22:30			11	51				
Mi				35	1:20			Kraft-training			
Do		1200	22:30			12	56				
Fr				25	1:00						
Sa											
So		1000	18:30	40	1:04	10	36:10		Wettkampf BERLIN		
Summe		4900		135		33					

Datum: vom 27. 4. bis 3. 5.										Woche: 18/B	
Tag	Gew. kg (mo)	S		R		L		sonst. sportl. Betätig.	Kommentar	Puls Ruhe Bel.	Gew. kg (ab)
		Dist.	Zeit	Dist.	Zeit	Dist.	Zeit				
Mo	77,2			18 55	38 Min. ruhig						79,8
Di	78,0			18 18	38 37	18	1:14		L sehr flott		78,8
Mi	77,3			18 18 62	39 35 m. W. 1:58						78,6
Do	77,4	1000		18 18	40 38	8	40		S+L		
Fr						10	35:12		Stadtlauf in ESSEN		78,8
Sa		1000 500 500 2000	20:25 10:10	52	1:50	8	39		S+R+L Wechseltraining		78,4
So	76,6					25	1:54		L:schwere Beine		
Summe		3000		285		69					

Datum: vom 4. 5. bis 10. 5.										Woche: 19/B	
Tag	Gew. kg (mo)	S		R		L		sonst. sportl. Betätig.	Kommentar	Puls Ruhe Bel.	Gew. kg (ab)
		Dist.	Zeit	Dist.	Zeit	Dist.	Zeit				
Mo	76,4	2x500 1500	11:00								78,5
Di	76,8	2000	Pyramide je 50 ruhig	18 18	36 Min. 38	18	1:19		S+L S: 500 in 9:55		
Mi				18 55	40 1:50						
Do		50 1000 1700	51 S 19:40	18 18	41 40	15	1:08				78,3
Fr	76,1			18 18	38 40	8	37				78,7
Sa	76,9	500 1200	9:52						nicht richtig fit		
So		1000	28:17	40	1:15	10	37:52		Wettkampf NEUSS 2:17		76,3
Summe		7400		221		51		Große Behinderungen beim Schwimmen			

Datum: vom 11. 5. bis 17. 5.							H. A.		Woche: 20/B	
Tag	Gew. kg (mo)	S Dist	S Zeit	R Dist	R Zeit	L Dist	L Zeit	sonst. sportl. Betätig.	Kommentar	Puls Ruhe Bel.	Gew. kg (ab)
Mo		1500	ruhig	18 18	43 35						78,8
Di	76,8					15	1:10		Sauna	60	78,8
Mi	77,2			18 18	43 33.30				nicht fit		79,2
Do	76,7	500 500 1800	9:53 10:20	18 18	40 33	15	1:10			62	77,7
Fr	76,5			18 18	40 38	8	45				
Sa	76,3	500 1500	9:45								79,5
So	76,8	1000	19:10	42	1.14	10	40:08 ab km 5 kaputt	2:16:58	Wettkampf Herten		
Summe		5800		184		49					

Datum: vom 18. 5. bis 24. 5.									Woche: 21/B		
Tag	Gew. kg (mo)	S Dist	S Zeit	R Dist	R Zeit	L Dist	L Zeit	sonst. sportl. Betätig.	Kommentar	Puls Ruhe Bel.	Gew. kg (ab)
Mo	76,4			18 18 50	39 39 1:45	6	30		Eisenmangel FE=59 Hämoglobin 13,8		78,3
Di	77,0	2000	3x500 10:30 – 11:00	18 18	40 38	18	1:19				77,4
Mi	75,4			18 18	40 37				Sauna	54	78,0
Do	76,1	2000				19	1:28				78,0
Fr	76,1	1200	1800 m 21:30	18 18	37 38	10	47			50	77,7
Sa	76,5	1000	19:52								
So		1000	18:55	42	1:13	10	37:47	2:13	Wettkampf ESSEN		78,3
Summe		7200		236		63					

Datum: vom 25. 5. bis 31. 5. Woche: 22/B

Tag	Gew. kg (mo)	S Dist	S Zeit	R Dist	R Zeit	L Dist	L Zeit	sonst. sportl. Betätig.	Kommentar	Puls Ruhe Bel.	Gew. kg (ab)
Mo	76,5			18 18 80	39 Min. 3:00					52	78,3
Di	77,0	1200	sehr schwer	18 18		18	1:19				78,3
Mi	77,3					13					78,3
Do	76,1	1500		22 22	40 Min. 50 Min.	8400	30:19				78,0
Fr	76,0										78,2
Sa	76,0	2000	38:38	35		12	56		S sehr gut 1000 19:20 1000 19:18		77,8
So	76,2	1700				25	1:55				78,6
Summe		6400		231		76					

Datum: vom 1. 6. bis 7. 6. Woche: 23/B

Tag	Gew. kg (mo)	S Dist	S Zeit	R Dist	R Zeit	L Dist	L Zeit	sonst. sportl. Betätig.	Kommentar	Puls Ruhe Bel.	Gew. kg (ab)
Mo	76,6			18 18 89	3:10					50	78,9
Di	77,5	1000 1000 500	20:30 20:45 10:15	18 18		25	1:56				77,7
Mi	76,8					5000 1000 13	18:45 3:40		L		77,6
Do	76,4			18 18		18	1:15		L letzten km teilweise 3:30 2 km ausgel.		77,7
Fr	76,3	3x1000 3000	20:58 20:55 21:15	100	3:40						78,1
Sa	76,2	1800				25	1:56				78,8
So	76,2			92	3:45				R sehr schwer		77,7
Summe		7300		389		81					

Datum: vom 8. 6. bis 14. 6. Woche: 24/B

Tag	Gew. kg (mo)	S Dist	S Zeit	R Dist.	R Zeit	L Dist	L Zeit	sonst. sportl. Betätig.	Kommentar	Puls Ruhe Bel.	Gew. kg (ab)
Mo	76,4	3500	ruhig			25	2:00		S 27–32 Züge		78,8
Di	75,9	50 m 1000	49	140	70 2:23 70 2:10 4:43	18	1:21		R: Ameke noch Amecke		77,1
Mi	75,9			18 18	42 38				müde „platt" „Freßtag"		80,5
Do	78,1	1000	träge	18 18	42 38	18	1:30		FE 38 Ha 12,9 extrem niedrig		78,7
Fr	76,7	2000	locker	18 18							77,9
Sa	76,2										78,5
So	75,9	1000	17° 21:15	38	1:09	10	36:40	2:13	Wettkampf Dortmund S schwach R ″ L normal		
Summe		8500		286		71					

Datum: vom 15. 6. bis 21. 6. Woche: 25/B

Tag	Gew. kg (mo)	S Dist	S Zeit	R Dist	R Zeit	L Dist	L Zeit	sonst. sportl. Betätig.	Kommentar	Puls Ruhe Bel.	Gew. kg (ab)
Mo	76,3			18 43	28er Schnitt						
Di	76,4	1500	ruhig	18 18	40 37	18	1:22				78,4
Mi	76,6								„Freßtag"		80,7
Do						10	47		n. Roth		
Fr				30	locker 1:08						
Sa		2000	40:30	92	2:47	20	1:19		Roth 2/92/20 4:52:59		
So				30	locker 1:05						
Summe		3500		249		48					

Datum: vom 22. 6. bis 28. 6.											Woche: 26/B
Tag	Gew. kg (mo)	S		R		L		sonst. sportl. Betätig.	Kommentar	Puls Ruhe Bel.	Gew. kg (ab)
		Dist	Zeit	Dist	Zeit	Dist	Zeit				
Mo	77,3	800	verkrampft „platt"	18 18	42 40	12	64		L recht locker		78,4
Di	76,7			18 18	40 38	18	1:24				78,5
Mi	77,0								Sauna	50	78,8
Do	76,9			18 18	39 39	18	flott				78,9
Fr	77,6			18 18	42 35	4 15 T	54:23		Olfen–Straßenlauf 15 km Wettkampf		76,8
Sa	76,0	2000	4x500 11–11:30	120	26iger Schnitt				S+R		
So						25	1:57				
Summe		2800		264		92		S+R Schw.+Radf. Wechseltraining			

Datum: vom 29. 6. bis 5. 7.											Woche: 27/B
Tag	Gew. kg (mo)	S		R		L		sonst. sportl. Betätig.	Kommentar	Puls Ruhe Bel.	Gew. kg (ab)
		Dist	Zeit	Dist	Zeit	Dist	Zeit				
Mo	77,6	500 1000	10:23	18 18	39 37				lustlos heiß		80,2
Di	78,1	1000	ruhig	18 18	40:30 38	19	1:28		FE=64 Hämogl. 13,8		78,6
Mi	76,9	2500	2x1000 22 Min.	18 28	39				S. Rhythmus gefunden 29 Züge pro Bahn		78,6
Do	77,3			18 18	39 40	9,1 T 18	31:50 1:30		Schülerwette eingelöst		73,3
Fr	77,2			18 18	40 38						80,5
Sa	77,8	3000	3x1000 22:30	140	5:15	12	57:30		S+R+L locker, ohne Probl.		79,4
So	77,4	1000	locker			25	1:47		L+S		
Summe		8500		330		85					

Datum: vom 6. 7.	bis 12. 7.									Woche:	28/B
Tag	Gew. kg (mo)	S		R		L		sonst. sportl. Betätig.	Kommentar	Puls Ruhe Bel.	Gew. kg (ab)
		Dist.	Zeit	Dist.	Zeit	Dist.	Zeit				
Mo	78,3	1200	im See	18 18 80	27iger				S im Steiner See		78,8
Di	77,2	500	lustlos	18 18	39 39	19	1:34		heiß lustlos		79,1
Mi	77,5			18 18	39 39	12	1:00		lustlos		79,9
Do	77,9			18 18	40 38				„Freßtag“		79,2
Fr	76,9	1	21:00	40	1:10	10	43	2:18 h	Wettkampf* Hückeswagen		77,2
Sa	76,4	1200	im See	56	locker				S starke Behind. keine Probleme kein Muskelkater		79,1
So	76,9	1200	See			25	1:58				
Summe		5100		320		66		* Motivation für d. Kurz-Triathlon fehlte völlig, war geistig schon i. Zürich			

Datum: vom 13. 7.	bis 19. 7.									Woche:	29/B
Tag	Gew. kg (mo)	S		R		L		sonst. sportl. Betätig.	Kommentar	Puls Ruhe Bel.	Gew. kg (ab)
		Dist.	Zeit	Dist.	Zeit	Dist.	Zeit				
Mo	76,8	500 1000 1000	10:45 21:30	18 30 50	40 1:00 1:30				R 1 h Tempo gr. Scheibe		78,3
Di				18 18		3 T 18	je 3:40 1:20		L heiß verunglückter Glyko-Lauf		77,8
Mi				18 18	37 35 gr. Blatt						
Do		2500	Zürich-See			11	fortw.		Fahrt nach Zürich		
Fr		1200	See								
Sa		4000	1:33	183	5:30	42,2	3:24	Super	Zürich 10:34 Std.		
So		500							ab 120 Rad Knie gespürt		
Summe											

Datum: vom 14. 9.		bis 20. 9.								Woche: 38/E	
Tag	Gew. kg (mo)	S		R		L		sonst. sportl. Betätig.	Kommentar	Puls Ruhe Bel.	Gew. kg (ab)
		Dist	Zeit	Dist	Zeit	Dist	Zeit				
Mo				18 18	40 38						
Di				18 18	37 37	15	1:12				
Mi		1500	1000 m 22:50	18 18	39 35:00	16	1:20				
Do		15x50 2000	55	18 18	38 38	18	1:26		FE 51 zu niedrig!!!		
Fr				18 18 73	40 38 2:42						
Sa		2300	einschw. Paddels 10:30			12	1:01		L: schwer		
So						28	2:13		L: recht gut locker		
Summe		5800		253		89					

Datum: vom 21. 9.		bis 27. 9.								Woche: 39/B	
Tag	Gew. kg (mo)	S		R		L		sonst. sportl. Betätig.	Kommentar	Puls Ruhe Bel.	Gew. kg (ab)
		Dist	Zeit	Dist	Zeit	Dist	Zeit				
Mo				18 18 90	38 33:30 3:27 h				R. Tempo		79,0
Di	77,5			18 18	40 38	8 18	1:27		L: Schulsportfest 3x1000 3:09/3:20/4:00 3000 12:00		
Mi		8x1000 500 2500	1:52 Paddels			18	1:30		„platt“		
Do		8x50 2000	565	18 18		16	1:10		S kraftlos schwer		
Fr	76,5			18 18	42 35						
Sa						42			Duisburg Marathon		7[illegible],1
So		2000	locker	75	27 ruhig				Trainingslauf Jörn Deifuß begleitet		
Summe		6500		309		91					

Datum: vom 28. 9. bis 4. 10. Woche: 40/B

Tag	Gew. kg (mo)	S Dist	S Zeit	R Dist	R Zeit	L Dist	L Zeit	sonst. sportl. Betätig.	Kommentar	Puls Ruhe Bel.	Gew. kg (ab)
Mo	77,6			18 18							79,7
Di	77,7	2000	einschw. 21:50 Paddels	18 28	40	18				54	78,9
Mi	77,3			18 18 37	38 40 Tempo 32	15	5 in 17:50				79,0
Do		2500	3x500 10:30	18 18		18	1:32				78,7
Fr	77,4			18 18							80,8
Sa	77,0	1300 1000 3000	mit Pad. 21:08	120	4:47	12	57		S+R+L 1. Kombitraining		78,6
So		2000		72							
Summe		9500		419		63					

Datum: vom 5. 10. bis 11. 10. Woche: 41/B

Tag	Gew. kg (mo)	S Dist	S Zeit	R Dist	R Zeit	L Dist	L Zeit	sonst. sportl. Betätig.	Kommentar	Puls Ruhe Bel.	Gew. kg (ab)
Mo		2400		18 18	38 38	5000 5000 14	18:15 18:15		S in Boste 6x50 51–56 8x100 1:50 4x200 3:50–3:55		
Di	77,3			18 18		27	2:15				78,8
Mi	77,1			18 32 18	46 gegen Wind 35 mit Wind					48	79.1
Do	77,9	2500		18 28	46 g. W.	17	6x1000 3:45–3:55		S 6x50 54–58 4x100 1:54 4x100 1:53–1:58		79,1
Fr	77,4			18 18	45 g. W. 35 m. W.						80,4
Sa	78,4	2000	6x50 7x100	100	27er	12	55		S+R+L Rad 5xStramb. Hügel		79,2
So	77,2	500 2100	5x50 10:20			25	2:02				80,4
Summe		9000		322		95					

Datum: vom 12. 10. bis 18. 10.											Woche: 42/B
Tag	Gew. kg (mo)	S		R		L		sonst. sportl. Betätig.	Kommentar	Puls Ruhe Bel.	Gew. kg (ab)
		Dist	Zeit	Dist	Zeit	Dist	Zeit				
Mo	77,4			18 18							79,6
Di	77,5	2000	20:28 Pad.	18 28		25	1:45		L sehr flott		78,8
Mi	77,0			18 18	40 38	18	1:30		Blutdruck 105/80	52	78,8
Do	77,5	2500	6x50 4x100 100 Pad.	18 28		2 10000	39:45		FE 59 Hämoglobin 13,2 zu niedrig		79,3
Fr	77,6										
Sa	77,3	2000	ruhig	86	24 3:34	12	1:00		S+R+L 2xEule gef. viel getr.		80,0
So	77,6	1600	ruhig			25	1:59				
Summe		8100		256		92		S lustlos 4xpro Woche zuviel?			

Datum: vom 19. 10. bis 25. 10.											Woche: 43/B
Tag	Gew. kg (mo)	S		R		L		sonst. sportl. Betätig.	Kommentar	Puls Ruhe Bel.	Gew. kg (ab)
		Dist	Zeit	Dist	Zeit	Dist	Zeit				
Mo	78,5			18 25	37:30 52						80,4
Di	77,4	500 1000 1500	Einschw. 20:50			18	1:21			48	79,0
Mi	76,9			18 18	38 Min. 38 Min.	15	1:10		L 5000 in 18:18 R große Scheibe		
Do									Fahrt nach Nizza		
Fr						8	40 Min.				
Sa		1000	locker Meer								
So		3000	56:30	120	3:58	32	2:27	7:29	Nizza super		
Summe		5500		2:55		73					

Datum: vom 8. 7. bis 14. 7. URLAUB Woche: 28/A

Tag	Gew. kg (mo)	S Dist.	S Zeit	R Dist.	R Zeit	L Dist.	L Zeit	sonst. sportl. Betätig.	Kommentar	Puls Ruhe Bel.	Gew. kg (ab)
Mo		1500 1000						½ h Gymn.			
Di		2000 1000				20	1:32		keine Lust		
Mi		1000				26	1:57		zum Radf.		
Do		2000				20	1:29				
Fr		2500 500				10	50				
Sa		2000 1000						½ h Gymn.			
So		1000				10,5	47:21		Berglauf 47:21		
Summe		15500				86					

Datum: vom 15. 7. bis 21. 7. Woche: 29/A

Tag	Gew. kg (mo)	S Dist.	S Zeit	R Dist.	R Zeit	L Dist.	L Zeit	sonst. sportl. Betätig.	Kommentar	Puls Ruhe Bel.	Gew. kg (ab)
Mo		3000	1:18	40	1:30	20	1:30				
Di		3000	1:20					½ h Gymn.			
Mi				40	1:30	26	2:08				
Do		1500				8	mit Fam.	½ h Gym.			
Fr		1000	26	50	2:08						
Sa		2000	53			13	1:05	½ h Gym.			
So		2000	50			15	1:12				
Summe		12500		130		82					

Datum: vom 22. 7. bis 28. 7. Urlaub Woche: 30/A

Tag	Gew. kg (mo)	S Dist.	S Zeit	R Dist.	R Zeit	L Dist.	L Zeit	sonst. sportl. Betätig.	Kommentar	Puls Ruhe Bel.	Gew. kg (ab)
Mo		1000 2000	53			13	1:05	¼ h Gymn.	Entschluß „ALMERE“		
Di		500 2000	50:20	50	2:08	24	1:55		R Villacher Alp bis 1200 m		
Mi		500 500 1000				15	1:10	¼ h Gymn.			
Do		4000	1:44 sehr wellig	65	3:02	15	1:08	¼ h Gymn.	R+L toll in Form R Villacher Alp		
Fr		2000 1000	56 28			16	1:14	¼ h Gymn.			
Sa		2000	50:10			4 T	13:48		Geländelauf		
So		2000 2000	51:15 47:00	80	3:00	15	1:02	¼ h Gymn.	R+S gut in Form!		
Summe		20500		195		113		Montags Entschluß gefaßt nach Almere zu fahren			

Datum: vom 29. 7. bis 4. 8. Woche: 31/A

Tag	Gew. kg (mo)	S Dist.	S Zeit	R Dist.	R Zeit	L Dist.	L Zeit	sonst. sportl. Betätig.	Kommentar	Puls Ruhe Bel.	Gew. kg (ab)
Mo		4000	1:41			15	1:10	¼ h Gymn.			
Di		2000 1000	54 24			16	1:13				
Mi									Heimfahrt		
Do		5x100 1000 2000	2:12–2:18 23:58 Bad			18	1:23		S im Freibad		
Fr	76			90		12	55				
Sa				130		18	1:24	¼ h Gymn.			
So						28	2:04	¼ h Gymn.			
Summe		9000		220		107					

Datum: vom 5. 8. bis 11. 8.										Woche: 32/A	
Tag	Gew. kg (mo)	S		R		L		sonst. sportl. Betätig.	Kommentar	Puls Ruhe Bel.	Gew. kg (ab)
		Dist	Zeit	Dist	Zeit	Dist	Zeit				
Mo		500	18° Wasser	18 18	44 38			¼ h Gymn.			
Di		2000 2500	48:50	18 18	44 39	30	2:14	¼ h Gymn.			77,9
Mi	76,7			18 18 100	44 38 kraftvoll			¼ h Gymn.			77,6
Do	76,6	2000 2500	49:15	18 18	44 39	18	1:15	¼ h Gymn.	super Form fast „unheimlich“		77,0
Fr	76,1			18 18 30	41 38 1:02	11	47		R+L		78,8
Sa	76,6			130	29iger	20	1:27		R+L R je Std. 1 Kraftriegel		79,3
So	77,2					25	1:50				80,0
Summe		5500		450		112					

Datum: vom 12. 8. bis 18. 8.										Woche: 33/A	
Tag	Gew. kg (mo)	S		R		L		sonst. sportl. Betätig.	Kommentar	Puls Ruhe Bel.	Gew. kg (ab)
		Dist	Zeit	Dist	Zeit	Dist	Zeit				
Mo	77,8	2500		18 18	43 37						78,9
Di	76,9	2000	51	18 18		18	1:15		7 km Glyko-Lauf 3:32–3:45		78,5
Mi	77,1			18 18	39 35						79,9
Do	77,7	2000 2300	47:05	18 18	42 38	12	58		20 Liegst. S: mit Neopren 33–35 Züge/Bahn		79,9
Fr	77,2										
Sa		2400	1:00	180	6:06	42,2	3:29	10:55	ALMERE 17° Wasser 2xZehenbruch		
So											
Summe		9200									

Datum: vom 2. 9. bis 8. 9.										Woche: 36/A	
Tag	Gew. kg (mo)	S		R		L		sonst. sportl. Betätig.	Kommentar	Puls Ruhe Bel.	Gew. kg (ab)
		Dist	Zeit	Dist	Zeit	Dist	Zeit				
Mo		2000	Solebad 47:50	18 18 40	39 38 1:25						
Di		1500	39:00	18 18							
Mi	76,6			18 18 62	42 36 2:06						78,8
Do		2200	1000 24:40	18 18 75	2:50					60	
Fr		1300		18 18	41 35						
Sa				100	3:36						
So											
Summe		7000		457							

Datum: vom 9. 9. bis 15. 9.										Woche: 37/A	
Tag	Gew. kg (mo)	S		R		L		sonst. sportl. Betätig.	Kommentar	Puls Ruhe Bel.	Gew. kg (ab)
		Dist	Zeit	Dist	Zeit	Dist	Zeit				
Mo		2000	23:40 23:50	18 18							
Di		1200		18 18 110	3:50						
Mi	76,8								Tendenz zur Lustlosigkeit FE?	52	79,1
Do		3000	76	18 18 61	2:07						
Fr		1500	müde	18 18							
Sa				130	29						
So											
Summe		7700		445							

Datum: vom 16. 9. bis 22. 9. Woche: 38/A

Tag	Gew. kg (mo)	S Dist.	S Zeit	R Dist.	R Zeit	L Dist.	L Zeit	sonst. sportl. Betätig.	Kommentar	Puls Ruhe Bel.	Gew. kg (ab)
Mo									Fortbildung Siegen		
Di		1000	23:40	61	2:08				Fortbildung Siegen		
Mi				18 18 90	41 37 3:00						
Do		2000	23:07 23:08 46:45	18 18 61	40 34:34 2:08				FE=54!! zu niedrig		
Fr		3000	73:10	18 18							
Sa				146	30 4:52						
So				75	28						
Summe		6000		540							

Datum: vom 23. 9. bis 29. 9. Woche: 39/A

Tag	Gew. kg (mo)	S Dist.	S Zeit	R Dist.	R Zeit	L Dist.	L Zeit	sonst. sportl. Betätig.	Kommentar	Puls Ruhe Bel.	Gew. kg (ab)
Mo				18 18 50	39 38 2:00						
Di		3000	2500 in 59:20	18 18	40 39	6	33		L. Muskelk.		
Mi				18 18 90	39 41 3:05	8	41		L. schwer		
Do		2000	lustlos 1000 in 24	18 18							
Fr		2500	ruhig	18 18	42 39	10	50		L. Obersch.		
Sa				144	29 4:58	12	1:01		Senden–LH Dülmen		
So						15	1:12				
Summe		7500		464		51					

Datum: vom 30. 9. bis 6. 10.										Woche: 40/A	
Tag	Gew. kg (mo)	S		R		L		sonst. sportl. Betätig.	Kommentar	Puls Ruhe Bel.	Gew. kg (ab)
		Dist.	Zeit	Dist.	Zeit	Dist.	Zeit				
Mo		3000	24:10 24:50 24:50	18 18	40 35				vor 5 Tagen mit dem Laufen begonnen 6, 8, 10, 12, 15 km		
Di		2000	24:10 24:20	18 28	40	25	1:58			72	78,6
Mi	76,1			18 120	40 3:50	12	55			58	
Do	76,6	2500	25:45 26:25 13:12	18 18		18					
Fr											
Sa						42,2	3:20		Testlauf Marathon Huchen–Stammeln		
So						12				50	
Summe		7500		256		109					

Datum: vom 7. 10. bis 13. 10.								Herbstferien		Woche: 41/A	
Tag	Gew. kg (mo)	S		R		L		sonst. sportl. Betätig.	Kommentar	Puls Ruhe Bel.	Gew. kg (ab)
		Dist.	Zeit	Dist.	Zeit	Dist.	Zeit				
Mo		2000	49	70	2:40	16	1:13		R viele Steig.	60	
Di				54	2:02	19	1:30		Eifel		
Mi		1000 500 1500	ruhig 11:40			31	2:35			60	
Do				54		16	2x5000 19:10 19:43			52	
Fr		2500	24:40 24:40 12:25	25							
Sa				130	30,5 Schnitt	12	53				
So						30	2:17				
Summe		6000		333		124					

Datum: vom 14. 10. bis 20. 10. Woche: 42/A

Tag	Gew. kg (mo)	S Dist	S Zeit	R Dist	R Zeit	L Dist	L Zeit	sonst. sportl. Betätig.	Kommentar	Puls Ruhe Bel.	Gew. kg (ab)
Mo		2000	25:10 25:40	18 31	39				S lustlos	56	
Di				18 18	38 40	23					
Mi	75,2			18 81	39					54	78,4
Do	76,4	1000	25	18 18	41 38	30	2:25		L schwer froh, daß 17:10 war		
Fr	76,2								Flug nach Hawaii		
Sa						13	1:00				
So		1500		100	3:08	12	1:00		R sehr stark gut in Form		
Summe		4500		320		78					

Datum: vom 21. 10. bis 27. 10. Woche: 43/A

Tag	Gew. kg (mo)	S Dist	S Zeit	R Dist	R Zeit	L Dist	L Zeit	sonst. sportl. Betätig.	Kommentar	Puls Ruhe Bel.	Gew. kg (ab)
Mo		2500	1:00			20	1:30				
Di		2000	55	70	2:15				heiß		
Mi		2500	56	32	1:00	15	7:00 Min/ Meile		R, L sehr stark locker		
Do		2000				7,0					
Fr											
Sa	26. 10.	3860	1:34	180	6:08	42,2	3:49		11:41 Super		
So				10	25	10	1:03				
Summe		13		300		94					

Datum: vom 26. 10. bis 1. 11.											Woche: 44/E
Tag	Gew. kg (mo)	S		R		L		sonst. sportl. Betätig.	Kommentar	Puls Ruhe Bel.	Gew. kg (ab)
		Dist	Zeit	Dist	Zeit	Dist	Zeit				
Mo		1000	locker						S in Cannes Frankr.		
Di		500	Nizza			10	52		ganzen Tag großen Hunger		
Mi											
Do											
Fr						18	1:25		locker		
Sa						10	50				
So						22	1:24				
Summe		1500				60					

Datum: vom 2. 11. bis 8. 11.											Woche: 45/B
Tag	Gew. kg (mo)	S		R		L		sonst. sportl. Betätig.	Kommentar	Puls Ruhe Bel.	Gew. kg (ab)
		Dist	Zeit	Dist	Zeit	Dist	Zeit				
Mo		5x50 500 3x100	50–52 10:50 1:53								
Di						18	1:31				
Mi	78,4										81,4
Do		500 5x50 3x100 1500	50–52 51 1:52			18	1:32				
Fr						15	1:10				
Sa											
So	78,5	5x50 3x100 500	46–49 1:42–1:44			14	1:05		S gut		79,3
Summe		4500				68					

Datum: vom 9. 11. bis 15. 11.											Woche: 46/B
Tag	Gew. kg (mo)	S		R		L		sonst. sportl. Betätig.	Kommentar	Puls Ruhe Bel.	Gew. kg (ab)
		Dist.	Zeit	Dist.	Zeit	Dist.	Zeit				
Mo											
Di		500 5x50 3x100	10:30 49–52 1:50			12 12	54 1:50				
Mi	78,5										81,5
Do		500 5x50 3x100	10:10 49–52 1:48			18	1:35				
Fr											
Sa						15			L 2x5000 19:26 19:59		
So	79,3	500 5x50 1700	10:40 50–52								80,6
Summe		4700				57					

Datum: vom 16. 11. bis 22. 11.											Woche: 47/B
Tag	Gew. kg (mo)	S		R		L		sonst. sportl. Betätig.	Kommentar	Puls Ruhe Bel.	Gew. kg (ab)
		Dist.	Zeit	Dist.	Zeit	Dist.	Zeit				
Mo											
Di		500 5x50 1400	10:40 50			12 12	57 60	10 Min. Kraftv.			
Mi											
Do	79,4	500 500 500	10:15 Stilüb. 10:40			18	1:27				81,5
Fr											
Sa	78,9					15	5x1000 3:32				81,4
So		500 6x50 1600	10:50 49–50			12					
Summe		4500				73					

Triathlongipfel

Ironman® Hawaii

Meldeanschrift:	Ironman® Hawaii Race Office, 75-127 Lunapule Road, Suite 11, Kailua Kona, HI 96740 Tel. 001/808/3 26 21 31 Fax 001/808/3 29 00 63 bzw. Hannes-Hawaii-Tours, Bgm.-Batzer-Str. 19, 87471 Durach Tel. 0831/ 6 61 36 Fax 0831/ 6 98 87
Streckenlänge:	3,86 / 180,2 / 42,2 km
Termin:	Oktober
Startzeit:	7:00 Uhr am Kailua Pier in Kona
Ziel:	Kailua Pier in Kona

Streckenkurzbeschreibung:

Schwimmen:	2,4	Meilen = 3,86 km im Pazifischen Ozean
Rad fahren:	112	Meilen = 180,2 km auf Küstenstraßen
Laufen:	26,2	Meilen = 42,2 km auf Küstenstraßen

Ironman®-Triathlon auf Hawaii (Foto: A. Pfützner)

Seit 1988 müssen sich alle europäischen Teilnehmer am Hawaii Ironman® im Jahr der Teilnahme für diesen Wettbewerb qualifizieren. Dazu gibt es folgende Möglichkeiten: Ironman® Neuseeland, Ironman® Australien, Ironman® Lanzarote, Ironman® Europe in Roth, Ironman® Japan, Ironman® Kanada und einige amerikanische Veranstaltungen. Reisen zu diesen Qualifikationswettkämpfen organisiert der Hawaiivierte von 1985 Hannes BLASCHKE aus Durach. Anschrift linke Seite.

Der Ironman®-Triathlon von Hawaii ist und bleibt die Krönung für viele Triathleten. Er ist aufgrund seiner Einmaligkeit kaum mit anderen vergleichbar. Was macht diesen, seit 1978 jährlich im 50. Bundesstaat der USA ausgetragenen Wettkampf so einmalig?

Die Distanz ist es sicherlich nicht, die gibt es mittlerweile vielerorts. Bleibt das Klima und die Organisation.

Die aus dem Klima resultierenden Unwägbarkeiten sind hier um ein Vielfaches größer als bei jedem anderen Triathlon. Daher ist die Teilnahme für jeden ein Abenteuer, das seinesgleichen sucht. Kalkulierbar wird dieses Abenteuer durch eine systematische und sehr intensive körperliche und geistige Vorbereitung.

Ebenso unübertrefflich ist die Organisation. Für 1.500 Athleten stehen 5.000 freiwillige Helfer zur Verfügung. Weiterhin werden benötigt: 125.000 Papierbecher, 25.000 Radflaschen, 25.000 Schwämme, 49.500 kg Eis, 254.600 l Wasser, 25.000 Kekse, 13.000 Bananen, 9.000 Orangen und viele hl Gatorade und Cola.

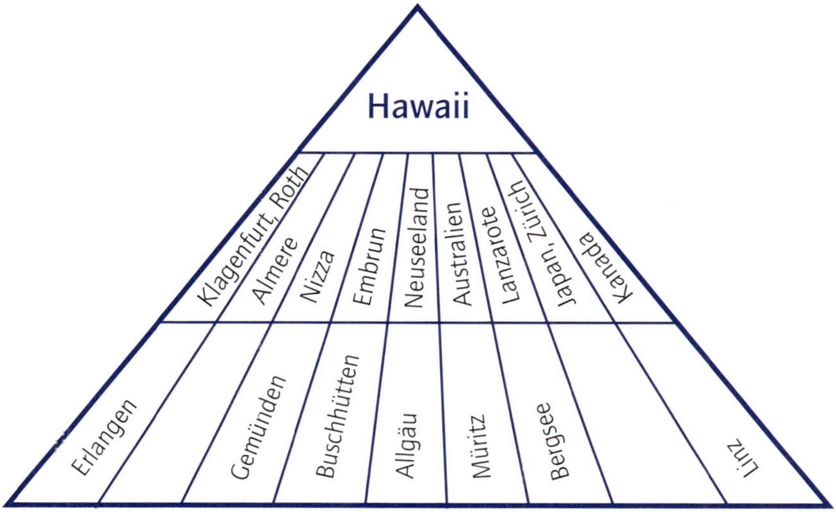

Abb. 1: Triathlongipfel

Insgesamt ist dieser Wettkampf für jeden Finisher ein ergreifendes, faszinierendes, unvergessliches Erlebnis. Nachdem ich dieses Erlebnis 1985 und 1989 miterlebt habe, wünsche ich jedem Menschen solch ein tief greifendes Ereignis.

Hannes BLASCHKE beim Ironman® auf Hawaii.

Der Ironman® Triathlon auf Hawaii hat wie kein anderes Ereignis zur Popularität des Triathlonsports weltweit bei getragen. Der Ironman® stellt das Nonplusultra einer Ausdauerbewegung dar, die ab 1994 in verkürzter Form zu einer olympischen Disziplin geworden ist. Folgende Veranstaltungen gehören für mich nach Hawaii zu den Triathlongipfeln: Ironman® Roth (D), Almere (NL), Nizza (F), Embrun (F), Ironman® Neuseeland, Ironman® Australien, Ironman® Lanzarote, Ironman® Zürich, Ironman® Kanada, Ironman® Austria.

Zum Glück gibt es viele weitere, hervorragende Triathlons, wie aus dem nachfolgenden Kapitel zu entnehmen ist, so z.B. Immenstadt, Podersdorf, Breisgau, Linz, Waren, Spreewald, Wilhelmshaven.

Da ich den Hawaii-Triathlon 1985 in 11:41 h und 1989 in 10:44 h bewältigt habe und darüber das vielen bereits bekannte Buch *„Ironman® - Der Hawaii-Triathlon"* geschrieben habe, möchte ich mich an dieser Stelle nicht wiederholen und deshalb auf den üblichen Erlebnisbericht dieses absoluten Triathlongipfels verzichten.

In dem oben genannten Buch geht es sowohl um die psychische als auch um die physische Vorbereitung mit allen Problemen und Schwierigkeiten, die einen im normalen Berufs- und Familienleben stehenden Triathleten dabei erwarten. Im Mittelpunkt steht dabei der Wettkampf von Hawaii zu Wasser, auf dem Rad und zu Fuß mit all seinen extremen Anforderungen. Erstmalig sind dort auch die Gedanken, Gefühle und Leiden während des Kampfes gegen Hitze, Wüste und Wind auf der berüchtigten 226-km-Wettkampfstrecke beschrieben.

Die Radzeitschrift *Tour* schreibt über dieses Buch: „Das Buch ist so spannend zu lesen wie die gesamte Triple-Disziplin für die Aktiven. ... H. Aschwer beschreibt den Leidensweg dorthin, ist aber nicht etwa wehleidig, sondern so impulsiv, direkt und sportlich-menschlich im Ton, dass jeder mit ein wenig Tria-Ahnung nicht mehr aufhören kann zu blättern ..."

Trotz allem möchte ich jedoch noch ein paar wichtige Dinge hier anbringen. Wenn man sich am Wettkampftag frühmorgens um 6:45 Uhr zum Schwimmstart an den Kailua Pier begibt, so hat man einen langen und heißen Tag vor sich. 5.000 Schwimmbewegungen, über 30.000 Pedalumdrehungen und zwischen 40-50 000 Schritte liegen vor einem. Wahrscheinlich war die sportliche Herausforderung noch nie so groß wie an diesem Tag.

Der lang gezogene viereckige Schwimmparcours im 26-27°C warmen, mehr oder weniger welligen Pazifischen Ozean liegt als Erstes vor den Athleten. Mehr als eintausend energiegeladene Triathleten aus gut 50 Nationen stürzen sich mit einem befreienden Aufschrei um 7:00 Uhr in den salzigen Ozean. Dieser brodelt und quirlt, als ob ein Schwarm Piranhas um eine Mahlzeit streitet. Zwei polynesische Segelschiffe in knapp zwei Kilometern Entfernung sind zu umschwimmen. Die Wellen können einem ganz schön zu schaffen machen. Manch einer muss als Seekranker von Booten oder Rettungssurfern geborgen werden.

Nach dem Abduschen des Salzwassers wird man mit dem Rad ‚in die Wüste geschickt'. Gleich zu Beginn eine 2 km lange, 8%-ige Steigung. Dann über 170 Kilometer rechts und links der Straße nichts als schwarzes Lavagestein. Hier heißt es, an jeder der 8 km auseinander liegenden Verpflegungsstände trinken, trinken und nochmals trinken. Leichte bis mittlere Steigungen auf den ersten 65 Kilometern, 20 km vor dem Wendepunkt in Hawi treten nicht nur größere Steigungen, sondern auch noch die gefürchteten Malojawinde von Big Island (sog. Mumuku) auf. Die letzten 10 km vor dem Wendepunkt werden fast ausschließlich im Wiegetritt gefahren. Da die Inselwinde in der Mittagszeit oft ihre Richtung ändern, kann es passieren, dass man sowohl auf dem Hin- als auch auf dem Rückweg Seiten- oder Gegenwind hat. Auf den letzten 7-8 km endlich wieder Grün, am Kailua Pier vorbei geht es zum 2. Wechselpunkt nach Kona Surf.

Hier beginnt in den frühen Nachmittagsstunden für jeden Triathleten der schwerste Abschnitt. Bei Temperaturen zwischen 30° und 40°C im Schatten – Bedingungen, bei denen in Europa kaum einer auch nur an einen Marathonlauf denken würde - und zudem nach 6-8 Stunden vorausgegangener Wettkampfzeit, wird es selbst für ausgesprochen gute Läufer alles andere als ein Honigschlecken. Wieder geht es nach 7-8 Kilometern in die Lavawüste hinaus. Spätestens hier macht sich die intensive psychische Vorbereitung positiv bemerkbar. Für die meisten Triathleten bricht noch auf der Laufstrecke die Dunkelheit herein. Gegen 18 Uhr wird es innerhalb weniger Minuten dunkel. Ohne Vollmond wäre es stockfinster. Die Hitze, die eintönige Landschaft, die Dunkelheit und die vielen lang gezogenen Steigungen machen den Läufern schwer zu schaffen. Ganz zu schweigen von den vielen absolvierten Kilometern.

Je näher man nach Kailua Kona kommt, umso größer wird die Euphorie. Frenetischer Applaus, die Stimme des Speakers überschlägt sich fast. Jeder ins Ziel Kommende wird mit Startnummer, Nationalität und Namen begrüßt, ein Lei - der hawaiianische Begrüßungskranz - wird jedem um den Hals gehängt, und er wird zur Massage geführt.

Ein unbeschreibliches Glücksgefühl überkommt jeden Ironman®-Finisher.

Ironman® Austria, Kärnten, Österreich

Meldeanschrift: Ironman® Austria
Triangle Show & Sports Promotion
Domgasse 4/2
A-9020 Klagenfurt/Österreich
Tel. 0043/4 63 50 96 51 Fax 0043/4 63 50 96 51 32
E-Mail: ironman@happynet.at
Internet: www.happynet.at/ironman

Distanzen: 3,86/180/42,2 km
Qualifikationswettbewerb für den Ironman® Hawaii

Die „Copa Cabana der Alpen", die Wörtherseeregion im Süden Österreichs, erlebt seit einigen Jahren einen Ironman®-Wettbewerb, der sowohl bei den Athleten als auch bei den Zuschauern sich höchster Beliebtheit erfreut. Bereits beim 2. Ironman® Austria waren 1.200 Teilnehmer und ca. 50.000 Zuschauer zu verzeichnen. Ein Boom, den selbst Hawaii nicht in dem Ausmaß erlebt hat. Die Gründe hierfür sind zahlreich. Ideale äußere Bedingungen in dieser Urlaubsregion, ein anspruchsvoller, landschaftlich einmalig schöner Kurs, ein Wettbewerb der durch seine kurzen Wege extrem zuschauerfreundlich ist, ein faszinierendes Ambiente und der nötige Schuss Lockerheit der drei perfekten Organisatoren lassen für die nächsten Jahre rosige Zeiten am Wörthersee erwarten.

Der Julitermin ist in dieser südlichen Alpenregion ein Garant für das warme Wörtherseewasser. Geschwommen wird auf einem Rechteckkurs im kristallklaren Wasser, das im Sommer eine durchschnittliche Temperatur von 23°C aufweist. Der Start erfolgt um 7 Uhr vom Land aus. Die erste Richtungsboje wird erst nach knapp 2 km umschwommen. Spektakulär die letzten 800 Meter der Schwimmstrecke. Diese werden im Lendkanal geschwommen unter hautnaher Begleitung vieler tausender Zuschauer, die sich zu Fuß oder auf dem Rad auf beiden Seiten des Kanals mit den Schwimmern bewegen.

Die Radstrecke ist ein drei Mal zu durchfahrender 60 km Rundkurs, der nach jeder Runde an Start und Ziel vorbeiführt und ein optimales Zusehen ermöglicht. Die landschaftlichen Schönheiten sind nicht zu überbieten. Herrliche Seepassagen, der kräftige Anstieg hoch zum Rupertiberg ermöglicht einmalige Ausblicke auf das Karawankengebirge und die rasante Abfahrt bis hin nach Klagenfurt lässt beinahe alle Anstrengungen vergessen.

Die Laufstrecke, eine Pendelstrecke zwischen Klagenfurt und Krumpendorf, ist dagegen absolut flach und ebenfalls sehr zuschauerfreundlich.

Zentraler Punkt des Ironman® Austria ist die Ironman®-City die unmittelbar vor dem Klagenfurter Strandbad liegt. Hier befindet sich auch der Zielbereich mit der riesigen Zuschauertribüne. „Eine Stimmung hier in Klagenfurt - wie man sie sonst nur in Kona, Hawaii, antrifft", urteilt Jürgen ZÄCK, der Sieger im Jahre 2000. Die tolle Atmosphäre im Finishlinebereich bleibt für jeden der mehr als 1.000 Teilnehmer und für die vielen Zuschauer und Betreuer ein selten erlebtes Ereignis. Ein imposantes Feuerwerk beschließt für alle einen ereignisreichen Ironman®-Tag.

Mit einer weltweiten Premiere feierten im Jahre 2000 einige tausend Zuschauer und Athleten am Tag nach dem Wettbewerb eine ungemein stimmungsvolle und beeindruckende Siegerehrung. Auf der riesigen Klagenfurter Seetribüne, im Scheinwerferlicht, eine Ehrung zu erleben, hat jeden der Teilnehmer - ob Zuschauer oder Athlet - tief beeindruckt.

Dieser Ironman® Austria strahlt das besondere Etwas aus, das jeden Athleten auf eine so angenehme Art und Weise an die Ursprungsjahre des Triathlons erinnert.

Abb. 2: Schwimmstrecke

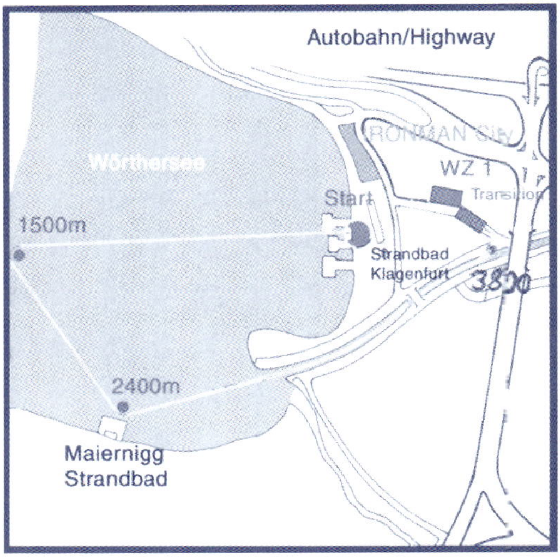

Abb. 3+4: Radstrecke mit Höhenprofil

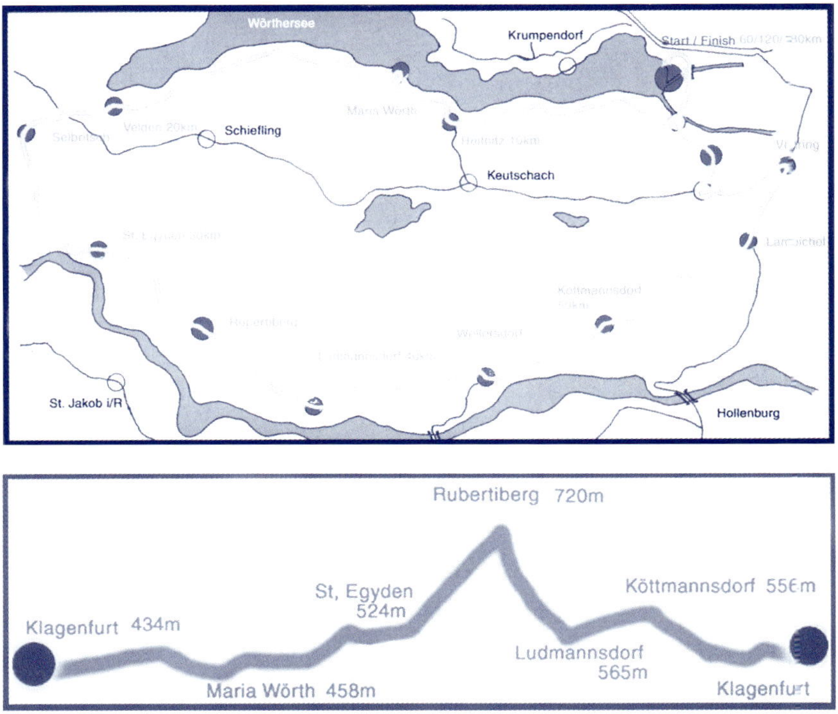

Abb. 5: Laufstrecke

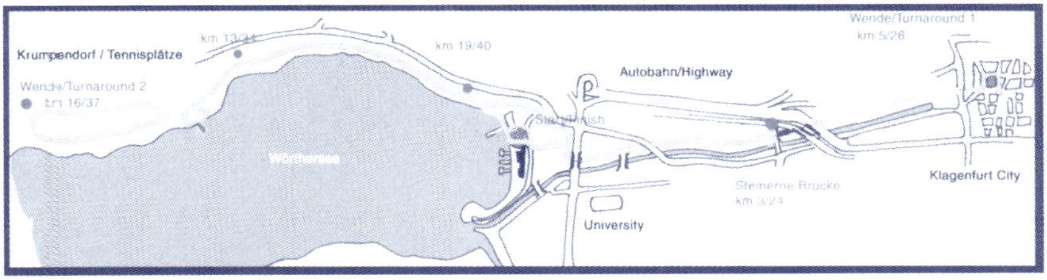

Ironman® Europe, Roth

Meldeanschrift:	Ironman® Roth Freizeit & Sport Promotion Detlef Kühnel GmbH Amselstr. 4 91174 Spalt Tel. 09175/ 96 00 Fax 09175/ 96 01
Distanzen:	3,8 / 180 / 42,2 km
Qualifikationswettkampf für den Ironman® Hawaii	

Vom kleinen Frankentriathlon zur größten Triathlonveranstaltung Europas und der Welt hat sich der Triathlon in Roth seit 1984 entwickelt. Ein Ende dieser Entwicklung ist nicht in Sicht. Zehn Jahre nach der ersten Veranstaltung, 1994, gingen knapp 2.000 Teilnehmer an den Start, derzeit sind es 2.700.

Streckenbeschreibung:

Schwimmen: Geschwommen wird wieder im Main-Donau Kanal.

Rad fahren: Der zweimal zu durchfahrene Rundkurs, mit Start am Rothsee und Ziel auf dem Rother Festplatz, bietet kaum Gelegenheit, Langeweile aufkommen zu lassen. Längere Steigungen bis zu 10% und schnelle Abfahrten erfordern bei dem großen Starterfeld stetige Konzentration. Der Kalvarienberg bei Greding und der Solarer Berg in Hipoltstein garantieren Tour de France-Atmosphäre. Für die Athleten bleibt teilweise nur noch eine schmale Gasse als Durchfahrt übrig, wenn am Solarer Berg 20.000 Menschen einen Höllenlärm mit Trommeln, Kuhglocken und Geschrei ertönen lassen.

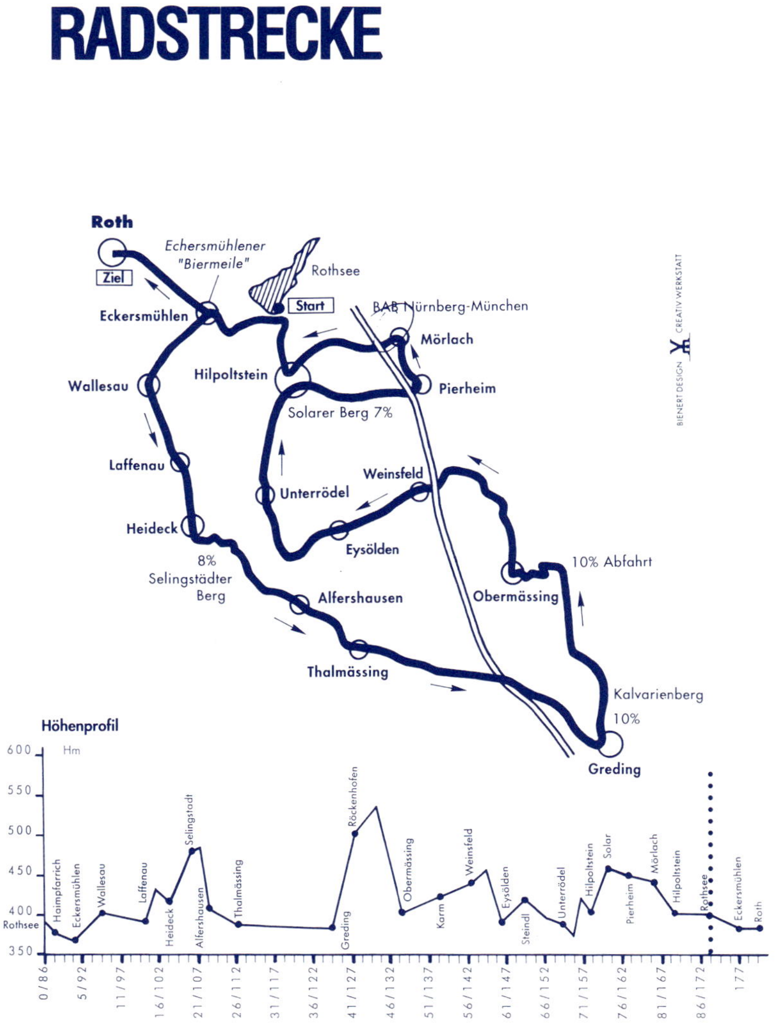

Radstrecke 180 km [2 Runden á 86,5 km, zuzüglich 7 km vom Rothsee (Start) nach Roth (Ziel)]

Abb. 6: Radstrecke und Höhenprofil Ironman® Roth

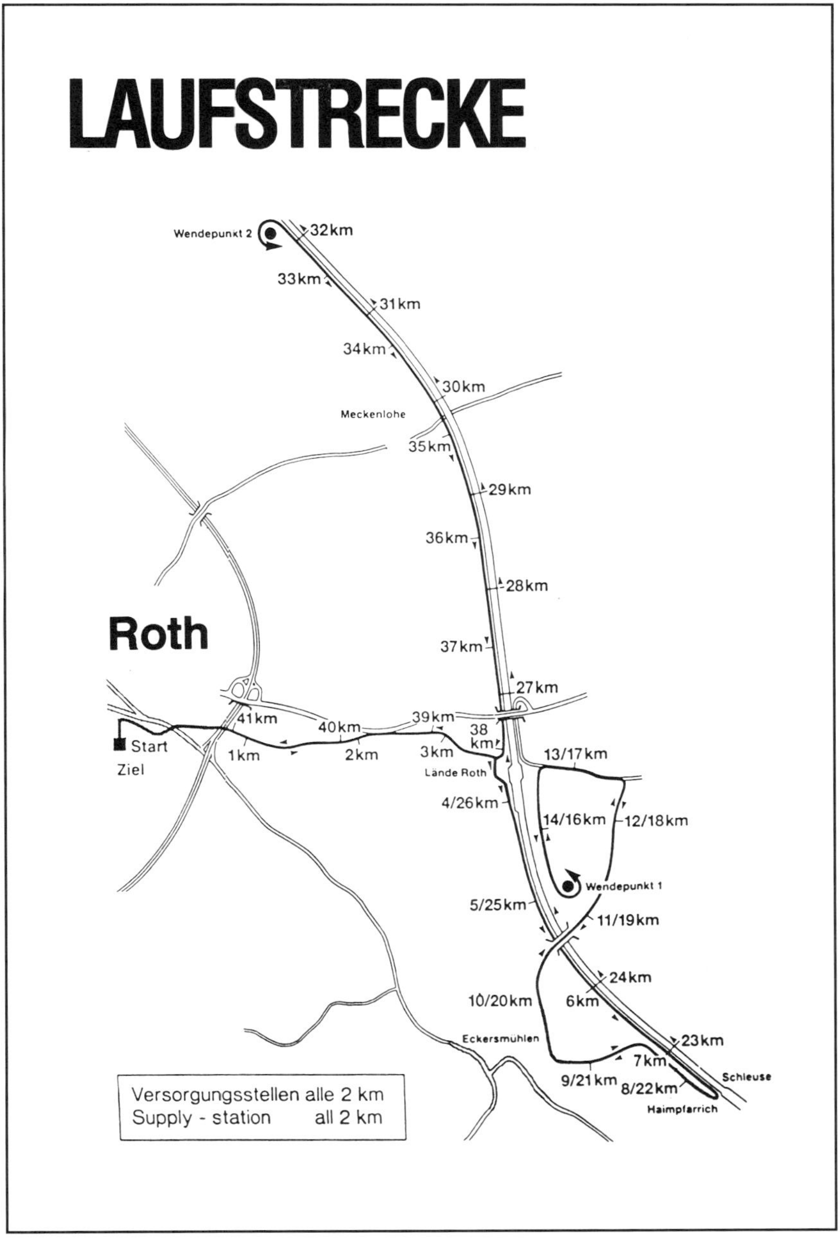

Abb. 7: Laufstrecke Ironman® Roth

Dann laufen jedem Athleten eiskalte Schauer den Rücken hinunter und von Anstrengung ist plötzlich nichts mehr zu spüren. Ein unbeschreibliches Gefühl für jeden Athleten.

Laufen: Die Marathonstrecke ist seit Jahren unverändert. Eine große Schleife mit zwei Wendepunkten ist teils auf Schotterwegen teils auf asphaltierten Straßen zu absolvieren. Die Verpflegung entspricht auch bei warmer Witterung internationalen Gepflogenheiten und lässt kaum Wünsche offen. Der Zieleinlauf in Roth wird für jeden Triathleten unvergesslich bleiben. Dafür sorgen die vielen begeisterten und fachkundigen Zuschauer. Mit insgesamt 120.000 Zuschauern gehört der Ironman® Europe auch in dieser Hinsicht zu den größten Sportereignissen, nicht nur im Triathlon.

Almere-Triathlon

Anschrift:	Holland Triathlon Almere Secretariat Postbus 50216 NL - 1305 AE Almere Tel. 03240/1 91 99
Streckenlänge:	3,8/180/42,2 km
Termin:	August/September
Startzeit:	7:00 Uhr
Start:	Surfhafen von Almere; ca. 1,5 km von der Sporthalle entfernt
Ziel:	Sporthalle von Almere
Abgabe des Rennrades und der Rad- und Laufbekleidung tags zuvor	
Streckenkurzbeschreibung:	
Schwimmen:	Im Gooimeer
Rad fahren:	Wendepunktstrecke über den Gooimeerdijk
Laufen:	Wendepunktstrecke entlang des Gooimeeres

Almere, eine Retortenstadt mit 40.000 Einwohnern, 30 km von Amsterdam entfernt, kann für sich in Anspruch nehmen, bereits 1981 den ersten Triathlon in Europa durchgeführt zu haben. Vielleicht rührt daher die einmalige Wettkampfatmosphäre. Hinzu kommt eine ausgereifte und hervorragende Organisation, sodass für jeden Triathleten dieser Almere Ultratriathlon zu einem ganz besonderen Erlebnis wird.

Wer nach Almere zum Triathlon fährt und mehr als nur ein Matratzenlager zum Schlafen benötigt, sollte sich rechtzeitig mit dem Verkehrsverein in Verbindung setzen. Hier die Anschrift: VVV Almere, Spoordreef 20, NL - 1305 AE Almere-Stad, Tel. 03240/3 46 00.

Mit niedrigen Wassertemperaturen ist im Gooimeer zu rechnen. Man schwimmt vom Surfhafen, einer sandigen Badebucht, 1,9 km in Richtung „Hollandse Brug". Bojen, bunte Boote und auf Surfbrettern liegende Helfer begrenzen die übersichtliche Schwimmgasse bis zum Wendepunkt. Hier muss jeder Teilnehmer seine Startnummer registrieren lassen. Das Wasser im Gooimeer, einem Ausläufer des Ijsselmeeres, ist salzhaltig.

Der Wechsel vom Schwimmen zum Rad fahren vollzieht sich in einem eigens dafür aufgestellten riesigen Zelt. Von Almere-Haven führt ein 60 km Rundkurs über Almere-Buiten und Zeewolde zurück nach Almere-Haven. Die Strecke ist bis auf einige Brücken, die sich über die zahlreichen Kanäle spannen, topfeben. Diese Deiche schützen das dem Ijsselmeer abgerungene Land, welches vier bis sechs Meter unter dem Meeresspiegel liegt, vor dem Überfluten.

Die Verpflegungsstellen auf der Strecke sind reichlich und gut besetzt. Obst, Wasser und Mineraldrinks werden dem Radfahrer gereicht. Ein begeisterungsfähiges Publikum findet sich vor allem in Almere ein.

Der zweite Wechselpunkt befindet sich in der Sporthalle von Almere. Vor der Halle wird einem das Rad abgenommen, man läuft in die Halle hinein, nimmt den Kleiderbeutel in Empfang, zieht sich um, wer möchte, kann sich sogar warm oder kalt duschen, und läuft durch den Hallenausgang hinaus. Dort wird jeder Athlet mit einem gewaltigen Geräuschpegel vom begeisterten Publikum empfangen und auf die 42.195 Meter lange Reise entlassen. Die eigens für diese Veranstaltung errichteten Tribünen vor der Halle bieten einigen Tausend begeisterten Zuschauern Platz. Diese sorgen für eine tolle Stadionatmosphäre. Durch die abgesperrte Gasse geht es wieder in Richtung Gooimeer, dann 5 km in Richtung „Hollandse Brug" zum 1. Wendepunkt. Bei Kilometer 10 durchläuft man in einigem Abstand wieder den Start-Ziel-Bereich, um auf den 16 Kilometer entfernt liegenden 2. Wendepunkt zuzulaufen. Diese endlos erscheinende 16-km-Gerade wird nur durch die „Stichtse Brug" unterbrochen.

Zum Glück helfen einem die vielen Zuschauer, die durch eine Zeitungsbeilage der örtlichen Presse „De Almare" die komplette Teilnehmerliste mit Startnummern in den Händen haben, mittels Vornamenaufrufe ein wenig besser über die Runden zu kommen. Endlos lang wird den Triathleten das Stück bis zum Wendepunkt bei

Kilometer 26 trotz allem. Hat man den geschafft, so folgen ‚nur' noch 16 km bis ins Ziel. Die letzten fünf Kilometer bis zur Sporthalle wird man förmlich durch die frenetischen Zuschauer getragen.

Die einmalige Stadionatmosphäre in Almere, wird jedem Finisher nachhaltig in Erinnerung bleiben und zu dem Schluss führen: „Almere, ich komme wieder".

Nizza-Triathlon

Anschrift:	Nice Communication 7, rue Alexandre Mari F - 06300 Nice Tel. 0033/93 620 3 62
Streckenlänge:	4,0/120/30 km
Termin:	Juni bzw. Oktober
Startzeit:	9:00 Uhr
Start und Ziel:	Plage du Ruhl, Promenade des Anglais
Streckenkurzbeschreibung:	
Schwimmen:	Viereckkurs im Mittelmeer
Rad fahren:	Rundkurs in den französischen Seealpen
Laufen:	Entlang der Mittelmeerküste, Wendepunktstrecke in Richtung Antibes

Die Schwimmstrecke stellt einen großen Viereckkurs im Mittelmeer dar. Gestartet wird nicht wie üblich aus dem Wasser, sondern von einer gekennzeichneten Linie am Ufer. Bei rund 1.000 Startern ist mit einem mächtigen Gedränge sowohl in der Anfangsphase als auch an den Wendebojen zu rechnen. Das Wasser ist stark salzhaltig. Daher ist es von Vorteil, tags zuvor das Schwimmen im Salzwasser zu trainieren.

Die Rennräder werden am Vorwettkampftag auf der riesig großen Strandpromenade eingecheckt. Sie ist sehr viel großzügiger ausgelegt als sonst üblich. Dadurch bedingt, sind die Wege in der Wechselzone für die niedrigen Startnummern sehr kurz, für.die hohen Startnummern dagegen sehr lang. Da diese Wege viermal zurückgelegt werden müssen, ergeben sich für die höheren Startnummern zeitliche Benachteiligungen.

Abb. 8: Streckenplan Nizza

Die Radstrecke über 120 km ist enorm anspruchsvoll. Nach einer 6 km flachen Strecke entlang des Mittelmeeres folgt ein etwa einstündiger Anstieg in die beeindruckende Bergwelt Nizzas. Übersetzungen von 42 x 21 bzw. 42 x 23 sind hier für die meisten Athleten erforderlich. Die zumeist steilen Abfahrten haben es in sich. Haarnadelkurven, unebener Straßenbelag, Schlaglöcher und Splitt verlangen bewusstes Fahren und höchste Konzentration. Kurz vor der 100-km-Marke erfordert der letzte Anstieg über 6 km einen gewaltigen Kraftakt. Anschließend geht es mit stetigem Gefälle wieder in Richtung Meer. Vom Ausgang des les Vartales bis hin nach Nizza ist die Radstrecke mit dem ersten Abschnitt der Laufstrecke identisch. Die Verpflegungsstellen auf der Radstrecke befinden sich in Abständen von 10 km. Helfer reichen 0,5 und 0,75 l Radflaschen, die mit Wasser oder Mineraldrinks gefüllt sind. Insgesamt eine sehr anspruchsvolle Radstrecke.

Der zweite Wechsel erfolgt wiederum im Start- und Zielbereich. Viele tausend Zuschauer bieten dem, nach 4 km Schwimmen und der mörderischen 120 km Radstrecke, abgekämpften Athleten ein imposantes Bild. Die Laufstrecke ist bis auf einige Unter- bzw. Überführungen eben. Sie verläuft entlang des Meeres in Richtung Cannes. Der Nizza-Triathlon ist ein großer, reizvoller Wettkampf; für hitzebeständige und bergerfahrende Athleten.

Embrun-Triathlon (FRA)

Meldeanschrift:	Gerald Iacono 114 Bld. Camille Flammarion F - 1304 Marseille Tel. 0033/91/62 40 23 Fax: 0033/91/62 33 14 bzw. LD. Hr. Iacono Gerald BP49 F F - 05200 Embrun Tel. 0033/91/62 40 23
Distanzen:	3,8 / 186 / 42,2 km
Termin:	August

Die Zeitschrift *Triathlet* schreibt über diesen weltweit wohl schwierigsten Triathlon: „Für den einen ist der Embrun-Man schlichtweg „das Härteste", für manche gar „verrückt", vielleicht schon „an der Grenze zum Ungesunden" – für die anderen „die Herausforderung schlechthin", dem gerade „die Strapazen jenen Charme verleihen", welcher alljährlich Hunderte von Triathlonenthusiasten hinter die Qualen verheißende Startlinie lockt.

Wer diesen Triathlon erlebt hat, wird diese Aussagen bestätigen können. Ich habe ihn 1993 im Rahmen der Europameisterschaften in 12:47 h gefinisht und bin überzeugt, dass es fünf Wochen nach Roth (9:55 h) mein insgesamt stärkster Triathlonwettkampf überhaupt war. Trotz aller Härte muss nach dem Embrun-Man der ein herausragendes Erlebnis im Sportlerleben darstellt, die Triathlonsaison nicht automatisch beendet sein.

Bei guter Jahresplanung und ausreichendem Mut zur anschließenden Regeneration gelang mir nur 27 Tage nach Embrun der Ultratriathlon in Podersdorf in 10.09 h. Ein Beweis, dass dieser Husarenritt trotzdem nicht alle ‚Körner' gekostet hat, sind meine 3:21 h für den abschließenden Marathonlauf in Podersdorf, die nur drei Minuten langsamer waren als meine beste Laufzeit im Rahmen eines Ultratriathlons.

Was ist nun so extrem an diesem Embrun-Man?

Die Siegerzeiten von Embrun sagen bereits viel aus. Allesamt liegen sie über zehn Stunden, selbst bei den Europameisterschaften. Extrem und weltweit einmalig ist in Embrun die Radstrecke. Auf 186 km Länge kommen noch 3.600 Höhenmeter dazu. Unmittelbar nach der ersten Wechselzone geht es ohne Anrollphase 7 km lang saftig bergan, dann auf einer Anhöhe wellig dahin, bis die erste Kamikazeabfahrt nach Lac de Serre-Poncon höchste Konzentration erfordert. Hinzu kommt, dass die Straßenverhältnisse rauh und uneben sind. Als besonderes Bonbon wartet auf jeden Triathleten der Col d'Izoard auf 2.360 m Höhe.

Endlose Steigungen zwischen 10% und 12% gilt es zu erklimmen. Entschädigt wird jeder Athlet durch das atemberaubende Panorama in den französischen Alpen. Dieses gilt es während des Anstiegs zum ‚Dach' des Embrun-Man, dem Col d'Izoard zu genießen. Auf der nun folgenden 15 km langen Abfahrt ist wiederum höchste Konzentration und kurvensicheres Material vonnöten.

Auf dem Rückweg gilt es, weitere Gemeinheiten zu erklimmen. Die größte dann unmittelbar vor dem nahenden Ziel. An der 178-km-Marke, unmittelbar in Embrun, hört man bereits die Ziellautsprecher und darf dann noch einmal eine 12%-ige Steigung von 4.500 Metern Länge erklimmen.

Embrun gilt auch als Wettkampf, in dem bis zum Schluss alles, aber wirklich alles, dem Athleten abverlangt wird. Dafür sorgt der Marathonlauf, der auf dem zwei Mal zu durchlaufendem Kurs, reichlich Höhenmeter aufweist. Natürlich wird auch in Embrun geschwommen. Könnten die Organisatoren auch noch auf der Schwimmstrecke Steigungen einbauen, ich glaube, auch das würden sie in dem französischen Alpenort noch bringen.

Embrun wäre nicht Embrun, wenn es auch beim Schwimmen nicht etwas Besonderes geben würde. Bereits um 6 Uhr erfolgt der Start über die 3,9 km lange Schwimmstrecke im zumeist spiegelglatten „Plan d'Eau d'Embrun". Von den zwei Schwimmrunden wird somit zumindest eine in den ungewöhnlich schwarzen Fluten absolviert. Was die Wassertemperatur angeht, so kann man Ende August zumeist mit angenehmen Temperaturen rechnen. Die Lage Embruns im Süden Frankreichs lässt in der Regel auch hohe Außentemperaturen erwarten.

Embrun, also eine besondere Herausforderunng an Triathleten, denen es nicht auf schnelle Zeiten ankommt, sondern die den Kampf mit der Natur, insbesondere der imposanten Bergwelt, suchen und auch finden werden.

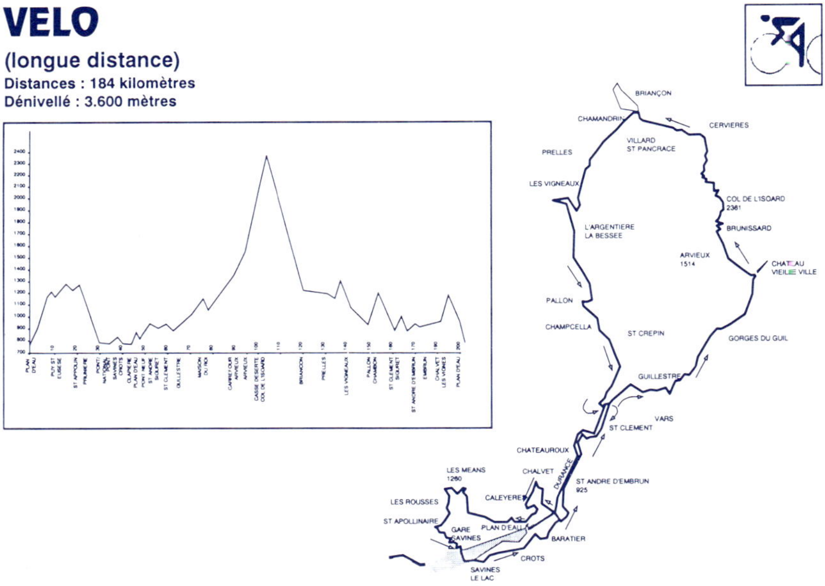

Abb. 9: Radstrecke in Embrun mit Höhenprofil

Ironman® Australien

Meldeanschrift:	Ken Baggs P.O. Box 153 Tuncurry NSW 2428, Australien Tel. 61/65-54 71 88 Fax 61/65-55 52 08
Distanzen:	3,8/180/42,2 km
Termin:	April
75 Qualifikationsplätze für den Ironman® Hawaii	

Die Landschaft in und um Foster-Tuncurry, 350 km nördlich von Sydney, ist umwerfend. Geschwommen wird in einem Seearm des Great Lakes, der ca. 500 m breit und ziemlich flach ist. Die Strecke ist korrekt vermessen. Etwaig auftretende Strömungen können keine Relevanz auf die zumeist hervorragenden Schwimmzeiten der Triathleten haben, da der abgesteckte Kurs jeweils 2 x in beiden Richtungen durchschwommen wird.

Der Radkurs führt teilweise entlang des Pazifiks durch zumeist öde Dünenvegetation. Zwei Runden à 90 km sind zu absolvieren. Auf jeder Runde befinden sich zwei Wendepunkte.

Zieleinlauf in Tuncurry beim Ironman® Australien (Foto: S. Aschwer)

Der Straßenbelag ist für deutsche Verhältnisse sehr rauh. Das Profil der Radstrecke ist leicht hügelig. Hart wird es allerdings beim Laufen. Auf dem zwei Mal zu durchlaufenden Halbmarathonkurs sind mehrere kräftezehrende Anstiege zu bewältigen. Hinzu kommt in der Regel eine erbarmungslos brennende Sonne. Mehrfaches Eincremen ist auf der 42,2 km langen Laufstrecke dringend zu empfehlen. Aid-Stationen sind bestens verteilt und organisiert. Sonnenschutzmittel befinden sich an jeder Aid-Station. Für reichlich Motivation sorgen die vielen Zuschauer in den mehrfach zu durchlaufenden Ortschaften.

An das für deutsche Verhältnisse heiße Klima sollte man sich durch frühzeitige Anreise anpassen. Wer aus welchen Gründen auch immer erst ein oder zwei Tage vor dem Wettbewerb in Australien eintreffen kann, sollte seinen Wettkampf mit großer Vorsicht bestreiten und keinesfalls auf eine Bestzeit ausgehen.

1993 konnte ich aus dienstlichen Gründen genau 36 Stunden vor Wettkampfbeginn australischen Boden betreten. Meine Planungen: optimale Wettkampfzeit + 1 Stunde ermöglichte mir einen beeindruckenden Australien-Ironman® in 10:55 h. Als Vorteil der kurzfristigen Anreise konnte ich eine ruhige und nahezu trainingsfreie Nachwettkampfzeit im beneidenswerten Südwesten von Australien per Wohnmobil erleben.

Ein wichtiger Hinweis zum Schluss: Die Wettkampfbesprechung in Australien ist ein Muss. Wer nicht persönlich dort erscheint, wird bereits im Vorfeld disqualifiziert.

Ironman® Lanzarote

Meldeanschrift:	La Santa Hamburg Sperberhorst 11 22459 Hamburg Tel. 040/5 51 00 34	 Fax 040/5 51 95 92
Distanzen:	3,8/180/42,2 km	
Termin:	Ende Mai - Anfang Juni	

Streckenkurzbeschreibung:

Schwimmstrecke:	Offenes Meer, am Strand von Puerto del Carmen
Radstrecke:	Eine Runde über die gesamte Insel, sehr anspruchsvoll
Laufen:	Asphaltstraßen entlang der Atlantikküste

50 Qualifikationsplätze für den Ironman® Hawaii. Limitierte Teilnehmerzahl: 800

Klima: Auf Lanzarote muss mit hohen Temperaturen und starken Winden gerechnet werden. Der zweite europäische Qualifikationswettkampf für den Ironman® Hawaii findet im Frühjahr auf den Kanarischen Inseln statt. Die anspruchsvolle Gegenwindradstrecke und die hohen Temperaturen lassen ohne Übertreibung einen Vergleich zum großen Bruder Hawaii zu.

Irgendwie ist Lanzarote schon ein „kleines Hawaii", zu diesem Schluss kommt der Athlet, der die sonnenüberflutete Insel vulkanischen Ursprungs mit seinen ausgedehnten Lavafeldern auf der 226 km langen Triathlonstrecke hautnah kennen gelernt hat. Diese Einschätzung konnte ich bereits 1992 beim ersten Lanzarote Ironman® gewinnen. Die sehr gute Organisation und das besondere Flair der Insel lässt ohne Bedenken Vergleiche mit den ganz großen Events der Triathlonszene zu.

Geschwommen wird im Atlantik, der in den frühen Morgenstunden noch ruhige Fluten verheißt, vor den Toren von Puerto del Carmen. Zu dieser Jahreszeit ist mit einer Wassertemperatur von mindestens 20°C zu rechnen.

Die 180 km lange Radstrecke über die ganze Insel hat es in sich. Vom Start weg geht es kontinuierlich hinauf in die Feuerberge zum 400 m hohen Montanas del Fiugo. Dann fällt die Strecke wieder flach ab, um ab Kilometer 70 bis 110 wieder hinaufzuführen. Hier, im Norden der Insel, ist man wieder bei 500 m angelangt. Bis zu dieser Marke bläst einem der ständige Nordwestwind ins Gesicht.

Die restlichen 70 Kilometer sind neben längeren Abfahrten wieder wellig. Kurze und kräftige Anstiege tauchen immer wieder auf. Insgesamt ein Radkurs, der anspruchsvoller ist als auf Hawaii.

Auch die Laufstrecke ist auf Lanzarote nicht einfach. Die Wendestrecke von Puerto del Carmen über Arrecife nach Costa Teguise und zurück wird zu einer Hitzeschlacht. Belohnt für seine Strapazen wird jeder Finisher am Tag darauf bei der Siegerehrung. Was hier in den fantastischen Grotten von Jameos del Agua geboten wird, ist wirklich einmalig. Dreh- und Angelpunkt der Veranstaltung ist der Club La Santa, wenngleich der eigentliche Wettbewerb diesen nicht mehr berührt. Die meisten der Teilnehmer wohnen und trainieren dort, viele Spitzenleute sogar einige Wochen zuvor. 1994 waren unter den rund 500 Startern bereits ein Drittel Deutsche zu finden. Nach Roth scheint Lanzarote ein zweites Mekka für deutsche Triathleten zu werden. Verstärkt zeigt sich diese Tendenz auch 1998 bei knapp 700 Teilnehmern.

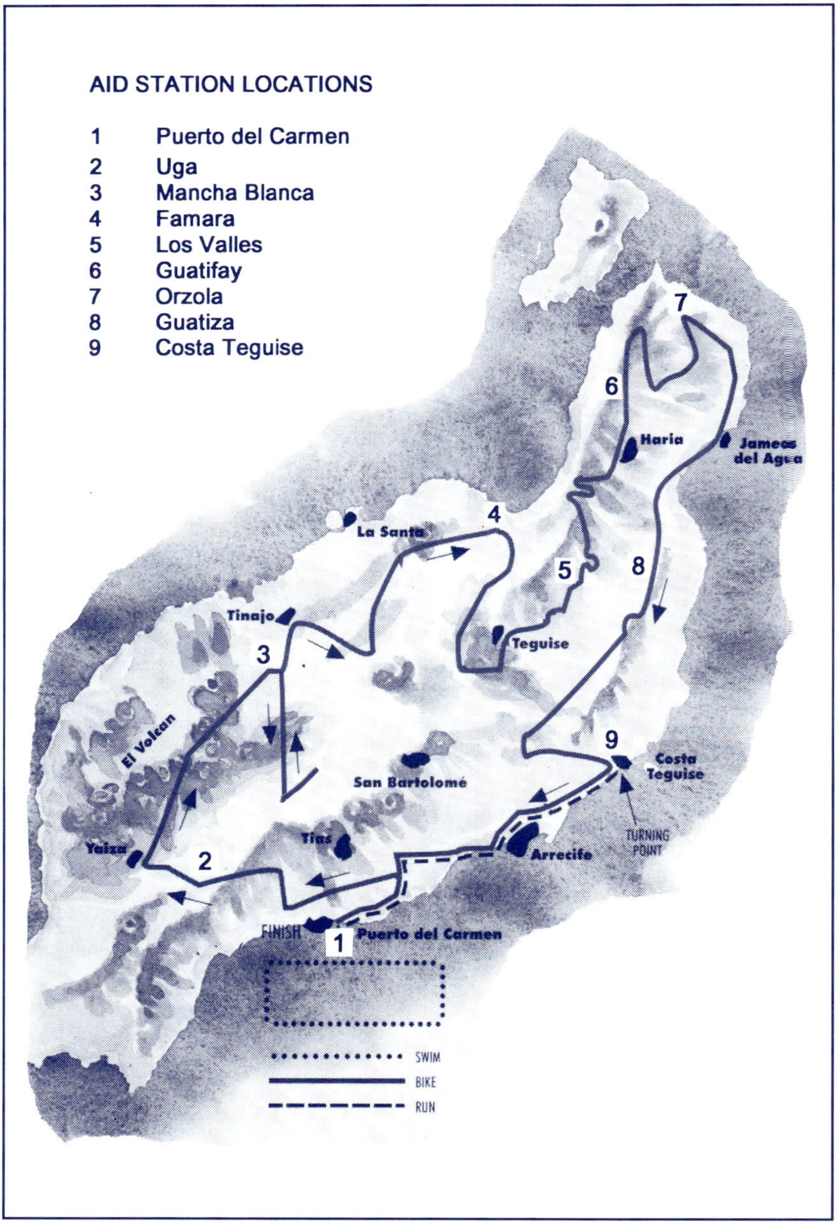

Abb. 10: Streckenplan Ironman® Lanzarote

Ironman® Bikecourse Profile

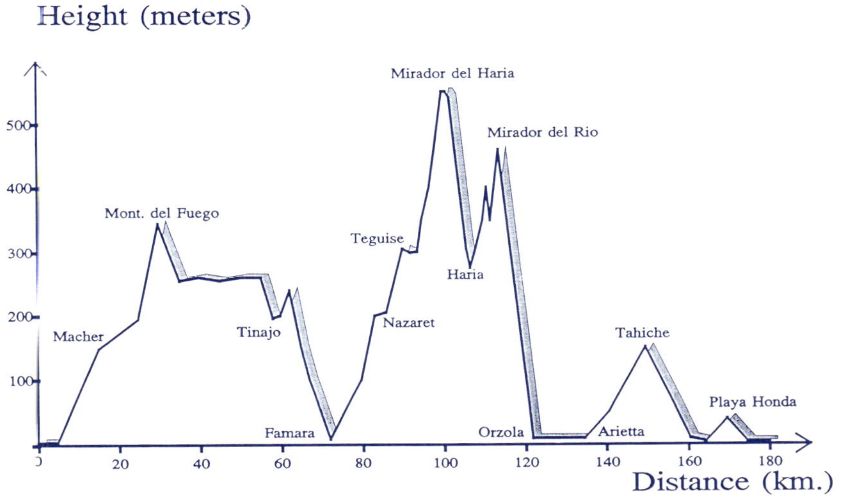

Abb. 11: Höhenprofil der Radstrecke in Lanzarote

Ironman® Switzerland, Zürich, Schweiz

Meldeanschrift:	Ironman® Switzerland Wattstraße 5 CH-8307 Effretikon E-Mail: Bksport@effinet.ch Internet: www.ironman.ch
Distanzen:	3,86/180/42,2 km
Qualifikationswettbewerb für den Ironman® Hawaii	

Einige Anmerkungen zum Streckenverlauf

Das Schwimmen findet im Zürichsee statt. Damit keine Langeweile während der ersten Disziplin aufkommt, wartet nach der Hälfte eine kleine Landüberquerung. Hier, auf der Saffainsel, erfolgt bereits die erste Zwischenzeitnahme. Die Radstrecke entlang der so genannten Goldküste des Zürichsees ermöglicht schnellere

Radzeiten als Ende der 90er Jahre. Der zwei Mal zu durchfahrende 90 km Rundkurs führt von 400 Meter über NN bis auf 620 m, um dann wiederum bei 400 m zu enden. Die Laufstrecke verläuft ohne Steigungen im Herzen der Stadt Zürich vor tausenden Zuschauern.

Ironman® Kanada

Meldeanschrift:	522 Dawson Ave. Penticton B.C. Canada, V2A 3N8 Tel. 001/604/4 90 87 87 Fax 001/604/4 90 87 88
Distanzen:	3,8/180/42,2 km
Termin:	Ende August

150 Qualifikationsplätze für den Ironman® Hawaii

Der Ironman® Kanada gehört mittlerweile zu den besonders begehrten Ironman®-Qualifikationswettbewerben. In der landschaftlich einmaligen Umgebung von Penticon, im Südwesten Kanadas, treffen sich mittlerweile jährlich 1.200 Athleten. Wer sich für Ende August einen Startplatz in Kanada sichern möchte, der sollte sich bereits acht Monate vorher dafür entscheiden und anmelden.

Geschwommen wird im Okanagan Lake. Die Rad- und Laufstrecke im Westen Kanadas gelten als anspruchsvoll.

Weitere internationale Ironman®-Veranstaltungen

Ironman® South Africa
First Floor, Syringa
The Avenues Office Park
Rivonia, Standton, South Africa
E-Mail: gerhard@m-dev.com

Ironman® New Zealand
Taupo, Neuseeland
PO Box 74447, Market Road
Auckland, New Zealand
E-Mail: ironmannz@xtra.co.nz
Internet: www.ironman.co.nz

Ironman® Australia
Forster/Tuncurry, N.S.W., Australien
PO Box 153, Tuncurry
N.S.W. 2428 Australia
E-Mail: ironman@midcoast.com.au
Internet: www.ironmanoz.com

Ironman® Lanzarote
Lanzarote, Canary Islands, Spanien
Club La Santa
35560 Tinajo, Lanzarote
Islas Canarias, Spain
E-Mail: info@ironmanlanzarote.com
Internet: www.ironmanlanzarote.com

Ironman® California
Camp Pendleton, California
PO Box 225
Grimsby, Ontario
Canada L3M 4G3
E-Mail: trisport@skylinc.net
Internet: www.ironmancalifornia.com

Ironman® Langkawi
Langkawi, Malaysia
LIEM Sdn Bhd
no. 16 & 18, 1st Floor

Wisma Sarma
Jalan Yap Ah Shak
50300 Kuala Lumpur, Malaysia
E-Mail: srsgroup@tm.net.my
Internet: www.ironmanlangkawi.com.my

Ironman® Pao De Acucar
Porto Seguro, Brasilien
Rua Desembargador Paub Alonso n 870
Recreio doe Bandeirantes
Rio De Janeiro - RJ - 22790-540, Brazil
E-Mail: drnadruga@tsrn.corn.br

Ironman® Asia
Cheju Islane, Südkorea
c/o Hannes Blaschke
Bürgermeister-Balzer-Str. 19
D-87471 Durach
E-Mail: hannes-blaschke@t-online.de
Internet: www.hannes-hawaii-tours.de oder: www.ironmanasia.de

Ironman® USA Lake Placid
Lake Placid, New York
PC. Box 225 Grimsby Ontario
Canada L3M 4G3
Internet: www.ironmanusa.com

Ironman® Canada
Penticton, B.C. Canada
Ironman® Canada Race Society
4104 197 Warren Avenue East
Penticton, B.C. Canada V2A 8N8
E-Mail: ironman@vip.net
Internet: www.ironman.ca

Ironman® Florida
Panama City Beach, Florida
PC Box 225
Grimsby, Ontario
Canada L3M 4G3
E-Mail: trisport@skylinc.net
Internet: www.ironmanflorida.com

Triathlonveranstaltungen in Deutschland, Österreich und der Schweiz

Die nachfolgend aufgeführten Triathlonveranstaltungen in Deutschland, Österreich und der Schweiz sollen dem interessierten Triathleten einen ersten Überblick über die erfreulich große Zahl von Wettkampfstätten, Wettkampfstrecken und den so wichtigen Meldeanschriften geben.

Die Auflistung der Triathlonveranstaltungen nach Streckenlängen und Bundesländern bzw. Ländern kann nicht vollständig sein, weil es sicherlich Veranstalter gibt, deren Anschriften mir nicht zugänglich waren. Hinzu kommen die vielen hundert Volks- und Jedermannveranstaltungen, die hier nicht aufgeführt sind. Entsprechende Informationen liefern jährlich die Triathlonlandesverbände, deren Anschriften nachfolgend aufgeführt werden, die Sportämter der einzelnen Städte sowie Fachzeitschriften, wie z.B. die *„Triathlon & Duathlon"*.

Für die zumeist großartige Leistung der Triathlonveranstalter sollten wir Athleten vielleicht etwas mehr Verständnis aufbringen. Neben der umfangreichen Wettkampfvor- und -nachbereitung gilt es, drei unterschiedliche Sportarten am Wettkampftag regelgerecht durchzuführen.

Hirzu kommt die Herrichtung zweier Wechselplätze. Diese recht umfangreiche Tätigkeit kann oft nur von mehreren hundert Helfern geleistet werden. Bei großen Wettbewerben sind fast ebenso viele Helfer wie Athleten erforderlich. Um den Veranstaltern behilflich zu sein, sollten wir Athleten folgende Punkte beherzigen:

1. Bei Anfragen an den Veranstalter Rückporto beifügen.
2. Nach Möglichkeit die Veranstalter nicht durch Bagatellfragen telefonisch belasten. Erst die Ausschreibung zweimal gründlich lesen.
3. Regelgerechtes Verhalten im Wettkampf; nie Windschatten fahren!
4. Über kleine Mängel auch mal hinwegsehen können.
5. Nicht nur Beschwerden an den Veranstalter herantragen, sondern den Veranstaltern und freiwilligen Helfern auch Lob und Anerkennung aussprechen.

Nachfolgend die Anschriften der nationalen Triathlonverbände und der deutschen Triathlonlandesverbände:

Anschrift der Deutschen Triathlon-Union
DTU-Geschäftsstelle
Otto-Fleck-Schneise 12
60528 Frankfurt
Tel. 069/6 77 20 50 Fax 069/7 72 05 11

Anschrift des Schweizer Triathlon-Verbandes
Tri Geschäftsstelle
Wehntalerstr. 637
CH 8046 Zürich
Tel. 01/3 71 80 10 Fax 01/3 71 80 09

Anschrift des Österreichischen Triathlon-Verbandes
Österreichischer Triathlonverband
Geschäftsstelle:
A -5700 Zell am See, Postfach
Tel. 06542/5 50 52 Fax 06542/5 50 62

Anschriften der deutschen Landesverbände:

Baden-Württembergischer Triathlon-Verband (BWTV)
Geschäftsstelle
Marienbader Str. 11
70372 Stuttgart
Tel. 0711/56 91 66 Fax 0711/56 71 22

Bayerischer Triathlonverband (BTV)
Geschäftsstelle
Georg-Brauchle-Ring 93
80992 München
Tel. 089/15 70 23 92 Fax 089/15 70 22 15

Triathlonverband Berlin (TriVB)
Geschäftsstelle
Kaiserkorso 5
12101 Berlin
Tel. 030/78 99 07 98

Brandenburgischer Triathlon-Bund (BTB)
Geschäftsstelle
Postfach 1248
03238 Finsterwalde
Fax 03531/3 00 36

Bremer Triathlon-Verband (BTriV)
Geschäftsstelle
Goethestr. 19
28203 Bremen
Tel. 0421/7 87 82 Fax 0421/78 78 22

Hamburger Triathlon-Verband (HHTV)
Geschäftsstelle
Heerbrook 19
22589 Hamburg
Tel. 040/8 70 03 81

Hessischer Triathlon-Verband (HTV)
Geschäftsstelle
Am Trautheim 21/23
64367 Mühltal/Trautheim
Tel. 06151/91 33 52 Fax 06151/91 33 53

Triathlonverband Mecklenburg-Vorpommern (TVMV)
Geschäftsstelle
Rainer Wessel
Kopernikusstr. 17
18057 Rostock
Tel. 0381/4 56 27 26

Triathlon-Verband Niedersachsen (TVN)
Geschäftsstelle
Brunnenplatz 2
38229 Salzgitter
Tel. 05341/2 58 99 Fax 05341/22 91 09

Nordrhein-Westfälischer Triathlon-Verband (NRWTV)
Postfach 100837
41008 Mönchengladbach
Tel. 02161/29 32 50 Fax 02161/29 32 60

Rheinland-Pfälzischer Triathlon-Verband (RTV)
Geschäftsstelle
Langenecker Str. 20
Postfach 20
67475 Weidenthal
Tel. 06329/98 90 40 Fax 06329/98 90 41

Saarländische Triathlon-Union (STU)
Geschäftsstelle
Sittershöhe 14
66130 Saarbrücken
Tel. 0681/87 28 81 Fax 0681/88 12 76

Sächsischer Triathlon-Verband (STV)
Geschäftsstelle
Schorlemmerstr. 13
04155 Leipzig
Tel. 0341/5 90 47 10 Fax: 0341/5 90 47 10

Triathlon-Verband Sachsen-Anhalt (TVSA)
Geschäftsstelle
Kreuzvorwerk 22
06120 Halle
Tel. 0345/5 51 04 61

Schleswig-Holsteinische Triathlon-Union (SHTU)
Geschäftsstelle
Rosmarienweg 4
23823 Seedorf
Tel. 04556/98 98 90 Fax 04556/98 98 90

Thüringer Triathlon-Verband (TTV)
Geschäftsstelle
Turniergasse 17
99084 Erfurt
Tel. 0361/6 55 17 37 Fax 0361/6 55 17 37

Veranstaltungen: Ultradistanz über 3,8/180/42,2 km

Deutschland:
Ironmönch Kulmbach
Meldeanschrift: Wolfgang Pirl
Höhlersleite 12
95326 Kulmbach

Circa einen Monat nach dem Ironman® von Roth, bieten die Kulmbacher im oberfränkischen Raum ihren Triathlon über die Ironman®-Distanz an. Seit 1993 werden unter der Leitung des erfahrenen Triathleten Wolfgang PIRL zuschauerfreundliche

Streckenführungen sowohl beim Schwimmen als auch beim Rad fahren und Laufen angeboten. Geschwommen werden im Trebgaster Badesee drei Runden à 1,3 km. Die landschaftlich reizvolle, aber anspruchsvolle Radstrecke ist 2,5-mal zu durchfahren. Dabei sind es nicht so sehr die großen Höhendifferenzen, die diesen Kurs prägen, sondern der stetige Rhythmuswechsel. Die flache Laufstrecke durch das Maintal kommt durch seine drei Wendepunkte in jeder der drei Laufrunden (40% Asphalt, 60% befestigte Wege) vor allem den Neulingen auf der 226 km langen Herausforderung sehr entgegen.

Sowohl die hervorragende Organisation dieser Veranstaltung als auch die Auswahl der Teilstrecken war sicherlich ein wesentlicher Grund dafür, dass die Internationalen Deutschen Meisterschaften in den letzten Jahren mehrfach hier ausgetragen wurden. Das Starterfeld von circa 400-500 Athleten spricht darüber hinaus alle Athleten an, die nicht so sehr den ganz großen Rummel von Roth bevorzugen. Der Triathlon von Kulmbach, nach dem Hauptsponsor - der Mönchshof Brauerei - Ironmönch genannt, wird von der „3" beherrscht. Drei Sportarten werden absolviert in drei Schwimmrunden mit drei Inselumrundungen, knapp drei Radrunden mit jeweils drei Verpflegungsstellen und schließlich drei Laufrunden mit drei Wendepunkten.

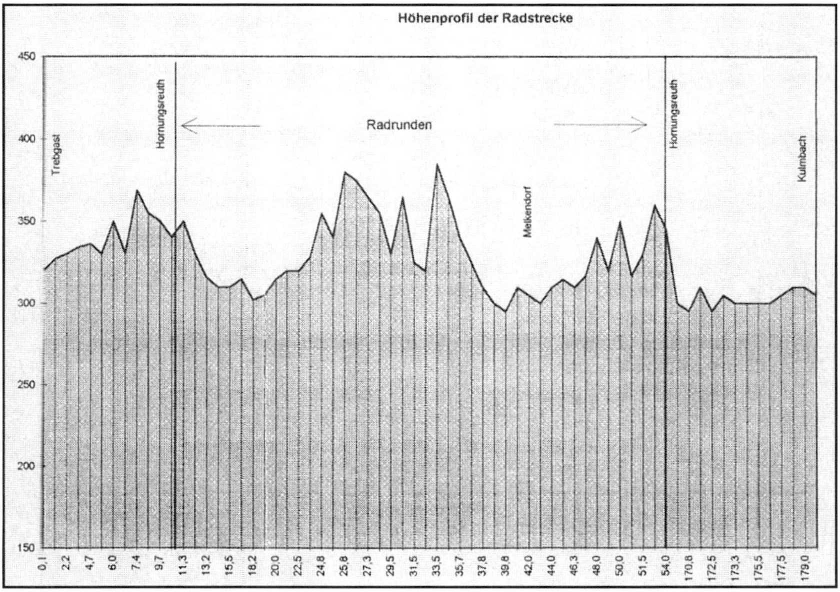

Abb. 12: Höhenprofil der Radstrecke von Kulmbach

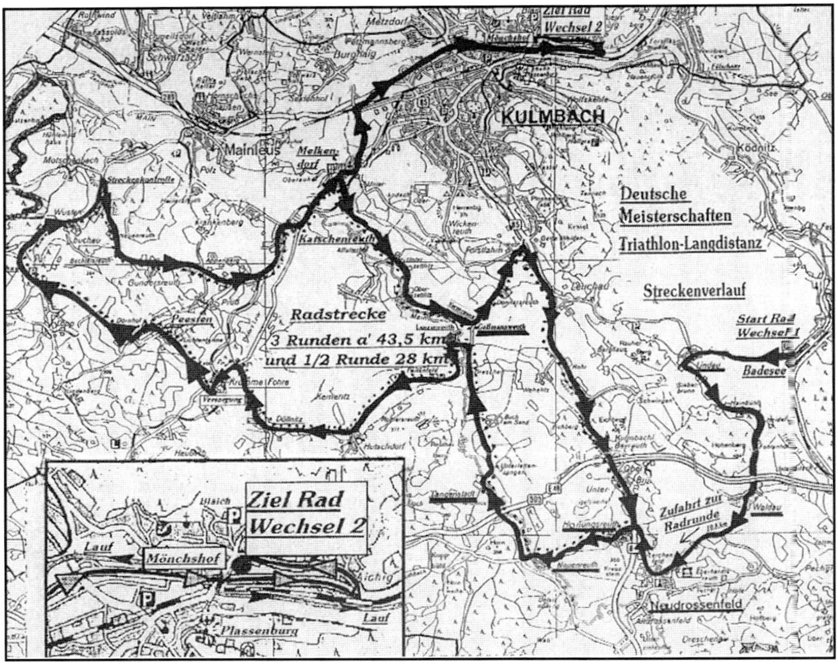

Abb. 13: Kulmbacher Radstrecke

Sachsenman Moritzburg/ Dresden

Meldeanschrift: Sachsenman e.V.
Andreas Kabus
Stephanstraße 34
01129 Dresden
Tel. 0351/8 48 47 91 Fax 0351/4 90 90 98

In Sachsen wird eine Langtriathlonveranstaltung angeboten, die ohne Zeitlimit auskommt und damit insbesondere die Hobby- und Einsteigertriathleten auf der Langdistanz anspricht.

Durch die Ausweisung als offizieller Roth-Qualifikationswettkampf dürfte diese Veranstaltung auch für diejenigen von größerem Interesse sein, die sich bereits ein Jahr vor Roth ihren Startplatz für den jeweils nächstjährigen Ironman® Europe sichern möchten. Nachdem bereits in den Jahren 1990 und 1991 in Sachsen eine Langdistanz angeboten wurde (Nießendorf), haben sich die wettkampferprobten Organisatoren zum Ziel gesetzt, eine Veranstaltung im Südosten Deutschlands zu etablieren, die Breiten- und Leistungssportler anspricht. Geschwommen wird nördlich von Dresden im Großteich von Moritzburg. Die 3,86 km werden in knapp zwei Runden zurückgelegt. Der flache bis wellige 45 km lange Radkurs ist viermal zu durchfahren. Der größte Teil der ebenfalls flachen bis welligen Laufstrecke führt über schattige Waldwege. Das Ziel befindet sich auf dem Parkplatz des Barockschlosses von Moritzburg.

Steel-Town-Man, Linz

Meldeanschrift: Steel-Town-Man
Ewald Tröbinger
Postfach 44
A - 4025 Linz
Tel. + Fax 07224/6 57 29

Eine Region, die Erfahrungen beim Triathlon auf der Mitteldistanz gesammelt hat, bietet für die immer größer werdende Schar der Lang- oder Ultratriathleten eine Veranstaltung an, die neue Dimensionen bei der Streckenführung wählt.

Das Schwimmen findet im Pichlinger See, vor den Toren von Linz, statt. Zwei Runden à 1,9 km stellen die erste Disziplin dar. Der recht schaltfreudige Radkurs führt über drei Runden à 60 km. Der abschließenden Marathonlauf über 42,195 km stellt eine flache Wendepunktstrecke dar.

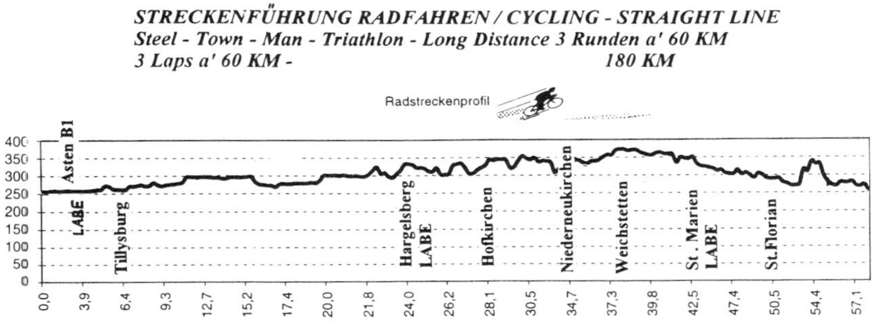

Abb. 15: Streckenprofil vom STEEL-TOWN-MAN, Linz

Podersdorf
Meldeanschrift: Kurt Mischko
Gerlgasse 16
A - 1030 Wien
Tel. 0664/3 82 45 39 Fax 01-8 02 84 05

Wer in Österreich Triathlonwettbewerbe ohne große Höhenunterschiede bestreiten möchte, der ist Anfang September in Podersdorf am Neusiedler See richtig. Hier, 70 km südlich von Wien am Rande der ungarischen Puszta, finden sich seit Jahren die Langstreckler unter den Triathleten ein.

Geschwommen wird im sehr flachen Neusiedler See, der auch schon mal seine nicht so zahme Seite, wie 1992, zeigen kann. Die Pusztastürme ließen in dem Jahr nur einen Duathlon zu. Die flache Radpendelstrecke in Richtung ungarische Grenze ist in eine Richtung nur 22 km lang und somit viermal in beiden Richtungen zu durchfahren. Die durch ein Naturpark führende Laufstrecke ist wiederum flach.

Jährlich treffen sich hier, kurz vor Saisonende, einige hundert Triathleten, um ihre Saison auf der Ultrastrecke ausklingen zu lassen.

Das rührige Organisationsteam bringt es erstaunlicherweise jährlich fertig, Geldpreise, auch in den Altersklassen, auszuschütten.

Weitere hochkarätige Triathlonveranstaltungen:
Trans Swiss Triathlon
Distanzen: 3,5/225/46 km
Meldeanschrift: Trans Swiss Triathlon
Werbeagentur Peter Wirz
Bolleystrasse 27
CH - 8033 Zürich

Besonderheit: Auf der 274,5 km langen Strecke durchqueren die Triathleten die Schweiz von der Süd- bis zur Nordgrenze und erleben dadurch die herrliche Alpenregion hautnah.

Von Locarno (197 m NN) schwimmend durch den oft kühlen Lago Maggiore zum idyllischen Centro Sportivo Tenero. Per Rad geht es dann über Hunderte von Kehren hinauf zum Gotthardpass (2.108 m NN).

Die Schöllenenschlucht hinunter in die Urschweiz. Vorbei am Vierwaldstätter See und über den Sattelpass (932 m NN) nach Rapperswil an den Zürichsee, den giftig steilen ‚Cerberus-Hill' hinauf und runter zur Wechselzone am Greifensee. Laufend in die weiten Felder und schönen Wälder des Zürcher Unterlandes, durch den ‚Luf nger-Canyon' hinab ins romantische Tösstal und an den Rhein.

Über den ‚Ho-Chi-Rhin-Pfad' entlang dem ruhig fließenden Strom hinauf nach Schaffhausen (384 m NN) zum tosenden Rheinfall.

Veranstaltungen über die Mitteldistanz

Distanzen in km	Bundesland (Land)	Name	Meldeanschrift
2/80/20 km	Baden-Württemb.	Breisgau-Tri.	Arnold Gorenflo Fahnengasse 11 79364 Malterdingen
1,3/94/21 km	Bayern	Bavarian Half Iron	Wunibald Bittl Schimmelleite 31 85072 Eichstätt
2/97/21 km	Bayern	Allgäu Classic	German Altenried Postfach 1455 87504 Immenstadt
2/80/20 km	Bayern	Erlangen-Tri	TV 1848 Erlangen Kosbacher Weg 75 91056 Erlangen
2,9/138/29 km	Bayern	Allgäu Spezial	German Altenried Postfach 1455 87504 Immenstadt

2,5/87/20 km	Berlin	Berlin Man	Weltraumjogger Oliver Büttel Teltower Damm 12 14169 Berlin
2,2/84/20 km	Brandenburg	Spreewald-Tri.	Susan Noack Thomas-Müntzer-Str. 10 03222 Lübbenau
2,5/80/20 km	Hessen	Moret-Triathlon	Gerhard Kenke Robert-Koch-Str. 17 64839 Münster
2/80/20 km	Mecklenb.-Vorp.	Müritz-Triathlon	MSC Waren Am Mühlenberg 17192 Waren/M.
2/84/21 km	Niedersachsen	Wilhelmshaven-T.	Wilfried Weerts Bremer Str. 115 26385 Wilhelmshaven
2/75/21 km	Nordrhein-Westf.	Hückeswagen-T.	Ulrich Weyer G.-Hauptmann-Str. 56 42499 Hückeswagen
2/80/20 km	Nordrhein-Westf.	Bonn-Triathlon	PSV Bonn Köpengarten 19 53913 Swisttal
2/80/20 km	Nordrhein-Westf.	Harsewinkel-T.	Trispeed Marienfeld Postfach 2212 33430 Marienfeld
2/80/20 km	Rheinland-Pfalz	Pfälzer-Triathlon	TGV Geschäftsstelle Untere Hauptstr. 15 76774 Leimersheim
2/82/20 km	Rheinland-Pfalz	Mosel-Triathlon	Tri Post Trier Marco Fusaro St.-Anna-Str. 54 54295 Trier
2/80/20 km	Sachsen	Mühlen-Triathlon	Dirk Röhmhild Kamelienweg 1b 01279 Dreden

1,5/70/20 km	Sachsen	Rochlitzer-Tri.	Rainer Spreer Hauptstr. 28 09306 Stollsdorf
2/86/20 km	Schleswig-Holst.	Kanal Man-Tri.	Tri Sport Lübeck Dan Schleritt Dammtorstr. 30 20354 Hamburg
2/81/20 km	Schleswig Holst.	Ratzeburger-Tri.	Ratzeburger SV Chr. Lehmann Zittsschower Weg 4 23909 Ratzeburg
2/81/20 km	Schleswig-Holst.	Glücksburger-Tri.	TriAs Flensburg Aeröallee 20 24960 Glücksburg
2,5/90/20 km	Schweiz	Triathlon-Basel	Tria Basilea Postfach 237 CH - 4021 Basel
2/90/21 km	Schweiz	Locarno-Tri.	Mario Taglio c/o Rist.Lido CH - 6600 Locarno
2,3/80/20 km	Österreich	Sulmsee-Tri.	Andreas Kapeller Geidorfergasse 9 A - 8430 Leibnitz
2,3/96/20 km	Österreich	Sulmtaler-Tri.	Dr. Monika Pyffrader Joanneumring 12 A - 8010 Graz

Veranstaltungen in Deutschland, Schweiz und Österreich über die olympische Distanz (1,5/40/10 km) und andere Kurzdistanzen

Frühjahrsklassiker auf der Kurzdistanz

Triathlonveranstaltungen, die bereits in den ersten Maitagen des Jahres stattfinden und dabei bereits eine zehn- und mehrjährige Tradition haben, gehören zu den Frühjahrsklassikern. Das in unseren Breiten hierzu die Nutzung von Freibädern unumgänglich ist, versteht sich von ganz allein. Zu diesen Frühjahrsklassikern gehören

Triathlon TriSpeed Marienfeld in Harsewinkel

Neben der Kurzdistanz bietet dieser Triathlon im Herzen des Münsterlandes eine Jedermann- und auch eine Mitteldistanz an. Das Schwimmen findet aufgrund der frühen Jahreszeit in einem 50-Meter-Schwimmbad statt. Die Rad- und Laufstrecken sind absolut flach und ermöglichen hier einen ersthaften Wettkampftest, insbesondere für diejenigen, die sich auf die längeren Triathlondistanzen im Laufe der Saison vorbereiten.

Meldeanschrift: TriSpeed Marienfeld, Postfach 2012, 33428 Marienfeld

Siegerland-Triathlon in Buschhütten

Jährlich am 2. Maiwochenende findet ebenfalls seit mehr als einer Dekade im siegerländischen Buschhütten ein Frühjahrsklassiker statt. Geschwommen wird hierbei 1.000 m im beheizten Freibad, bevor es mit dem Rad auf eine vierspurige Stadtautobahn geht, welche während der Wettkampfzeit vollkommen für den Autoverkehr gesperrt wird. Hierbei gilt es, sechs Runden à 6,2 km zurückzulegen. Der abschließende Lauf findet auf einem 2,5 km langen Rundkurs statt, der für Kurztriathleten 4 x zu absolvieren ist.

Dieser Buschhüttener Triathlon wird häufig auch von den ganz Großen der Zunft als Saisonauftakt genutzt. So enthält die Siegerliste klangvolle Namen wie Andreas NIEDRIG, Jürgen ZÄCK und auch Thomas HELLRIEGEL.

Meldeanschrift: Geschäftsstelle Triathlon, Stockbornstr. 21, 57223 Kreuzta

Iserlohner Triathlon

Im sauerländischen Iserlohn erstreckt sich der Saisonauftakt über folgende Distanzen: 500 m Schwimmen im beheizten Heidebad, 20 km Rad fahren auf einem leicht profiliertem Rundkurs und dem abschließenden 5-km-Lauf auf einer profilierten Wendepunktstrecke. Für diejenigen Athleten, die eher die kürzeren Strecken zum Saisonauftakt bevorzugen, ist der Iserlohner Triathlon ein willkommener Saisonauftakt.

Meldeanschrift: Christian Hartmann, Am Spring 20, 58640 Iserlohn

Weitere Veranstaltungen:

Name der Veranstaltung	Bundesland (Land)	Meldeanschrift
Calwer Triathlon	Baden-Württemberg	TSV Calw, Abt. Triathlon Kirchplatz 3 75365 Calw
Waiblinger Triathlon	Baden-Württemberg	VfL Waiblingen Horst Kaiser Raithelhuberstr. 28 71336 Waiblingen
Freiburger Triathlon	Baden-Württemberg	Tri-Team Freiburg Werner Vandeck Breisgauer Str. 40 79110 Freiburg
Horaffen-Triathlon	Baden-Württemberg	TSV Crailsheim Dirk Beyermann Veilchenweg 7 74564 Crailsheim
Schömberg-Triathlon	Baden-Württemberg	TG Schömberg Theo Reiner Sosenstr. 24 72355 Schömberg
Heuchelberg-Triathlon	Baden-Württemberg	Tri Team Heuchelberg Eberhard Saiber Im Eselsberg 57 74193 Schwaigern
Welzheimer Triathlon	Baden-Württemberg	TC Backnang Sulzbacher Str. 10 71522 Backnang

Ladenburger Triathlon	Baden-Württemberg	LSV Ladenburg G. Rombach Feuerleitergasse 18 68526 Ladenburg
Dettinger Triathlon	Baden-Württemberg	Ulrich Veit Hammerschmiede 22 88451 Dettingen/Iller
Plünderhausen-Triathlon	Baden-Württemberg	Skiclub Plünderhausen Dieter Haller Achalmweg 16 73655 Plüderhausen
Ilshofener Triathlon	Baden-Württemberg	TSV Ilshofen Rudi Fischer Scheffelstr. 3 74532 Ilshofen
Ravensburger Triathlon	Baden-Württemberg	TSB Ravensburg, Tri-bike Herrenstr. 21 8214 Ravensburg
Schluchsee-Triathlon	Baden-Württemberg	Jochen Wälde Staigstr. 20 71134 Aidlingen
Heidelberg-Triathlon	Baden-Württemberg	SV Nikar Heidelberg Tiergartenstr. 13/2 69121 Heidelberg
Erbacher Triathlon	Baden-Württemberg	TSV Erbach H. Merkle Jahnstr. 35 89155 Erbach
Schopfheimer Triathlon	Baden-Württemberg	Tri-Team Hochrhein Michael Gamlin Zollweg 3 79540 Lörrach
Süßen-Triathlon	Baden-Württemberg	AST Süßen Fam. Crestani Hohenstaufenstr. 5 73084 Salach

Stockacher Triathlon	Baden-Würtemberg	Ski-Zunft Stockach A. Kaufmann Württemberger Hof 12 78333 Stockach
Drei-Flüsse-Triathlon	Bayern	Herbert Lurz Sandweg 2 97737 Gemünden
Kinder-Triathlon	Bayern	TSV Roth Otto-Schrimpf-Str. 4 91154 Roth
Mönchshof-Cup	Bayern	Wolfgang Pirl Höhlersleite 12 95326 Kulmbach
Garchinger Triathlon	Bayern	Gerhard Dashuber Tassilostr. 4 84518 Garching/Alz
Pfarrkirchen-Triathlon	Bayern	Günther Liedl Paracelsusstr. 7 84347 Pfarrkirchen
Tölzer Triathlon	Bayern	Andreas Wiedemann Klammergasse 6 83646 Bad Tölz
Marktdrewitzer Triathlon	Bayern	Stefan Mai Franz-Josef-Strauß-Str. 4 95679 Waldershof
Rothsee-Triathlon	Bayern	Dietmar Schuster Adlerstr. 16 91154 Roth
Eichstätter Triathlon	Bayern	Wunibald Bittl Schimmelleite 33 85072 Eichstätt
Donau-Kessel-Triathlon	Bayern	Jürgen Schlund Schillerstr. 5 86666 Tapfheim

Erdinger Triathlon	Bayern	Ilka Rathje-Kübler Bergfeld 29 85457 Wörth
Obermain-Triathlon	Bayern	Alfred Thieret Flurstraße 1 96215 Lichtenfels
Königsbrunner Triathlon	Bayern	SC Königsbrunn Keltenstr. 2 86343 Königsbrunn
Pressath-Triathlon	Bayern	Donat Grünberger Gartenstr. 3 92690 Pressath
Kallmünzer Triathlon	Bayern	Stefan Windl J.B.-Mehler- Str. 11 93183 Kallmütz
Bamberger Triathlon	Bayern	Peter Hüttner Zum Weidig 49 96138 Burgebach
Hofer Triathlon	Bayern	Rudolf Dülp H.-Löns-Str. 43 95032 Hof
Hofheimer Triathon	Bayern	Wolfgang Borst Hauptstr. 16 97461 Hofheim
Rhön-Triathlon	Bayern	Stefan Dietzer Schulgasse 15 97654 Ostheim
Pema-Fichtelgebirgs-Tria.	Bayern	Hannes Hübner Bergstr. 23 95163 Weißenstadt
Karlsfelder Triathlon	Bayern	Michael Friedrich Kybergstraße 33 82041 Deisenhofen

Velburger Triathlon	Bayern	Paul Hlawatsch Dr.-Ludwig-Str. 27 92355 Velburg
Hersbrucker-Schweiz-Tria.	Bayern	Fritz Wölfel Lupinenstr. 14 91217 Hersbruck
Maintal-Triathlon	Bayern	Dr. Kurt Vogel Franz-Marc-Str.4 97422 Schweinfurt
Birkensee-Triathlon	Bayern	Finish Line Wilhelm-Spät-Str. 15 90461 Nürnberg
Erlenbach-Triathlon	Bayern	Robert Hanndel Silvanerweg 10 63906 Erlenbach/Main
Oettinger Triathlon	Bayern	TSV Oettingen Triathlon Postfach 1249 86730 Oettingen
Tutzinger Triathlon	Bayern	Claudia Wellinger Seelauerweg 29 83458 Schneizlreuth
Eschenbach-Triathlon	Bayern	Karl Lorenz Vorderes Meierfeld 6 92676 Eschenbach
Altmühlsee-Triathlon	Bayern	Ingrid Gesell Fröschau 9 91572 Bechhofen
Heidecker Triathlon	Bayern	Markus Steib Schloßbergstr. 3 91180 Heideck
Herzogenaurach-Triathlon	Bayern	Helmut Köhler Dr.-Daßler-Str. 38 91074 Herzogenaurach

Landsberg-Triathlon	Bayern	Marco Schmid Pössinger Str. 45 86899 Landsberg
Regensburger Triathlon	Bayern	Gabriele Schels Vilsstr. 9 93059 Regensburg
Wildpoldsrieder Triathlon	Bayern	Walter Eberle Kemptener Str. 25 87499 Wildpoldsried
Neustädter Triathlon	Bayern	Karlheinz Schneider Bottenbacher Str. 8 91448 Emskirchen
Neufahrner Triathlon	Bayern	Bernd Zauner Bergstr. 8 84088 Neufahrn
Team-Triathlon	Berlin	SC Berlin Peter Wuttke Knaackstr. 24 10405 Berlin
Köpenicker Triathlon	Berlin	SSC Grünau Geschäftsstelle Wassersportallee 2 12527 Berlin
Kallinchen-Triathlon	Berlin	BSG Bund Kurt Schäffer Elmshorner Str. 36 14167 Berlin
Lichtenrade-Triathlon	Berlin	SSC Lichtenrade Carsten Rasmus Keithstr. 12 12307 Berlin
Berliner Volkstriathlon	Berlin	Weltraumjogger Oliver Büttel Teltower Damm 12 14169 Berlin

Einsteiger-Family-Triathlon	Berlin	Svg Berlin/BSC Rehberge S. Pede Turmfalkenstr. 40 13505 Berlin
Zschornewitz-Triathlon	Brandenburg	TV Dessau Harry Kühnelt Heinz-Steyer-Ring 30 06849 Dessau
Forster Triathlon	Brandenburg	LTSV Forst Wilfried Wockenfuß Haagstr. 4 03149 Forst
Werbelinsee-Triathlon	Brandenburg	E.L.A.N. 92 Eberswalde Gabi Seifert Wittstocker 12 16227 Eberswalde
Borndorf-Triathlon	Brandenburg	Luckauer Läuferbund Jörg Rackwitz Dorfstr. 22 15926 Bornsdorf
Neuruppiner Triathlon	Brandenburg	Kreissportbd. Neuruppin Karl-Marx-Str. 98 16816 Neuruppin
Cottbuser Triathlon	Brandenburg	TSV Cottbus Eberhard Krengel Finsterwalder Str. 46 03048 Cottbus
Halle-Triathlon	Brandenburg	SV Halle, Triathlon Kreuzvorwerk 22 06120 Halle
Vogtland-Triathlon	Brandenburg	SG Falkenstein Sporthaus Hoffmann Schloßstr. 4 08223 Falkenstein

Teich-Dreier-Triathlon	Brandenburg	SV Neptun Finsterwalde Postfach 1248 03231 Finsterwalde
Rathenower Triathlon	Brandenburg	Tri-Team Rathenow Norbert Henning Semliner Str. 136 14712 Rathenow
Fürstenwalder Triathlon	Brandenburg	TV Fürstenwalde Heidi Thiemann Drosselweg 7 15525 Alt-Golm
Müllroser Triathlon	Brandenburg	Kreissportbd. Neuruppin Karl-Marx-Str. 98 16816 Neuruppin
Senftenberg-Triathlon	Brandenburg	Tri Team Senftenberg Michael Faustmann Dr.-Otto-Rindt-Str. 76 01968 Senftenberg
Frankfurter Helenen Tria.	Brandenburg	MSV Tripoint Frankfurt H.-Hildebrand-Str. 15 15232 Frankfurt/Oder
Teufelsmoor-Triathlon	Bremen	Holger Hartmann Parkallee 155 28209 Bremen
Vierlanden-Triathlon	Hamburg	TSV Bergedorf Klaus-Dieter Stein Bult 8 21029 Hamburg
Moret-Triathlon	Hessen	VfL Münster Gerhard Kenke Robert-Koch-Str. 17 64839 Münster
Viernheimer Triathlon	Hessen	TSV Viernheim Herbert Friedel Franconvillestraße 73 68519 Viernheim

WVC-Triathlon	Hessen	WVC Kassel Marc Buttron Wilhelm-Schmidt-Str. 6a 34131 Kassel
Heinerfest-Triathlon	Hessen	Darmstädter Triathlon Am Trautheim 64367 Mühltal-Trautheim
Twistesee-Triathlon	Hessen	Amt für Touristik Landaustr. 1 34454 Arolsen
Edersee-Triathlon	Hessen	Edersee Touristikinfo. Sachsenhäuser Str. 10 34513 Waldeck
Bartenwetzer Triathlon	Hessen	TG Melsungen Michael Imming Schulstr. 12 34323 Malsfeld
Hinterland-Triathlon	Hessen	Werner Petri Weidenhof 2 35239 Steffenberg
Wehener-Triathlon	Hessen	TV Wehen Christine Fuchsschwanz Breslauer Str. 2 65232 Taunusstein
Frankfurt-Triathlon	Hessen	Tri Con Action Frank Endt Lerchesbergring 77 60598 Frankfurt
Fulda-Triathlon	Hessen	Tri Force Fulda Rainer Franke Meldestr. 5 36137 Großenlüder
Lampertheim-Triathlon	Hessen	TV Lampertheim Erika Cmjak Wachthausstr. 30 68623 Lampertheim

Silbersee-Triathlon	Hessen	Hornberger Turnerschaft Berthold Röse Stellbergsweg 29 34576 Homberg
Gießener Triathlon	Hessen	Triathlon Team Gießen Uwe Steih Am Kahnplätzchen 3 35452 Heuchelheim
Lahn-Dill-Bergland-Tria.	Hessen	Tri Flow Bad Endbach Stefan Egerding Hospitalerstr. 11 1/2 35216 Biedenkopf
Familien-Triathlon	Hessen	SC Oberursel Sandweg 40 61440 Oberursel
Bauteam-Triathlon	Mecklenburg-Vorp.	Trisport Neubrandenburg Goethestr. 1 17033 Neubrandenburg
Rostocker Triathlon	Mecklenburg-Vorp.	SC Rostock, Triathlon Kopernikusstr. 17 18057 Rostock
Müritz-Triathlon	Mecklenburg-Vorp.	MSC Waren, Triathlon Am Mühlenberg 17192 Waren
Güstrow-Triathlon	Mecklenburg-Vorp.	Trifun Güstrow Wolfgang Lierow Heinrich-Borwin-Str. 7 18273 Güstrow
Obernkirchner Triathlon	Niedersachsen	Dirk Schaper, A.-Schweitzer-Weg 5 31683 Obernkirchen
Elm-Lappwald-Triathlon	Niedersachsen	Martin Lehmann Maschweg 2 38350 Helmstedt

Triathlon-Scheeßel	Niedersachsen	TV Scheeßel Torsten Breme Helvesieker Weg 56 27383 Scheeßel
Hildesheimer Triathlon	Niedersachsen	Eintracht Hildesheim Joachim Reichwehr Zum Escherberg 20 31171 Norestemmen
Hannover-Triathlon	Niedersachsen	Hann. 96/Fast Forward Goseriede 3 30159 Hannover
Hameln-Triathlon	Niedersachsen	ESV Eintracht Hameln Peter Neugebauer Blumenweg 25 31787 Hameln
Wendland-Triathlon	Niedersachsen	IGAS Wendland Ulrich Rode Dorfstr. 5 29479 Breselenz
Melle-Triathlon	Niedersachsen	Tura Melle Klaus Scholz Osterkamp 34 49324 Melle
Bad Gandersheim-Tria.	Niedersachsen	GW Bad Gandersheim Uwe Grande Ahornweg 3 37581 Bad Gandersheim
Northeimer Triathlon	Niedersachsen	TST Northeim Volker Oelze Postfach 1644 37146 Northeim
Bad Lauterberg-Triathlon	Niedersachsen	LSKW Bad Lauterberg Thomas Hickmann Kirchberg 6 37431 Bad Lauerberg

Lohner Triathlon	Niedersachsen	Klaus Wolking Clodiusstr. 17 49393 Lohne
Ostfriesland-Triathlon	Niedersachsen	Concordia Ihrhove Loogweg 1 26810 Westoverledigen
Oldenburger Bären Triathl.	Niedersachsen	Walter Koch Am Schloßgarten 15 26122 Oldenburg
Wilhelmshaven-Triathlon	Niedersachsen	TSR Wilhelmshaven Wilfried Weerts Bremer Str. 115 26382 Wilhelmshaven
Uslarer Triathlon	Niedersachsen	OLV Uslar Harald Wokittel Delliehäuser Str. 4 37170 Uslar
Kaliman-Triathlon	Niedersachsen	WV Wunsdorf Bernhard Brause Schlehenstr. 49 31515 Wunsdorf
Telekom-Tria-Bremen	Niedersachsen	DLRG Stuhr Joachim Göcke Visbecker Weg 17 28816 Stuhr
Teutoburger Wald-Triathl.	Niedersachsen	Tri-Team Dissen Friedhelm Konersmann Finkenweg 31 49201 Dissen
Wolfsburger Triathlon	Niedersachsen	VfL Wolfsburg René Schaab Borsigstr. 3a 38446 Wolfsburg

Eichsfeld-Triathlon	Niedersachsen	DLRG Eichsfeld Peter Grüning Teistungenstr. 45 37115 Duderstadt
Thülsfelder Talsperren Tria.	Niedersachsen	SV Friesoythe Michael Bertschik Sperlingstr. 18 49661 Cloppenburg
Celler Triathlon	Niedersachsen	Tri-Point SV Altencelle Karl F. Brüchert Burger Landstr. 15a 29227 Celle
Wolfenbüttel-Triathlon	Niedersachsen	LSV Wolfenbüttel Andreas Klinge Böttcherweg 41 38300 Wolfenbüttel
Iserlohn-Triathlon	Nordrhein-Westfalen	Christian Hartmann Am Spring 20 58640 Iserlohn
Buschhütten-Triathlon	Nordrhein-Westfalen	Germania Buschhütten Stockbornstr. 21 57223 Kreuztal
Rheinbach-Triathlon	Nordrhein-Westfalen	PSV Bonn Windmühlenstr. 9 53111 Bonn
Gladbeck-Triathlon	Nordrhein-Westfalen	Lothar Sikorski Lehmstich 10 45966 Gladbeck
Kamen-Traithlon	Nordrhein-Westfalen	TV Germania Kaiserau Werner Hermann Mozartstr. 9 59174 Kamen
Hückeswagen-Triathlon	Nordrhein-Westfalen	Ulrich Weyer Gerh.-Hauptmann-Str. 56 42499 Hückeswagen

Köln-Triathlon	Nordrhein-Westfalen	BSG Stadt Köln Am Hof 50 50667 Köln
Schieder Triathlon	Nordrhein-Westfalen	Detlef Kuschke Sonnenstr. 5 32816 Schieder
Hückelhoven-Tri.-Euroman	Nordrhein-Westfalen	Sportreisen Duo Löhergraben 29-31 52064 Aachen
Stadtlohn-Triathlon	Nordrhein-Westfalen	SuS Stadtlohn Hans-Jürgen Schley B.-Ellers-Str. 26 48703 Stadtlohn
Witten-Triathlon	Nordrhein-Westfalen	PV Witten Hörderstr. 374 58454 Witten
Menden-Triathlon	Nordrhein-Westfalen	Siegfried Motzki-Biele Bischof-Heninghaus-Str. 5 58708 Menden
Gummersbach-Triathlon	Nordrhein-Westfalen	Martina Scheibler Schneppensiefenstr. 5 51645 Gummersbach
Hagen-Triathlon	Nordrhein-Westfalen	Tri-Team Hagen Hans Peter Kremer Twittingstr. 113 58135 Hagen
Rheda-Wiedenbrück-Tria.	Nordrhein-Westfalen	Alfons Ullmann Varenseller Str. 25c 33378 Rheda-Wiedenbr.
Krefeld-Triathlon	Nordrhein-Westfalen	Bayer Uerd., Triathlon Postfach 110 47812 Krefeld
Menzelen-Triathlon	Nordrhein-Westfalen	Wengeler Lehnkering AG Schifferstr. 26 47059 Duisburg

Kerpen-Triathlon	Nordrhein-Westfalen	SSK Kerpen Dieter Hoffmann Plauenstr. 6 50170 Kerpen
Selmer Triathlon	Nordrhein-Westfalen	Ralf Bruns Hermannstraße 41 59379 Selm
Saerbeck-Triathlon	Nordrhein-Westfalen	Helmut Wilken Am Knapp 2d 48159 Münster
Riesenbeck-Triathlon	Nordrhein-Westfalen	Michael Brinkmann Ahornstraße 11 49477 Ibbenbüren
Sassenberg-Triathlon	Nordrhein-Westfalen	Wilhelm Spieker Zum Holgenbrink 37 48336 Sassenberg
Harsewinkel-Triathlon	Nordrhein-Westfalen	Trispeed Marienfeld Postfach 2212 33428 Marienfeld
Kamen-Triathlon	Nordrhein-Westfalen	Werner Hermann Mozartstr. 9 59174 Kamen
Altena-Triathlon	Nordrhein-Westfalen	Volker Heyn Am Drescheider Berg 4 58762 Altena
Petershagen-Triathlon	Nordrhein-Westfalen	Dirk Meyer Klusberg 25 32469 Petershagen
Bielefeld-Triathlon	Nordrhein-Westfalen	Jörg Westphal Holbeinstr. 1 33615 Bielefeld
Warstein-Triathlon	Nordrhein-Westfalen	Erhard Nölleke Spielplatzstr. 6 59602 Rüthen

Lage-Triathlon	Nordrhein-Westfalen	Bernd Porath Hebelstr. 40 32758 Detmold
Hilchenbach-Triathlon	Nordrhein-Westfalen	Manfred Wunderlich Hauptstraße 118 57271 Hilchenbach
Neubeckum-Triathlon	Nordrhein-Westfalen	Hans-J. Hesse Schillerstr. 26 59264 Beckum
Minden-Triathlon	Nordrhein-Westfalen	Jürgen Panke Weidenkamp 1 31542 Bad Nenndorf
Exter-Triathlon	Nordrhein-Westfalen	Eckhard Steuer Narzissenstr. 28 36602 Vlotho
Bonn-Triathlon	Nordrhein-Westfalen	PSV Bonn, Abt. Triathlon Weinbergstr. 9 53474 Bad Neuenahr
Aasee-Triathlon	Nordrhein-Westfalen	Postfach 1219 46362 Bocholt
Hürth-Triathlon	Nordrhein-Westfalen	Hansjörg Willems Dürener Str. 178 50171 Kerpen
Löhne-Triathlon	Nordrhein-Westfalen	Stefan Langeleh Schwanenburgstr. 12 32584 Löhne
Borken-Triathlon	Nordrhein-Westfalen	Kreissportbund Borken Heidener Str. 98 46325 Borken
Hattingen-Triathlon	Nordrhein-Westfalen	Thomas Wagner Marxstr. 81 45527 Hattingen
Eschweiler-Triathlon	Nordrhein-Westfalen	Thomas Mundt Hellrather Str. 38 a 52249 Eschweiler

Nibelungen-Triathlon	Nordrhein-Westfalen	Nibelungen Triathlon Erprather Weg 2 a 46509 Xanten
Paderborn-Triathlon	Nordrhein-Westfalen	Joachim Magiera von-Dript-Weg 48 33104 Paderborn
Köln-Triathlon	Nordrhein-Westfalen	WTV Geschäftsstelle Postfach 100229 51402 Berg. Gladbach
Lemgo-Triathlon	Nordrhein-Westfalen	Volker Geißler Am Dreistück 10 32657 Lemgo
Rhein-Ahr-Triathlon	Rheinland-Pfalz	Tri-Team Sinzig Ralf Retterath Olsdorf 1 53347 Alfter
Prüm-Triathlon	Rheinland-Pfalz	SG Prüm Rainer Roloff Schloßheckerstr. 12 54595 Watzerath
Mussbacher Triathlon	Rheinland-Pfalz	TV mussbach Postfach 160131 67416 Neustadt
Gelterswoog-Triathlon	Rheinland-Pfalz	1. FC Kaiserslautern Gerhard Bauer Schlesienstr. 3 67685 Wellerbach
Trier-Triathlon	Rheinland-Pfalz	Marco Fusaro St. Anna-Str. 54 54295 Trier
Simmern-Triathlon	Rheinland-Pfalz	VFR Simmern Horst Fendler Michael-Felke-Str. 8 55469 Simmern

Koblenz-Triathlon	Rheinland-Pfalz	SC Poseidon Martin Grabowski Am Mühlbach 2 56072 Koblenz
Gerlosteiner Triathlon	Rheinland-Pfalz	SV Gerolstein Postfach 1262 54568 Gerolstein
Sobernheim-Triathlon	Rheinland-Pfalz	TV Sobernheim Udo Roevenich Gartenstr. 10 55568 Bad Sobernheim
Niederwürzbach-Triathlon	Saarland	DJK-SG Ingbert Frenzel Hartmann Gärtnerstr. 12 66280 Sulzbach
Losheim-Triathlon	Saarland	Tri-Sport Saar Hochwald Bernd Richter Rotensteiner Weg 1 66663 Merzig
Bostalsee-Triathlon	Saarland	Tri Team Köllerbach Udo Mrongovius Auf Großscheid 11 66333 Völklingen
St. Wendel-Triathlon	Saarland	TV St. Wendel Geschäftsstelle Postfach 132 66593 St. Wendel
Sachsenring-Triathlon	Sachsen	Angelika Pöhlmann Chemnitzer Str. 34 08371 Glauchau
Rochlitz-Triathlon	Sachsen	Rainer Speer Hauptstr. 28 09306 Stollsdorf
Leipziger Triathlon	Sachsen	Leipziger Triathlon Friedrich-Ebert-Str. 105 04105 Leipzig

Vogtland-Triathlon	Sachsen	Sporthaus Hopfmann Schloßstr. 4 08223 Falkenstein
Chemnitz-Triathlon	Sachsen	Heiko Schinkitz Otto-Thörmer-Str. 107 09127 Chemnitz
Malter Triathlon	Sachsen	Andreas Burow Fliederweg 5 01809 Meusegast
Niederschl. Triathlon	Sachsen	Frank Starke Str. des Friedens 25 02923 Kodersdorf
Mühlen-Triathlon	Sachsen	Jürgen Großhans Mozartstr. 3 01809 Heidenau
Brettmühlenteich-Triathlon	Sachsen	DLV KV Großenhain Ursula Förster Preuskerstr. 45 01558 Großenhain
Zschornewitzer Triathlon	Sachsen-Anhalt	Harry Kühnelt Heinz-Steyer-Ring 30 06849 Dessau
Uni-Triathlon	Sachsen-Anhalt	Eckhard Specht Thietmarstr. 3 39128 Magdeburg
Roßbach-Triathlon	Sachsen-Anhalt	Jürgen Salffner Bürgergartenstr. 22 06618 Naumburg
Bergwitz-Triathlon	Sachsen-Anhalt	H.-J. Schmidt Krummer Weg 06886 Wittenberg
Halle-Triathlon	Sachsen-Anhalt	Kurt Koßmann Kreuzvorwerk 22 06120 Halle

Dessau-Triathlon	Sachsen-Anhalt	Geschäftsst. TV Dessau Heinz-Steyer-Ring 30 06849 Dessau
Sangerhäuser Triathlon	Sachsen- Anhalt	Thomas Pfeffer K.-Marx-Str. 44 06526 Sangerhausen
Miester-Triathlon	Sachsen-Anhalt	Ralf Ziegler Peckfitzer Str. 12 39649 Miester
Altmark-Triathlon	Sachsen-Anhalt	Monika Stender Breite Str. 82 39576 Stendal 1
Gudow-Triathlon	Schleswig-Holstein	Olaf Elias Gr. Buchenhorst 23879 Mölln
Kanal-Man-Triathlon	Schleswig-Holstein	Tri Sport Lübeck Dan Schleritt Dammtorstr. 30 20354 Hamburg
Ratzeburger Insel-Triathlon	Schleswig-Holstein	Christina Lehmann Zittschower Weg 4 23909 Ratzeburg
Stocksee-Triathlon	Schleswig-Holstein	TSV Stocksee H.J. Meyer Netteldorfkamp 10 24326 Stocksee
Heider Nordsee-Triathlon	Schleswig-Holstein	MTV Heide Hendrik Aurisch Achtern Hof 6 25746 Heide-Süderholm
Glücksburger Triathlon	Schleswig-Holstein	TriAS Flensb. TSV Glücksb. Aeröallee 20 24960 Glücksburg

Förde-Triathlon	Schleswig-Holstein	Arge Fördetriathlon Sportzentrum Uni Kiel Olshausenstr. 74 24098 Kiel
Büchen-Triathlon	Schleswig-Holstein	ESV Büchen Uschi Deppe Freiherr-von-Stein-Str. 11 21514 Büchen
Bornhövel-Triathlon	Schleswig-Holstein	TSV Quelle. Bornhövel Dr. Klaus Müller-Ott Am Markt 9 24619 Bornhövel
Neumünster-Triathlon	Schleswig-Holstein	Tri-Team Neumünster Uwe Blunck Holstenstr. 7 24534 Neumünster
Suhler Triathlon	Thüringen	Gudrun Schmidt Hirtenwiese 2 98553 Hinternah
Werratal-Triathlon	Thüringen	Klaus Rittiger Postfach 1143 36433 Bad Salzungen
Erfurter Triathlon	Thüringen	LTV Erfurt Geschäftsst. Fr.-Ebert-Str. 61 b 99096 Erfurt
Ratscher Triathlon	Thüringen	Holger Maslowski Dörrenbachstr. 26 98528 Suhl
Hirslen-Triathlon	Schweiz	Sportamt Bülach Postfach 113 8180 Bühlach
Stettlen-Triathlon	Schweiz	Max Seifert Im Baumgarten 6 3066 Stettlen

Bündner-Triathlon	Schweiz	Bieler Sport Bonaduz
Ceresio-Triathlon	Schweiz	Ente Turistico del Ceresia 6815 Melide
Frauen-Triathlon Zürich	Schweiz	Postfach 214 8046 Zürich
Sursee-Triathlon	Schweiz	Marcel Schaller Pilatusrain 3 6210 Sursee
Zürich Classics	Schweiz	Wattstrasse 5 8307 Effretikon
Schwarzsee-Triathlon	Schweiz	Verkehrsbüro Schwarzsee 1711 Schwarzsee
Zytturm-Triathlon Zug	Schweiz	Tri Team Zugerland B. Waser Rebmattli 5 a 6340 Baar
Asics-Spiezathlon	Schweiz	TV Spiez Werner Aeschenbacher 3705 Faulensee
Delley-Portalban-Triathlon	Schweiz	Triathlon Club Delley-Portalban/Broye M. Gaille
Solothurner Triathlon	Schweiz	Postfach 417 4503 Solothurn
Zufi-Gedenk-Triathlon	Schweiz	Erich Iten Strandweg 12 6314 Unterägeri
Oberaargauer Triathlon	Schweiz	LV Langenthal Eveline Blum Hofliweg 46 4932 Lotzwil
Effretiker Triathlon	Schweiz	Andre Peter Rebenstrasse 8307 Effretikon

Hausen-Triathlon	Schweiz	Andreas Schmid Hauptstr. 52 5212 Hausen
Henniez de Nyon-Triathlon	Schweiz	Case postale 562 1260 Nyon
Jugend-Triathlon Nidau	Schweiz	Bruno Wüthrich Tschannenmatte 44 2558 Aegerten
Uster-Triathlon	Schweiz	Philippe Walter Wilstr. 77 8600 Dübendorf
di Locarno-Triathlon	Schweiz	Ente Turustico di Locarno e Valli Largo Zorui 6601 Locarno
Berner-Weyerli-Triathlon	Schweiz	Martin Gilomen Neumattweg 25 3038 Kirchlindach
Geneve-Triathlon	Schweiz	36, rue Montchoisy CP 6361 1211 Genf 6
Inferno-Triathlon	Schweiz	c/o Schilthornbahn Höheweg 2 3800 Interlaken
Jugend-Tria.-Saanenland	Schweiz	Organisationskommitee Gstaad-Saanenland 3780 Gstaad
Lausanne-Triathlon	Schweiz	Case postale 2100 1002 Lausanne
Neuchatel-Triathlon	Schweiz	SVP, Lionel Billard CP 2055 2002 Neuchatel
d'Aubonne-Triathlon	Schweiz	M. Aguet Banque Cantonale Vaudoise

Vaduz-Triathlon	Lichtenstein	Triathlon Klub Vaduz Postfach 823 9490 Vaduz
Obergrafendorfer Tria.	Österreich/NÖ.	Helmut Hochauer Fellendorferweg 2/9 3200 Obergrafendorf
Neufeld-Triathlon	Österreich/NÖ.	Robert Scharrer Wormserstr. 3/5 7000 Eisenstadt
Mürzer Triathlon	Österreich/St.	Gernot Greylinger Untere Sackgasse 8 8680 Mürzzugschlag
Fuschlsee-Triathlon	Österreich/S.	Uwe Rosenmayer Bike Store Zipp 5330 Fuschl
Klagenfurt-Triathlon	Österreich/K.	Helge Lorenz Kaufmannsgasse 9 9020 Klagenfurt
Weikertschlag-Triathlon	Österreich/NÖ.	Andreas Auer Oberndorf 26 3823 Weikertschlag
Thiersee-Triathlon	Österreich/T.	Peter Sieberer Schneeberg 46 6335 Thiersee
Kirchbichl-Triathlon	Österreich/T.	Kurt Peer Ort 271 6322 Kirchbichl
Kremser Triathlon	Österreich/NÖ.	Wolfgang Kröll Hafnerplatz 5 3500 Krems
Wels-Gösser-Triathlon	Österreich/OÖ.	Ingo Kagerer Fabrikstr. 4 4600 Wels

Zeller Triathlon	Österreich/S.	Leopold Hahn Tulpengasse 1b 5700 Zell am See
Neulengbach-Triathlon	Österreich/NÖ.	Engelbert Brückler Schubertgasse 352 3040 Neulengbach
Sulmtaler Triathlon	Österreich/Stmk.	Dr. Monika Pyffrader Joanneumring 12 8010 Graz
Piberstein-Triathlon	Österreich/Stmk.	Klaus Weinhandl Merangasse 4 8010 Graz
Braunau-Triathlon	Österreich/OÖ.	Peter Gattringer Hammersteinstr. 5260 Braunau
Feuerwehr-Triathlon Wien	Österreich/W	Herbert Geihofer Bertlgasse 17-19 1210 Wien
Uttendorf-Triathlon	Österreich/S.	Peter Günther Alte Bundesstraße 287 5723 Uttendorf
Greifensteiner Triathlon	Österreich/NÖ.	Carl Gunolt Doppelngasse 6 3400 Klosterneuburg
Weißensee-Triathlon	Österreich/K.	Johann Weichsler Gatschoch 64 9762 Weißensee
Gmundner Triathlon	Österreich/OÖ	Gerhard Reiter Müllerbachstr. 40 4810 Gmunden
Tennengauer Triathlon	Österreich/S.	Edith Bartz 5431 Kuchl Nr. 358
Gösselsdorfer Triathlon	Österreich/K.	Ilse Sdovc Rosenweg 20 9141 Gösselsdorf

Rauschelesee-Triathlon	Österreich/K.	Bertram Adlassnig Priesneggerstr. 4 9020 Klagenfurt
Montafoner Triathlon	Österreich/V	Kurt Stöckl 6794 Partenen Nr. 69
Linz-Triathlon	Österreich/OÖ.	Ewald Tröbinger Postfach 44 4025 Linz
Bürmoos-Triathlon	Österreich/S.	Rainer Wickl Hopfenstr. 4 5111 Bürmoos
Ausee-Triathlon	Österreich/NÖ.	Wolfgang Laaber Hauptstraße 13 3372 Blindenmarkt
Völkermarkt-Triathlon	Österreich/K.	Stadtgem. Völkermarkt Sportamt 9100 Völkermarkt
Innsbrucker Triathlon	Österreich/T.	Reinhard Schuler Postfach 63 6060 Hall in Tirol
Langenlebarn-Triathlon	Österreich/NÖ.	Christian Holzschuh Johann Grellg. 3 3425 Langenlebarn

Ironman® - was nun?

Nachdem der Ansturm auf die Originaldistanz, 3,8 km Schwimmen, 180,2 km Rad fahren und den abschließenden Marathonlauf über 42,195 km, nicht nur anhält, sondern weiterhin zunimmt, taucht nach erfolgreicher Absolvierung dieser großen Herausforderung für alle die berechtigte Frage auf: „Ironman®, was nun?"

Ein Teil dieser erfolgreichen Ausdauerathleten - wohl der größte Teil - ist danach so begeistert, dass die Antwort nur lauten kann: Auf ein Neues!

Beim zweiten, dritten, vierten und x-ten Mal soll die Ironman®-Distanz natürlich in einer kürzeren Zeit gepackt werden. Womöglich die Quali packen, heißt es im Fachjargon. Damit ist eindeutig die Hawaiiqualifikation gemeint, um den großen Traum, den echten Hawaii Ironman®, zu verwirklichen.

Andere genießen den langen, ruhigen 226-km-Wettkampf und sind mit dem Finishen glücklich und zufrieden.

Wenn Hawaii sportlich nicht realisierbar ist, bleibt ja die Möglichkeit, das europäische Hawaii, die Lavafelder von Lanzarote, oder den Ironman® in Klagenfurt zu bestreiten.

Eine weitere Chance sehen immer mehr Athleten darin, noch längere Distanzen im Wettbewerb zu absolvieren. Doppelte, dreifache und noch längere Distanzen locken seit einigen Jahren eine ständig steigende Zahl von Athleten an. „Die" deutsche Vertreterin auf den Mehrfachdistanzen ist Astrid BENÖHR. Sie hält und verbessert ständig die entsprechenden Weltbestzeiten der Frauen.

Im holländischen Lelystad, in der Nähe des Ijsselmeeres, habe ich meine Erfahrungen auf der doppelten Ironman®-Strecke gemacht. Um allen Interessierten einen Einblick in solch ein Unternehmen zu geben, hier mein Abenteuer Double-Ironman®.

Mein Abenteuer Double-Ironman®

18 Monate vor meinem Start beim DD (Double Dutch), zu deutsch doppelter Holländer, las ich erstmals einen Kurzbericht über einen zweifachen Ultratriathlon. Alabama und Lelystad waren im Gespräch. Aus Grenoble hörte man gar von einem dreifachen Triathlon.

Die doppelte Ironman®-Distanz ging mir fortan nicht mehr aus dem Kopf. 7,6 km Schwimmen + 360 km Rad fahren + 84,4 km Laufen. Immer und immer wieder beschäftigte ich mich mit diesen - für jeden Normalbürger sicherlich - absurden Streckenlängen.

Parallelen zu 1984 taten sich bei mir auf. Damals ging es um den einfachen Triathlon, den Hawaii-Ironman®.

Kann auch ich solche Distanzen bewältigen? Einige andere Athleten haben es doch auch schon geschafft. Von möglichen und erforderlichen Trainingsumfängen war bei mir noch nicht die Rede. Wie bei allen anderen Dingen musste ich die Sache erst einmal psychisch verarbeiten. Gemeinsam mit Dr. Ulrich STRUNZ vom TSV Roth schwebte mir dann 1990 bereits ein Start beim Ultraman auf Hawaii vor. Dort geht es ja bekanntlich über 10 km Schwimmen + 170 km Rad am 1. Wettkampftag; 250 km Rad am 2. Wettkampftag und schließlich 84,4 km am 3. Wettkampftag.

Dies traute ich mir bereits 1990 auf Anhieb zu, mit meinem ganz normalen Trainingsumfang. Nur hinderten mich berufliche Gründe im November an der Teilnahme des Ultramans.

Eigenartigerweise konnte ich mir bis dato nie einen Start bei einem reinen 100-km-Lauf vorstellen, aber 84,4 km nach 7,6 km Schwimmen + 360 km Rad fahren schon eher. Ja, genau, 84,4 km im Rahmen einer doppelten Ironman®-Distanz war ein erstrebenswertes Ziel für mich. Heute, nach Absolvierung der insgesamt 452- km-Strecke kann ich mir auch einen Start bei einem 100-km-Lauf vorstellen.

Also, Hawaii und sein Ultraman war für mich nicht realisierbar. Da kamen mir Alabama und Lelystad gerade recht. Da der Alabamatermin ebenfalls außerhalb der Ferienzeit liegt, kommt auch er für mich nicht in Frage.

Bleibt Lelystad vorerst übrig. Im Frühjahr 1990 dann Studium der Ausschreibung. Wettkampftermin kurz vor den Pfingstfeiertagen. Genau der Termin unseres Schützenfestes. Dazu muss man sagen, dass im Münsterland - vor allem in kleinen Ortschaften - ein Schützenfest einen hohen Stellenwert besitzt. Wieder nichts!

Oberste Prämisse bei all meinen Überlegungen zu Wettkämpfen jenseits der Hawaiidistanz war und ist immer noch folgende: Ich wollte diese Distanzen wirklich schwimmend, Rad fahrend und vor allem auch noch laufend zurücklegen. Ja, wirklich laufend. Egal, ob 42,84 km oder noch mehr km im Wettkampf zurückgelegt werden, die selbst gewählte Strecke sollte nach meiner Auffassung in der Regel laufend absolviert werden. Ist das nicht der Fall, so hat man sich entweder nicht richtig auf den Wettkampf vorbereitet, oder ihn sich nicht richtig eingeteilt.

Anfang 1991 ein neuer Anlauf. Der Termin 31.5/1.6. war ideal für mich, da er genau in ein durch Feiertag und beweglicher Ferientag verlängertes Wochenende fiel. Neben dem eigentlichen Training galt es, ein geeignetes Betreuerteam zu finden. Dieses musste bereit sein, mich circa 30 Stunden lang ununterbrochen zu betreuen. Viele Triathleten wollten auch die günstige Feiertagskonstellation zu einem Kurzurlaub nutzen und Familienväter wollte ich auf gar keinen Fall darauf ansprechen. Ein schwieriges Unterfangen. Zeitweise hatte ich meine Teilnahme am so genannten DD, Double Dutch, zu deutsch doppelter Holländer, von Lelystad ad acta gelegt. Dann begleitete ich am 23. März einen jungen Triathleten bei seinem ersten Marathonlauf in Steinfurt. Der 27-jährige Ralf erreichte bei einem wöchentlichen Trainingsaufwand von 40-50 km die erstaunliche Zeit von 3:13 h. Genauso wichtig war allerdings die Tatsache, dass er durch sein sehr gleichmäßiges Tempo auch nie das Gefühl hatte, am Limit zu laufen. Bereits kurz nach dem Lauf freute er sich auf den nächsten Marathonlauf.

Während dieses Laufs begleitete uns ein weiterer junger Triathlet, Bernd, per Rad. Dadurch ergab sich in diesen 3:13 h eine lockere Unterhaltung zwischen uns dreien. Bei einer passenden Gelegenheit erwähnte ich, dass es für mich derzeit sehr reizvoll sei, einen doppelten Ironman®-Wettbewerb zu bestreiten. Das Problem sei derzeit für mich nicht so sehr das erforderliche Training, sondern vielmehr ein zuverlässiges Betreuerteam zu finden.

Unmissverständlich erklärten sich diese beiden Triathleten sofort bereit, meine Betreuung zu übernehmen. Für mich war damit ein gewaltiger Stein auf dem Weg ins 452 km entfernte Ziel von Lelystad aus dem Weg geräumt.

Genau eine Woche vor meinem dreiwöchigen Mallorcaaufenthalt war damit die Entscheidung gefallen, erstmals einen 452 km langen Wettkampf zu bestreiten. Sofort wurden die 200 hfl überwiesen und das Schmieden von geeigneten Trainingsplänen konnte beginnen. Wie immer sollten diese realistisch und Erfolg versprechend sein.

In diesen Tagen wurde mir klar, dass mein Trainingsaufwand in den mir verbleibenden zehn Wochen um einiges erhöht werden musste. Nachdem ich 1989 zum zweiten Mal auf Hawaii in 10:44 h gefinisht hatte, stellte ich an die Saison 1990 keine besonderen Ansprüche. Überrascht war ich dann über meine 10:10 h von Roth, da ich diesen Ironman®-Wettbewerb ohne besondere Ambitionen und nach meinem Urlaub bestritten hatte. Nur fünf Wochen später sollte dann die Zehnstundenmarke in Dresden fallen. Hierbei war der Ehrgeiz wohl zu groß und die weniger guten Straßenverhältnisse entmutigten mich ein wenig, sodass ich nach 10:32 h das Ziel erreichte. Danach folgte in den Monaten September, Oktober, November, Dezember und Januar eine ausführliche Regenerationsphase. Im Februar und März intensivierte ich das Lauftraining auf 70-80 km in der Woche. Daneben 2 x schwimmen. Die ersten Radausfahrten erfolgten im März.

Auf Mallorca hatte ich mir einen Marathonlauf (geplant 2:48 h) und 1.700-1.800 Radkilometer vorgenommen. Dazu jeden zweiten Tag einen lockeren Lauf über eine Stunde. Mit dem Schwimmtraining hapert es bekanntlich auf Mallorca, da das Meer zu dieser Zeit nur 14 -15°C warm ist. Mein Grobraster sah also wie folgt aus:

Februar, März:	**Laufblock**
April:	**Radblock**
Mai:	**Schwimmblock**

Auf Mallorca sollte der Grundstein für die 360 km Radstrecke gelegt werden. Vor diesen 360 km hatte ich gehörigen Respekt, aber keine Angst. Aus diesem Grund plante ich auf Mallorca einen 250 km langen Ausritt. Mit der eigenen und der befreundeten Familie Schumann aus Warstein startete ich also nach Mallorca. Frank SCHUMANN, 30-jähriger Athlet, hatte sich als Saisonziel Roth gesetzt. Unsere Familien sorgten dann auf den Balearen dafür, dass es nicht nur um den Sport ging.

Nach drei Tagen wirklichen Hundewetters auf der Insel mit Sturm und Regen lernten wir die Radfahrinsel Nr. 1 nur noch von der sonnigen Seite kennen. Dass der Marathonlauf genau in diese extrem schlechte Witterungsperiode fiel, störte mich wenig. Mit meinen 2:53 h war ich bei den Bedingungen zufrieden, zumal ich nicht vorhatte, mit letztem Einsatz zu fighten. Das anschließende Radtraining war mir einfach wichtiger. Leid getan hat mir nur Frank, der trotz allem 2:41 h gelaufen ist. Er hatte 2:35 h in den Beinen. Nach einem Ruhetag begann dann eine Radtrainingsphase, wie ich sie harmonischer noch nicht kennen gelernt habe. Beide, Frank und ich, hatten vor Mallorca etwa 500 Radkilometer in den Beinen. Von daher hieß unsere Devise: ruhiges, gleichmäßiges Tempo bei 100 Umdrehungen pro Minute. Nach 22 Tagen Inselaufenthalt hatten wir beide in 18 Trainingseinheiten 1.950 Kilometer abgespult, zudem 150 Laufkilometer und drei Schwimmkilometer absolviert.

Eine Basis, von der wir meinten, unsere Saisonziele verwirklichen zu können. Die geplante 250-km-Tour wurde schließlich 240 km lang und im 27,5er Schnitt zurückgelegt. Der schwierigste Abschnitt dabei war der erste Hunderter, weil wir erst nach knapp vierstündiger Fahrt unseren Rhythmus fanden. Ab 150 km bekam ich Ärger mit meinen durchgetretenen Fußballen. Da muss in den nächsten Wochen aber etwas passieren, wurde mir hierbei klar. So klappt das nicht mit meinen 360 Kilometern! Aber was? Einlagen?

Nach dieser achteinhalbstündigen Trainingsfahrt bin ich mir nun sicher, mit der entsprechenden Wettkampfmotivation auch die 360 km lange Radstrecke von Lelystad zu schaffen. Aber wie sieht es eigentlich mit 7,6 km Schwimmen und dem abschließenden 84,4-km-Lauf aus? Mir ist seit einiger Zeit klar, dass das Laufen nach dem Schwimmen und dem Rad fahren hauptsächlich eine Willenssache ist. Darum mache ich mir in Bezug auf das Lauftraining keinerlei Sorgen. Auch hier gilt meine Devise: Normales Ironman®-Training muss genügen. Das bedeutet für mich 70 Laufkilometer pro Woche.

Beim Schwimmen gab es während der Hauptvorbereitungszeit, April und Mai, für mich die größten Probleme. Regelmäßiges Schwimmen war erst wieder nach Mallorca möglich, also noch genau sechs Wochen bis zum Tage X. Ich bevorzugte das ruhige Ausdauerschwimmen. 7,6 km - ging es mir täglich durch den Kopf, Hermann, da hast du dir etwas eingebrockt. 152 Bahnen in einem 50-m-Becken. Na ja, tröstete ich mich dann selbst, 5 km am Stück hast du ja bereits einmal geschafft, dann wird es auch noch mit den restlichen 2,6 km klappen.

Mein Vorsatz lautete für die nächsten Wochen: mindestens einmal fünf oder sechs Kilometer am Stück zu schwimmen. Leider habe ich dann in den nächsten Wochen mein Schwimmtraining zu 90% allein absolvieren müssen, von daher hat es nur einmal zu 4 km gelangt.

Großen Ärger gab es dabei mit meinen Schwimmbrillen. Meine im Winter getragene klare Brille konnte ich bei Sonneneinwirkung im Freien nicht mehr tragen. Zwei leicht abgetönte Brillen waren nicht dicht oder saßen einfach zu stramm. Nach maximal zehn Minuten musste ich Korrekturen vornehmen, ein unhaltbarer Zustand. Ich verzeifelte mehrfach, da alle auftreibbaren Brillen nicht so waren, wie ich mir das vorstellte. Getönte Gläser, dicht, gut sitzend und nicht beschlagen, das waren meine Vorstellungen. Eine Woche vor meinem ersten geplanten DD hatte ich mir fest vorgenommen, 5.000 m zu schwimmen. Wieder der altbekannte Ärger mit meinen Brillen, dazu 13°C Außentemperatur und kalter Wind. Trotz Neoprenanzug, Neoprenhaube und 22°C Wassertemperatur, gab ich nach unvermindertem Ärger mit den Schwimmbrillen entnervt nach 2.700 m auf.

Ein letzter Versuch; Kauf einer neuen abgetönten Schwimmbrille. Tags darauf ein erneuter Test. Die neue Brille ist dicht und zumindest eine halbe Stunde am Stück tragbar. Mehr als 2.500 m Schwimmtraining kommen trotz allem nicht zusammen. Das schlechte Wetter lässt kein Hochgefühl bei mir aufkommen.

Sonntags vor dem Wettkampf dann der letzte Wasserkontakt. Nach 700 m und einem lockeren 12-km-Lauf bin ich völlig lustlos, habe keinen Mumm mehr und ein verdammt schlechtes Gewissen. Aber genau dieses extrem schlechte Gewissen lässt mich hoffen, dass es trotzdem - oder gerade deshalb - gut klappen kann.

Dienstags dann das letzte Lockerungstraining, Radfahrt zur Schule und ein gemütlicher 10-km-Lauf mit meiner Frau. Ich freute mich echt auf einige Tage faulenzen. Mein Plan für die nächsten Tage war wie folgt: Mittwoch: Herbeischaffen und Packen des Betreuerfahrzeugs, kein Training; Donnerstag: Fahrt nach Lelystad, kein Training; Freitag: 14:00 Uhr: START; Samstag: circa 18:00 Uhr: Zieleinlauf; Sonntag und die darauf folgende Woche: jeden zweiten Tag lockeres Training.

Mein Zieleinlauf, so war es mit meiner Schwester aus Freudenstadt abgesprochen, sollte gegen 18 Uhr sein. Und zwar deshalb, weil wir dann beide einen Grund zum Feiern hatten. Sie wurde 50 Jahre und ich ein Double-Ironman®.

Aufbruch zum Wettkampf

Die heiße Wettkampfphase beginnt mit dem Herbeischaffen eines Lieferwagens. Dieses Betreuerfahrzeug hat in den nächsten Tagen eine gewichtige Rolle zu übernehmen. Es muss absolut zuverlässig sein, Platz für meine Räder, Betreuer, Rad-, Lauf- und Schwimmbekleidung sowie Verpflegung für die ganze Crew aufnehmen können. Für mich ganz klar, diese vielfältigen Aufgaben kann nur ein kleiner Transporter erfüllen.

Versorgungs- und Betreuerfahrzeug für eine doppelte Ironman®-Distanz (Foto: B. Gorschlüter)

Für alle möglichen Unwägbarkeiten und witterungsmäßigen Konstellationen muss ich vorsorgen. Halt ein Unterfangen, dass generalstabsmäßig geplant werden muss, wenn man nicht später aufgrund eigener Planungsfehler scheitern will. Ein Scheitern meines ersten Double-Ironman®-Wettkampfs will ich auf jeden Fall vermeiden. Nach nunmehr genau 100 Triathlonwettkämpfen, darunter acht Ironman®-Distanzen - die ich alle durchgestanden habe, wollte ich mein erstes „Double Dutch (DD)-Abenteuer" bestehen. Aufgeben bedeutet für mich Misserfolg, alles andere ist Erfolg. Überhaupt ist es mir in meinen bisherigen elf Wettkampfjahren immer und überall gelungen, einen begonnenen Wettkampf auch zu Ende zu bringen. Darunter mehr als 100 Laufwettbewerbe und 37 Marathonläufe, neben den o.g. Triathlonwettkämpfen.

Ohne überheblich zu sein, es gab bislang überhaupt nur einige wenige Wettbewerbe, - diese kann ich an einer Hand abzählen - die ich nicht in meiner selbst gesteckten Zeit beendet habe. Ganz offensichtlich ein Erfolg meiner mentalen Vorbereitung und der richtigen Selbsteinschätzung. Dazu später mehr.

Also, weiter bei den unmittelbaren Wettkampfvorbereitungen. Mein aufgetriebener Kleintransporter zeigt 153.000 km auf seinem Tachometer an. Hoffentlich macht der auf den nächsten 1.000 km keinen Ärger. Beruhigend für mich jedoch die gerade vollzogene Inspektion des Fahrzeugs.

Mittwoch abend dann das große Einräumen. „Hermann, ziehst du aus oder um?", bekomme ich mitleidig von meinem Nachbarn zu hören, nachdem ich meine vielen Utensilien draußen auf dem Rasen noch einmal kontrolliere. Durch Mitnahme einer 2 m breiten Sitzbank gibt es reichlich Sitzgelegenheit für meine Betreuer.

Ebenso die Möglichkeit für einen von ihnen, sich während der vielen Tag- und Nachtstunden auch mal schlafen legen zu können. Ich bedaure bereits zu diesem Zeitpunkt meine Jungs. 26-30 Stunden ununterbrochene Betreuung. Im Moment erscheint mir ihre Rolle schwieriger zu sein als meine. Mir wird gerade jetzt, beim Einpacken, Folgendes klar: Sollte dieser Wettkampf zu einem Erfolg werden, so wird dieser Erfolg für jeden Außenstehenden ein Erfolg des Athleten sein. Die meisten vergessen, dass ohne Betreuer dieser Wettkampf in der Form gar nicht zu packen ist. Demzufolge stellen sie doch die entscheidende Voraussetzung zum angestrebten Erfolg dar. Selbstverständlich sind weitere Faktoren von entscheidender Wichtigkeit:

- Trainingsvorbereitung
- Mentale Einstellung
- Ernährung und Verpflegung sowie
- die Witterung.

Da für mich die Betreuer so wichtig sind, ist es selbstverständlich, dass ich fortwährend von „unserer Platzierung, unserem Erfolg", also stets im Plural spreche. Viele, viele Kisten, Tüten und Pappkartons, gefüllt mit Verpflegungs- und Ausrüstungsgegenständen, packe ich wohlsortiert in unseren Kleintransporter ein U.a. zwei komplette Rennräder, zwei Ersatzlaufräder, ein Hollandrad mit Korb für meine Laufbegleiter, mehrfache Rad- und Laufbekleidung, da in den Niederlanden mit allen Witterungswidrigkeiten gerechnet werden muss. Obwohl das Wetter seit zwei Tagen sehr verheißungsvoll warm ist, bin ich in Bezug auf das Klima skeptisch, zudem soll das Freibad nur über Solarzellen beheizt werden und das Wasser gerade 18°C warm sein, erfuhr ich telefonisch vom Veranstalter.

Das Wetter und meine Schwimmbrille machen mir derzeit am meisten Sorgen. Wenn ich erst einmal das Schwimmen hinter mir habe und das Wetter auf der 360-km-Radstrecke trocken bleibt, so meine ständigen Gedanken. Oder waren es gar Ängste? Ängste vor dem möglichen Scheitern? Ach, Quatsch, beruhige ich mich immer wieder. Ich lasse mich von niemanden unter Druck setzen, ich will einfach finishen.

Nachdem ich die Verpflegungskisten für meine dreiköpfige Crew und mich eingepackt habe, fragt mich meine Frau ganz cool: „Wo sollen denn deine drei Jungs sitzen?" Ach, irgendwo, entgegne ich. Die Verpflegung reicht für eine ganze Woche, bekomme ich zu hören. Triathleten haben ständig Hunger, tröste ich mich.

Genau 24 Stunden vor dem großen Start beginnt unsere Reise. Wenn ich zurückkomme, weiß ich sehr, sehr viel mehr. Erstmalig fährt meine Frau nicht mit. Macht ihr das mal allein, mir ist der ganze Trubel ein bisschen zu viel, bekomme ich von ihr zu hören. Der Wohnwagen, der uns für die nächsten Nächte als Quartier zur Verfügung steht, wird angehängt, kurze Verabschiedung und ab geht's.

Die 300 km bis Lelystad wollen wir an diesem Feiertag in vier Stunden hinter uns bringen. Lelystad, eine kleine Mittelstadt, liegt etwa 30 km nördlich von Almere. Oder, anders ausgedrückt, 60 km nordöstlich von Amsterdam. Wetter, wie es besser nicht sein kann, strahlend blauer Himmel, 25°C und Windstille begleitet uns auf unserer Fahrt gen Norden. Es gibt viel Lustiges zu erzählen.

Die neuesten Witze werden ausgetauscht und ehe wir uns versehen, ist die Grenze erreicht. Die Hinweistafel Almere sorgt für weiteren Gesprächsstoff. Ronald und ich haben hier jeweils unseren ersten Ultrawettkampf bestritten. Die Erfahrungen mit dem Wetter waren stets mehr als mies. Zudem hatte ich mir 1985 beim Schwimmen noch zwei Zehen gebrochen und trotzdem nach 10:55 h das Ziel inmitten einer begeisterungsfähigen Zuschauermenge erreicht.

Wieder tauchen bei mir Befürchtungen im Zusammenhang mit dem kalten Wetter auf. Die außerordentlich hohen Temperaturen lassen jedoch auf ein Hitzerennen hoffen. Genau das wünsche ich mir persönlich. Mit niedrigen Temperaturen habe ich in der Vergangenheit immer Probleme gehabt, erkläre ich meinen erstaunten Jungs.

Bei mir setzt wieder das Altbekannte: „Morgen um diese Zeit, dann ..., in 24 h dann ..." ein. Es gehört offensichtlich bereits zu meiner mentalen Wettkampfvorbereitung. Auf einem Campingplatz in Lelystad, nur 500 m vom Schwimmstart entfernt, bocken wir unseren Wohnwagen auf.

17:00 Uhr Wettkampfbesprechung. Hier treffen wir Astrid BENÖHR aus Köln. Sie, die erfahrene Langstreckenspezialistin hat sich vorgenommen den Weltrekord der Frauen auf dieser Disziplin zu unterbieten. 25:55 h, sagt sie mir kurz vor der Besprechung, möchte sie auf jeden Fall unterbieten. Ich schüttle ungläubig meinen Kopf. „Eine 25-iger Zeit schaffst du doch auch", sagt sie mir ganz nüchtern. „Ich, ich", kommt es zögernd, „ich rechne mit 26-28 Stunden, ja sogar 30 h bei entsprechend kalter Witterung."

„Die Astrid ist verdammt mutig", höre ich aus meiner Umgebung. „25 Stunden, 25 Stunden", stammle ich einige Male. „Astrid will 25 Stunden machen. Nein, nein, ich setze mich auf einer 452 km langen Strecke nicht unter Erfolgsdruck", hören meine Jungs von mir und stimmen mir eindeutig zu. Bei guten Bedingungen und ohne größere Einbrüche sind bei mir doch auch 3 h + 13 h + 9 h = 25 h möglich, geht es mir durch den Kopf. Ich spreche diese Überlegung bewusst nicht laut aus. Ach, Quatsch, finishen möchte ich, wenn möglich unter 30 h, alles andere ergibt sich auf Platzierungen und Mitstreiter verschwende ich keine Gedanken. Ich weiß doch zu gut, was alles auf 226 km passieren kann - und dann erst auf 452 km.

Bei der Übertragung dieser 452 km langen Wettkampfstrecke in die Realität komme ich zu den Strecken Drensteinfurt - Freudenstadt, oder Kiel - Dortmund, oder München - Gießen, unglaublich! Andererseits entnehme ich aus dem Wettkampfstreckenplan: 7,6 km = 152 Bahnen im 50-m-Becken, 17 Radrunden à 21 km, 12 Laufrunden à 7 km. Nur die Ruhe bewahren, du wirst es schon packen, beschwichtige ich mich selbst.

In Lelystad treffe ich einige alte Bekannte wieder, u.a. Fritz BRAUN aus Dresden. Betreuer Ronald macht den damaligen deutschen Rekordhalter Erwin KORN aus Bayern ausfindig. Für mich alles Nebensache. Ich erhalte die Startnummer 2, Astrid die Nr. 4. Die Startbahn für das Schwimmen wird ausgelost. Die Wettkampfbesprechung erbringt gegenüber den üblichen einfachen Ironman®-Distanzen einige Neuerungen. So ist eine individuelle Betreuung beim Double Dutch erlaubt.

Auf der Radstrecke allerdings im Abstand von 25 Metern. Beim Laufen ist Radbetreuung sogar Pflicht. Ebenso Pflicht ist die eigene Radbeleuchtung bei Nacht. Ansonsten hat jeder der 23 Athleten und eine Athletin irgendwelche Vorkehrungen für den morgigen Wettkampftag zu erledigen. Festgelegte Startzeit: 14:00 Uhr.

Meine Crew und ich fahren noch mit unserem Begleitfahrzeug hinaus auf die Radstrecke. Die 15 km bis zum Erreichen des Rechteckkurses präge ich mir genauestens ein. Der Rechteckkurs selbst dürfte keine Probleme bereiten. Ronald und Bernd nutzen den kaum von einem PKW befahrenen Kurs zum Lauftraining. Ralf und ich begnügen uns an diesem einmalig warmen und windstillen Sommerabend mit einem ausgiebigen Spaziergang. So müsste es morgen Abend sein, geht uns dabei mehrfach über die Lippen. Bei diesen Witterungsbedingungen müsste ich die mir von Astrid prognostizierten 25 Stunden normalerweise schaffen, aber was ist auf solch einer Strecke schon normal, geht es mir durch den Kopf.

Am Morgen des Wettkampftags ist dann die Zeit des letzten Kontrollgangs gekommen. Kleinliche Überprüfung der gesamten Bekleidung und Verpflegung. Meine Betreuer Ralf, Ronald und Bernd weise ich noch einmal auf die Inhalte der einzelnen Kisten, Kartons und Taschen hin. Geplant ist, dass Ralf und Ronald sich auf der 360 km lange Fahrt beim Fahren abwechseln, Bernd sorgt für Verpflegung und Getränke.

Um 11:00 Uhr ist dann alles so weit für den Start über die 452 km lange Distanz bereit. Das Wetter ist leider nicht mehr so warm wie am Vortag. Der Morgennebel hält sich sehr lange. Wir werden überrascht von Reinhold KRINGEL und Mitarbeiterin, die einen Film über uns drehen wollen.

Sofort steht er mit laufender Kamera vor mir und fragt mich: „Hermann, wie hast du dich auf diesen – für mich fast unvorstellbaren Wettkampf – vorbereitet?"

„Nach einer ausführlichen Regenerationsphase im Winter habe ich im Februar langsam wieder meinen Trainingsumfang gesteigert. Besonders intensiv habe ich in den letzten zwei Monaten trainiert. Während dieser Hauptvorbereitung bin ich im Schnitt wöchentlich 6 km geschwommen, 380 km Rad gefahren und 68 km gelaufen. Der relativ hohe Radanteil resultiert aus dem dreiwöchigen Mallorcatrainingslager über Ostern. Beim Schwimmen gelang es mir zweimal, 4 km am Stück zu trainieren. Meine längsten Laufeinheiten betrugen in der Vorbereitungszeit 24 km, mit Ausnahme des Marathonlaufs Ende März in El Arenal. Also, insgesamt Trainingsdistanzen, wie man sie auch als Vorbereitung für eine einfache Ironman®-Distanz durchführt. Trotz allem bin ich davon überzeugt, dass ich die anstehenden Streckenlängen bewältigen kann."

Die Frage nach dem Sinn und Zweck eines solchen Wettkampfs durfte natürlich nicht fehlen. „Der Reiz einer solch extremen Ausdauerprüfung liegt für mich in erster Linie im physischen, im mentalen Bereich begründet. Nicht das reine Abspulen dieser vielen Kilometer interessiert mich so sehr, sondern einfach die Frage: Reicht meine mentale Einstellung und Stärke aus, um Distanzen im Wettkampf zurückzulegen, die ich selbst im Training nicht annähernd absolviert habe. Weder einzeln noch viel weniger in der Gesamtheit. Da ich körperlich nach zehn Jahren ruhigem Ausdauertraining sehr gut trainiert bin und ich um meine physische Stärke weiß, möchte ich heute und morgen mehr die psychische als die physische Seite ausloten. Vielleicht lerne ich auch auf diesem Gebiet meine Grenzen kennen", so meine Einstellung eine Stunde vor dem Start zum 452-km-Abenteuer.

„Auf geht's zum Start, Jungs", ermuntere ich uns alle. Direkt vor dem Freibad, das an diesem nicht sehr freundlichen Tag von kaum einem Bürger Lelystads besucht wird, richte ich mir meinen ersten Wechselplatz ein. Bei jedem normalen Triathlon gibt es dabei das bekannte Gedränge. Hier, vor dem Freibad, hat jeder der 24 Starter ausreichend Platz, um sein Fahrzeug abzustellen und alles Nötige vorzubereiten. Eine halbe Stunde vor dem Start erfolgt die Einschreibung und die Feststellung des Körpergewichts vor dem Wettkampf. Mit der recht einfachen Personenwaage sollte ich noch mehrfach Kontakt bekommen. Mein Gewicht von 79 kg wird schriftlich festgehalten. Nach meinen Vorstellungen zwar etwas hoch, aber die vorhandene Waage zeigt unmissverständlich 79 kg an. Zu Hause waren es in den letzten Wochen circa 2 kg weniger.

Der erste Wasserkontakt mit der Hand deutet auf nicht sehr angenehm warmes Wasser hin. 20-21°C schätzen meine Betreuer und ich. Zum Glück habe ich einen Tag vor der Abreise noch meinen neuen Neoprenanzug erhalten. Hoffe, dass er das hält, was ich mir von ihm verspreche, nämlich einen guten Kälteschutz und eine gute Wasserlage. Durch das nur 2 mm starke Langarmteil erwarte ich eine nahezu ungehinderte Beweglichkeit. Meine Neoprenhaube gehört bei der Wassertemperatur und der Streckenlänge für mich zur notwendigen Wettkampfbekleidung. Ich komme mir zwar wie ein Bankräuber vor, aber was soll's. Ich muss die 152 Bahnen schwimmen und nicht die Zuschauer.

Ronald erhält meine Getränke, die ich während des Schwimmens zu mir nehmen möchte und zwei Ersatzschwimmbrillen. Nach und nach erscheinen alle Triathleten, um sich ein paar Bahnen einzuschwimmen. Da der Himmel bewölkt ist, entscheide ich mich für meine Klarsichtbrille. Mit langen, ruhigen Kraulzügen schwimme ich mich ein und teste gleichzeitig meine Schwimmbrille. Dann taucht hin und wieder mal die Sonne zwischen den Wolken hervor. Sofort werde ich geblendet.

Raus aus dem Wasser und die abgetönte Brille auf. Noch fünf Minuten bis zum Start, vernehme ich über den Platzlautsprecher. Ein kurzer Kontakt mit meinem Bahnzähler erscheint mir wichtig. Vor den letzten 100 Metern erhalte ich ein Zeichen von ihm. Ach, wenn es doch schon so weit wäre. Nur noch 100 m, fange ich an zu schwärmen, wäre das schöööön!

Mit meinen beiden Mitstreitern auf Bahn 6 unterhalte ich mich kurz. Viel Glück wünschen wir uns gegenseitig. Einer von den beiden Mitstreitern steigt plötzlich aus dem Wasser und erklärt offensichtlich seinem Bahnzähler auf Holländisch: Ich starte nicht! Wirklich gelassen überstehe ich die Sekunden bis zum Start. Von Nervosität nichts zu spüren, wohl die bekannte Anspannung. Und die muss selbstverständlich sein. 20, ... 15, ...10, 9, 8, 7, 6, 5, 4, 3, 2, 1, Schuss!

Unter dem Beifall der Betreuer geht's los. Wie gewohnt lang, und ruhig. Meinen Vorsatz wiederhole ich in diesem Moment für mich: Lass alle anderen machen, was sie wollen, Hermann, du schwimmst deinen Rhythmus.

Die ersten Bahnen schwimme ich stets neben meinem holländischen Mitstreiter. An die häufigen Wendungen gewöhne ich mich schnell. Da die Beckenstirnseiten keinerlei Abtreppungen aufweisen, kann ich mich nicht wie gewohnt vom Beckenrand abstoßen. Ich rutsche häufig seitlich ab, dadurch wird meine Abstoßbewegung nicht so kraftvoll wie gewohnt. Bereits nach wenigen Bahnen hat sich das Feld der nur noch 23 Starter weit auseinander gezogen. Von mir aus ist keine Reihenfolge mehr auszumachen; ist mir auch völlig egal.

Während des Schwimmens beschäftige ich mich nochmals mit meiner eigens für mich zurechtgelegten Renntaktik. Diese sieht wie folgt aus: a) Schwimmen: nach 4 km erster kurzer Verpflegungsstopp, alle weiteren 1.000 m ebenso. b) Rad fahren: erster Zwischenstopp mit Kurzmassage bei km 200. Zweiter Zwischenstopp bei km 300. c) Laufen: Nach einer ruhigen Wechselphase (ca. 10 min) erster Marathonlauf; 10 min Kurzmassage, dann zweiter Marathonlauf.

Warum ich gerade diesen Rennverlauf geplant habe, hat vornehmlich mentale Gründe. Dazu an anderer Stelle Genaueres.

Den ersten Kilometer erreiche ich nach 19:12 min Von meinem Betreuer Ronald höre ich: Hermann, versuche mal, nicht unter 20 min zu schwimmen. Ich fühle mich bärenstark und schwimme meinen eingeschlagenen Rhythmus weiter. 2.000 m bei 38:24 Min., Maßarbeit, geht es mir durch den Kopf. Durch den mittlerweile wolkenverhangenen Himmel taucht nur noch ganz selten die Sonne hervor. Pudelwohl fühle ich mich im Wasser. Meine Kapuze und Brille sitzen gut. Bei etwa 2,5 km merke ich die ersten Wassertropfen in meiner Schwimmbrille. Nach weiteren 200 m stört mich dieses ungemein. Kurzer Zwischenstopp, Wasser raus und weiter. Nach wenigen Metern wieder dieses Theater. Erneuter Zwangsstopp. 50 m weiter werde ich langsam wütend, verdammte Brille, reiße mir dieses Ding vom Kopf, ebenso die Neoprenhaube und lasse mir von Ronald meine Ersatzbrille geben. Mit klarem und ungetöntem Blick geht's weiter. Huii, recht kalt wird es mir auf meinem Rücken. Macht die Haube etwa so viel aus?

„Ronald, ist mein Neoprenanzug richtig geschlossen?" „Ja, ja", höre ich.

Mir wird nun deutlich, warum es heißt: Schwimmer geben bis zu 70% ihrer Wärme über den Kopf ab. Was tun? Wieder die Haube aufsetzen? Ich versuche es mal ohne. Werde mich schon dran gewöhnen, viele andere Athleten schwimmen auch ‚oben ohne'. Diese blöde Geschichte hat mich mehr als drei Minuten Zeit gekostet. War sie vermeidbar? Ach, was soll's. Ich fühle mich nicht mehr ganz so wohl im Wasser. Der schöne, gleichmäßige Takt ist dahin. Trotz allem gelingt es mir, erstmals im Wettkampf meinen Dreierzug beizubehalten. Durch weitere Probleme mit meiner Ersatzbrille wird mir das Schwimmen gar nicht langweilig.

„Ronald, meine alte Brille muss wieder her", heißt es bei km 3,5. Beim ersten geplanten Zwischen- und Verpflegungsstopp zeigt die Uhr 1:20 h. Von meinem selbst zusammengestellten Krafttrunk nehme ich einige Schlucke, eine halbe Banane dazu und weiter geht's. Mit vollem Mund kraulen, ist verdammt schlecht, also schwimme ich 20 Meter im Bruststil.

Mit der normalen Ironman®-Distanz im Rücken geht es auf die 5.000-m-Marke zu. Meine Kilometerzeit beträgt 20 Minuten. Noch immer ist es mir vor allem auf dem Rücken unangenehm kühl. Mir wird klar, dass ich jetzt in eine ungewohnte Streckenlänge vorstoße. Zwar bin ich nicht mehr ganz so frisch wie zu Beginn, aber von Ermüdung noch keine Spur. Bei dem 5.000-m-Zwischenstopp motiviere ich mich selbst mit der Feststellung: Bereits zwei Drittel der Strecke sind geschafft, jetzt nur noch 2.600 m bis zum ersten Ziel. Die 1.000-m-Abschnitte sind für mich jeweils erreichte Teilziele.

Meine Brille hält weiterhin dicht, nur vermisse ich meine Neohaube. Soll ich sie doch noch einmal aufsetzen? Nein, möglicherweise macht dann die Brille wieder Ärger oder ich verliere meinen Schwimmrhythmus. Der kalte Rücken erscheint mir das geringere Risiko zu sein. Darum heißt es, weiterschwimmen, es sind ja nur noch ... Meter.

An der 6-Kilometer-Marke sehne ich doch langsam das Schwimmziel herbei. Meine Blicke auf die große Uhr im Stadion bedeuten keine Zeitkontrolle, sondern ein wenig Abwechslung bei der langsam einsetzenden Monotonie der Schwimmbewegungen und des steril wirkenden Freibades. Ermutigend jedoch immer das Erreichen der Betreuerseite. Zeit für kurze Späße nehme ich mir. Sport soll doch

Spaß machen, selbst auf dieser in Angriff genommenen 452-km-Strecke. Mein Mitstreiter auf Bahn 6 schwimmt nach meiner Meinung sehr ungleichmäßig. Mal ist er vor mir, mal hinter mir. Da wir ja eh nebeneinander herschwimmen, stört mich das nicht weiter.

Nach 21 Minuten erreiche ich den letzten vollen Tausender. Wieder eine kurze Stärkung, ein paar lustige Bemerkungen, damit das Zwerchfell etwas zu tun bekommt und weiter. Nur noch 600 m. Das Ziel naht. Erleichterung tritt auf. Einige Athleten haben das Wasser bereits verlassen, stört mich aber nicht. Ich lasse mich durch Nichts und Niemanden aus meinem Rhythmus bringen. Solange war ich noch nie im Wasser, solange bin ich noch nie an einem Stück geschwommen. Alles Erfolgserlebnisse, die mich eindeutig für die noch kommmenden vielen, vielen Stunden motivieren. Das erste Ziel naht, alles andere lasse ich auf mich zukommen.

Mein Bahnzähler signalisiert mir: 100 m noch; ach, ist das herrlich. Nach 2:40 Stunden, oder 160 Minuten stemme ich mich am Beckenrand hoch. „Prima Hermann, Klasse", höre ich von meinen drei Jungs. „Das Schlimmste ist geschafft", hören sie von mir. Fast gleichzeitig hat es Astrid BENÖHR geschafft.

Das Wetter ist mittlerweile recht kühl geworden. Na ja, strampele ich mich halt warm, so meine Gedankengänge. Ohne große Hektik trabe ich zum Betreuerfahrzeug, tockne mich gründlich ab und kleide mich warm an. Es ist 16:45 Uhr, Lufttemperatur 15°C, unangenehm kalter Wind und eine - meine längste - Nacht steht mir bevor.

Mit langer Radbekleidung, Stirnband über den Ohren als Kälteschutz und allen sonst üblichen Radbekleidungsstücken schwinge ich mich voller Tatendrang auf meine bereitgestellte Rennmaschine. Gut acht Minuten habe ich mir hierfür Zeit gelassen. Bin ja nicht beim Kurztriathlon, bekommen meine Betreuer und das uns begleitende Filmteam von mir zu hören, als Bernd nach nur 2-3 Minuten ausruft: „Die Astrid fährt schon ab!" „Eine schnelle Frau", vermerkt Ralf.

Mit kräftiger Windunterstützung geht es die ersten 15 km in Richtung des 17 Mal zu durchfahrenden Rundkurses. Da ich richtig durchgefroren bin, trete ich heftiger als geplant in die Pedale. Hinzu kommt, dass ich mich echt freue, wieder festen Boden unter den Füßen zu haben. Bei mehr als 40 km/h signalisieren mir meine Boys, ruhiger zu fahren. Der Rechteckkurs ist eine absolut flache, dafür aber höchst windanfällige Radstrecke. Hinzu kommt ein äußerst rauher Asphaltbelag.

Mit großem Selbstvertrauen kurble ich die ersten Kilometer herunter. Bei der 35-Kilometer-Marke erkenne ich in einiger Entfernung vor mir Astrids Betreuerfahrzeug. Kontinuierlich fahre ich hierauf zu. Ich freue mich sogleich auf einen kurzen Erfahrungsaustausch. Der unangenehme Gegenwind macht mir zu schaffen. Astrid liegt mit dicken Handschuhen versehen vorn auf ihrem Scottlenker, ihre Haltung auf dem Rad erscheint mir optimal zu sein. „Astrid, das Schwierigste haben wir doch hinter uns." „Wie läuft's?" „Gut, wenn nur der Wind nicht so stark wäre." „Bist du mit deiner Schwimmzeit zufrieden?" „Natürlich." „Astrid, wir packen es!"

Nach diesem kurzen Wortwechsel fahre ich etwas schneller, um den Organisatoren keinen Grund für eine mögliche Disqualifikation zu liefern. Nach gut einer Stunde auf dem Rad bin ich wieder warm geworden und kenne nun den Rundkurs. Der ist von mir 16- oder 17-mal zu durchfahren, frage ich mich selbst etwas unsicher. Nicht daran denken.

In Abständen von circa zehn Minuten nehme ich jeweils Flüssigkeit zu mir, obwohl ich nicht unbedingt immer Durst verspüre. Etwa jede halbe Stunde winke ich kurz meine Crew herbei, die mich dann mit fester Nahrung versorgt. Alles läuft bislang nach Wunsch. Mir ist klar, dass man solch einen Wettbewerb nur dann schadlos übersteht, wenn man in kurzen, regelmäßigen Abständen flüssige und feste Nahrung zu sich nimmt.

Ich will ja hier kein Gewicht machen, sondern möglichst ohne größere Schwierigkeiten diese 452 km aus eigener Kraft zurücklegen. Um dieses Ziel zu erreichen, habe ich mir Wochen im Voraus intensiv Gedanken über eine richtige und sinnvolle Ernährung während dieser geplanten 28 Stunden gemacht. Solche Wettkämpfe kann man nur dann erfolgreich absolvieren, wenn die, während des Wettbewerbs verbrauchten Energiereserven, dem Körper möglichst schnell wieder zugeführt werden. Ich hatte mir vor dem Wettkampf folgenden Verpflegungs- und Ernährungsplan zurechtgelegt: insgesamt 30 l Flüssigkeit, davon 12 l Kanne Brottrunk, 10 l Apfelsaft und 8 l Cola; 3 Dosen Fermentpulver, 1 Dose Eiweißpulver, 6 Kanne-Sport Kraftriegel, 20 Bananen, 1 Tablett Kuchen, 3 Pfund Brot mit Zuckerrübensirup und 10 Hähnchenfilets.

Während des Schwimmens und Rad fahrens: Energietrunk, bestehend aus Brottrunk + Apfelsaft + Fermentpulver. Ab und an auch ein Teelöffel Eiweißpulver dazu. Zum Abreiben der Muskulatur und jeweils nach fester Nahrungsaufnahme Brot-trunk pur. Hierdurch ist für Nachschub der verloren gehenden Mineralien und Spurenelemente gesorgt. Flüssigkeitsaufnahme in circa 10-Minuten-Abständen. Feste Verpflegung circa alle 30 Minuten in kleinen Portionen.

Während des Laufens: Brottrunk + Cola. Feste Nahrungsaufnahme nur nach Bedarf. Cola soll den – nach vielen Wettkampfstunden stark sinkenden – Blutzuckerspiegel wieder in Ordnung bringen.

Auf der 360-km-Radstrecke in Lelystad (Foto: B. Gorschlüter)

Zu welch erstaunlichen Ergebnissen diese offensichtlich richtige Verpflegungsaufnahme geführt hat, dazu später mehr.

Das Rad fahren verläuft für mich in den ersten Stunden, wie erhofft, gut. Der zu durchfahrende Rechteckkurs ist im Gegenwindbereich natürlich unangenehm, dafür bietet der Rückenwindbereich zwei Vorteile. Einmal nutze ich diesen Abschnitt, um lockerer als gewohnt zu kurbeln und zweitens richte ich mich aus der aerodynamisch günstigen Scottlenkerhaltung auf, um durch ein wenig Rückengymnastik keine Verspannungen zu riskieren.

Diese Spielereien wiederhole ich von Runde zu Runde. Zwei oder drei Triathleten mit ihrem Verfolgungstross überhole ich in den frühen Abendstunden. Kurze Wortwechsel mit meinen Betreuern, in einem Streckenabschnitt, in dem ich einen Radweg jenseits einer Allee auf gleicher Höhe mitfahren kann, sorgen für Abwechslung. Ebenso die kurzen Abschnitte der Verpflegungsübernahme. Eigenartig, über den ein oder anderen Witz, der bei diesen Gelegenheiten gemacht wird, lache ich viel länger und intensiver als gewohnt. Obwohl ich die meisten der erzählten Kalauer kenne, amüsiere ich mich längere Zeit darüber.

Heute, am 31. Mai, hoffe ich darauf, dass es bis kurz vor 23.00 Uhr hell bleibt. Vor dem Rad fahren bei Dunkelheit habe ich ein ungutes Gefühl. Wer trainiert auch schon bei Dunkelheit, ich jedenfalls nie. Die geschlossene Bewölkung lässt es an diesem Abend bereits eine halbe Stunde eher dunkeln. Interessant für mich, diese Übergangsphase mal bewusster als sonst mitzuerleben. Von Minute zu Minute wird das Tageslicht diffuser, die herannahende Nacht lässt sich mehr und mehr erahnen.

Nur der nicht nachlassende Wind stört diese einmalige Idylle. Ralf erzählt mir aus dem fahrenden Bulli: „Hermann, gleich lässt der Wind nach und dann wird die Nacht so herrlich wie die letzte". Ja, ja, schön wär's.

22:30 Uhr, seit 8:30 Stunden befinde ich mich nun im Wettkampf. Ich halte kurz an, um mir die beiden batteriebetriebenen Sicherheitsstrahler an der dafür vorgesehenen Halterung zu befestigen. Erstaunt stelle ich bei diesem Zwangsstopp fest, dass ich bereits etwas mehr als 180 km abgestrampelt habe. Meine Überschlagsberechnung sagt mir: Hermann, das ist mehr als ein 31-iger Schnitt. Da ich keinerlei Müdigkeit verspüre, steige ich nach jeder 90°-Kurve weiterhin aus dem Sattel, um mit einigen besonders kraftvollen Umdrehungen meine gewohnte Geschwindigkeit wiederzuerlangen. 180 km im 31-iger Schnitt, mehrfach wiederhole ich diese Tatsache. Selbstverständlich motiviert mich dieses bislang nicht erwartete Ergebnis. Andererseits bin ich mir bewusst, dass der schwierigste Part noch vor mir liegt. Aus meinem Betreuerfahrzeug vernehme ich ebenfalls erstaunte Bemerkungen. Trotz des unangenehmen Windes versuche ich, meinen Rhythmus beizubehalten und trete, trete, trete. Gegen den Wind mache ich mich besonders klein, mit dem Wind richte ich mich wie gewohnt auf und bewege, so weit wie möglich, meine Arme und den Oberkörper.

Trink- und Essgewohnheiten behalte ich stur bei. Ich fühle mich bärenstark und bin mehr als zuversichtlich, ‚die Nacht der Nächte' zu bewältigen. Meine Gedanken schweifen aus zu meiner Familie. Jetzt ist für sie die Nachtruhe angebrochen, mit welchen Gefühlen werden sie sich schlafen legen? Mit Sicherheit haben sie bereits den ganzen Tag an mich gedacht. Ich weiß, dass sie mitfiebern und mir den erhofften Erfolg gönnen.

Bedingt durch das Abblendlicht meines Betreuerfahrzeugs ergeben sich einige Meter vor meinem Rad Figuren, die ich bislang nie gesehen habe. Wäre nur eine Lichtquelle hinter mir, so könnte ich meinen eigenen Schatten in Form eines normalen Radfahrers mit auf- und niedergehenden Beinen beobachten. Bedingt durch die beiden Lichtquellen, erlebe ich mich selbst als Schatten auf dem Rad, jedoch mit vier Beinen tretend. Dieses Bild ist einfach zu lustig.

Meinen Betreuern rufe ich zu: „Jungs, seht mal genau vor euch auf die Straße, dann wisst ihr, warum ich heute so schnell bin. Mit vier Beinen tritt es sich eben leichter als mit zweien." Ich fühle mich durch meine beiden Schatten vor mir und meine Betreuer hinter mir sauwohl, wenn bloß der unangenehme Wind nachlassen würde.

Genau um Mitternacht verstärkt sich meine Begleitmannschaft für zwei Runden mit den zwei Fernsehleuten. Die Frage nach meinem Befinden beantworte ich überzeugend mit: „Sehr gut, ich fühle mich trotz der vielen Wettkampfstunden wie auf einer langen Kaffeefahrt."

Runde um Runde vergeht, damit auch Stunde um Stunde. Zum Glück muss ich nicht selbst für die Registrierung jeder Runde sorgen. Das machen meine Jungs mittlerweile in gewohnt gekonnter Manier. Die Verständigung zwecks Flaschenwechsel und Verpflegungsaufnahme klappt vorzüglich. Ein Wink mit dem linken Arm und schon kommen sie für einige Sekunden herangefahren.

„Männer, ihr seid einfach super, ohne euch wäre ich nicht hier", kommt es mir ehrlich über die Lippen. Ich bin diesen Burschen bereits jetzt mehr als dankbar für ihre Mitarbeit. Zum Glück sorgt Ronald dafür, dass es im Fahrzeug immer hoch hergeht. So entsteht keine Langeweile für sie, bin ich mir sicher.

Gegen 1 Uhr nachts, andere Leute liegen längst in der Waagerechten oder gehen von Feten heimwärts, diskutiere ich aus angemessener Entfernung mit meinen Betreuern, wie viel Runden insgesamt eigentlich zu fahren sind. Nach meiner Rechnung sind es 16 Runden à 21 km = 336 km + 25 km für An- und Rückfahrt ergeben schließlich 361 km. Mehrfache Rückfragen meiner Crew an der Kontrollstelle in den nächsten Stunden ergibt jedoch ein Muss von 17 Runden. Nur widerwillig nehme ich diese Entscheidung zur Kenntnis. Selbst absteigen und mit den Verantwortlichen diskutieren, wollte ich nicht. Hier war offensichtlich in der gestrigen Wettkampfbesprechung ein Punkt nicht eindeutig geklärt worden. Aber, was soll's?

Die Zeit der Dunkelheit wird mir recht lang. Um vier Uhr in der Früh, also in gut zwei Stunden, rechne ich mit den ersten Grauschimmern am Horizont. Ich sehne regelrecht den Tag wieder herbei.

Kurz vor zwei Uhr werde ich müde, echt müde. Kommt jetzt der dicke Hammer? Ich habe Probleme, mich aufrecht auf dem Rad zu halten. Merke, wie ich ab und zu richtig einnicke und dabei meinen Kurs verlasse. Meine Crew denkt mit und hupt einige Male recht kräftig. Kurz vor dem Grünstreifen kann ich zwei- oder dreimal mein Rad noch herumreißen, verdammt bin ich müde.

Auf meine Fahrgeschwindigkeit kann ich im Moment nicht sonderlich achten. Ich kämpfe mit meinen immer wieder zufallenden Augen. Nur der rauhe Straßenbelag, der für stetige Erschütterungen sorgt, lässt mich nicht ganz einschlafen.

Jetzt, genau jetzt, beginnt für mich „die Nacht der langen Messer", wie die Motorsportler sagen. Die zwei Stunden bis zum Tagesanbruch muss ich irgendwie überstehen. Wenn es hell wird, sieht die Welt wieder ganz anders aus – bin ich mir sicher.

Trotz aller Probleme, meine Trink- und Essgewohnheiten behalte ich stur bei. Der bislang starke Wind wird schlagartig kälter und stärker. Meine Jungs erkundigen sich nach der Außentemperatur. Zwischen 3° und 4°C wird ihnen mitgeteilt. Immer häufiger spiele ich mit dem Gedanken, die für 200 km geplante Massagepause einzulegen. Ich beginne, am gesamten Körper zu frieren, zudem werden meine Oberschenkel hart und härter. Überlegungen, diese Körperpartien während der Fahrt mit Brottrunk einzureiben erscheinen mir wenig sinnvoll zu sein, da ich ja eine lange Hose trage. Kann ich überhaupt mit meinen Oberschenkeln, die mittlerweile fast so hart wie Stahlplatten sind, weiterfahren?

Ohne lange weiterzugrübeln, winke ich meine Crew herbei und erkläre ihnen, dass ich durchgefroren und steif wie ein Stahlträger sei. „Sucht bitte die nächste Straßenausbuchtung für einen Zwischenstopp aus!" Hermann, 240 km in 7:45 h, vernehme ich aus Ronalds Worten. Mit zittrigen Händen lege ich Kleidungsstück für Kleidungsstück ab. Gleichzeitig wird mir Kaffee gereicht. Meine Oberschenkel sind stahlhart: „Jungs, gebt mir Brottrunk pur!"

Mit einem Tuch reibe ich mehrfach meine Oberschenkel damit ein. Dem verdutzten Bernd erkläre ich mein Geheimrezept. „Der Brottrunk bindet Sauerstoff und sorgt für eine bessere Durchblutung." Ja, so einfach ist das. Von Kopf bis Fuß kleide ich mich frisch ein und beginne nach wenigen Minuten, langsam aufzutauen. Meine Fußballen werden ebenfalls mit Brottrunk bearbeitet.

Die bekannt lockeren Sprüche unter uns sind wie gewohnt sehr wohltuend, sowohl für den Körper als auch für die Psyche. Trotz allem habe ich ein gemischtes Gefühl im Bauch. Packe ich das restliche Drittel noch, die nächsten 120 km werden bestimmt die schwersten sein, dann auch noch zwei volle Marathonläufe.

An Letzteres wage ich noch gar nicht zu denken. Das Radziel nach 360 km ist mein Ziel! Bevor es wieder rausgeht in die verdammt kalte und stürmische Nacht, esse ich noch schnell ein paar Geleebananen, trinke ein paar Schluck Brottrunk pur darauf und ab geht's. Sind ja nur noch 120 km, den größten Teil der Radstrecke hast du bereits gepackt und in zwei Stunden kommt der neue Tag. Ich mache mir selbst kräftig Mut. Meine Gedanken schweifen wieder aus zu meinen drei Girls daheim. Die schlafen selig und ruhig. Und ich? Na ja, ich will es doch so.

Da sich meine stahlharten Oberschenkel immer weniger bemerkbar machen, wächst mit jeder Pedalumdrehung meine Euphorie. Die übliche Frage meiner

Jungs beim nächsten Verpflegungsgang: „Hermann, wie gehts?“, kann ich mit einem: „Immer besser“, beantworten. Die Frage nach der Anzahl der Runden wird von mir noch einige Male gestellt. Nach meinen Berechnungen verlangen die Organisatoren eine Runde zu viel von mir. Manchmal ärgere ich mich darüber. Wenn allerdings alle 24 Starter eine Runde mehr fahren müssen, dann bitte schön.

Später erfahren wir von Astrids Weltrekordbetreuern, dass die Radstrecke tatsächlich 378 km lang gewesen ist. Also doch 18 km zu lang. Eine Runde weniger wären dann jedoch 3 km zu wenig gewesen. Ich zähle mittlerweile nicht mehr die gefahrenen Runden, sondern die noch zu fahrenden. Noch sechs Runden, noch fünf Runden, noch vier Runden.Die Rundenzeiten liegen nun bei 45 Minuten, erfahre ich von meinen Betreuern. Ist mir mittlerweile völlig egal, entgegne ich. Weder schiele ich auf eine bestimmte Endzeit noch auf eine verordnete Platzierung, ich will einfach finishen, wie man in Hawaii so zutreffend sagt.

Auftrieb bekomme ich mit der neuen Formel „Noch drei Runden“, nur noch drei Runden. 14 Runden liegen bereits hinter mir, dann werde ich auch die restlichen schlappen drei Runden noch packen, mache ich mir wieder selbst Mut. Meine Oberschenkel, meine Fußballen, meine Psyche und auch mein Energiehaushalt sind so weit o.k., trotz des nicht abnehmenden Windes. Hinzu kommt gegen 4 Uhr die Hoffnung auf den heranbrechenden Tag.

Die starke Bewölkung sorgt für einen etwas verspäteten Tagesanbruch. Gegen 4:30 Uhr beginnt es zu dämmern. Von den 23 Mitstreitern habe ich seit vielen Stunden niemanden gesehen. Von zwei oder drei Mannschaften, die vier Stunden nach uns Einzelstartern den Wettkampf aufgenommen haben, und sich beliebig oft abwechseln können, bin ich überholt worden.

Jetzt sehne ich das Radziel herbei. So lange wie heute habe ich noch nie auf meiner Rennziege gesessen. Dann die letzte Runde. Ein herrliches Gefühl nach vielen Stunden ununterbrochener Fahrt den teilweise arg holperigen Asphalt ein letztes Mal zu befahren. Kraft, um nach den jeweils 90°-Kurven aus dem Sattel zu gehen, habe ich nicht mehr. Der ekelhaft kalte und stürmische Wind und die Streckenlänge haben bei mir deutliche Spuren hinterlassen.

In meinem Hinterkopf sind weitere 84,4 Laufkilometer gespeichert. 84,4 km zu Fuß, im Moment weiß ich nicht, wie ich diese bewältigen soll. Einen einfachen Marathonlauf schon, aber zwei? Beruhigend wirkt auf mich jedoch die Tatsache, dass ich dieses Phänomen bereits mehrfach bei einfachen Ironman®-Distanzen erlebt und erfolgreich beendet habe. Warum soll das heute anders sein? Noch 15 km bis zum Radziel wird mir nach der letzten Kontrollstelle signalisiert. Normalerweise sage ich in solchen Situationen: „Nur noch schlappe 15 km, die machste mit einem Bein.“

Aber jetzt, wo mir der Wind in seiner vollen Stärke frontal ins Gesicht bläst, habe ich starke Zweifel. Ich fühle mich, einfach gesagt, alle, down, bin McPlatt persönlich, leer. Erkämpfe mir jeden Meter der restlichen Strecke und zähle zeitweise meine Pedalumdrehungen mit. Trotz allem, Gedanken ans Aufgeben kommen mir nicht. Irgendwie wird es schon weitergehen, darin bin ich mir absolut sicher. Und ich weiß auch, dass ich meine körperlichen Grenzen trotz allem nicht überschreiten werde. Erst einmal das Radziel, dann sehe ich weiter. Nach einer Massagepause wird es wieder gehen, da bin ich mir ganz sicher.

Die Stadt Lelystad schläft noch, als ich mich gegen 5:30 Uhr mit meiner defektfrei laufenden Rennmaschine sehr schwerfällig dem zweiten Wechselpunkt nähere. Dieser liegt in Bahnhofsnähe, nur wenige Meter von der Ziellinie entfernt.

Ich bin heilfroh, mein Rad abstellen zu können, bewege mich mit flotten Schritten auf das Massagezelt zu – nicht, um mich massieren zu lassen, sondern, um erneut mein Gewicht von einem Arzt überprüfen zu lassen. 79 kg wird abgelesen. „Das gleiche Gewicht wie gestern", betone ich. Ungläubige Gesichter schauen mich an. „Das gleiche Gewicht wie gestern", wiederholt einer auf Niederländisch.

Ein Offizieller glaubt es nicht und kontrolliert zuerst seine Listen. „Glaubt der etwa von mir, dass ich mein Gewicht von gestern nicht mehr kenne?", befrage ich meinen Betreuer Ralf. Ein wenig erstaunt bin ich selbst. Nach jetzt genau 15:40 Stunden ununterbrochenem Wettkampf nicht ein einziges Kilogramm an Gewicht verloren zu haben. Ganz offensichtlich war meine Verpflegungs- und Nahrungsaufnahme zumindest von der Quantität her genau richtig.

Trabend suche ich mein Betreuerfahrzeug auf, um zumindest die Schuhe zu wechseln. Ein paar heiße Schlucke Kaffee und mein Gemisch aus Brottrunk und Apfelsaft lassen mich schnell die Strapazen der letzten Radkilometer vergessen. Vor wenigen Minuten schien es noch so, als habe der Wettkampf und der Wind mir die letzten Kräfte aus dem Körper gesogen. Jetzt sieht bereits alles schon wieder sehr viel freundlicher aus. Noch ein paar Dehnübungen, aufmunternde Worte meiner Crew und ab geht es auf die 84,4-km-Strecke.

Nur noch 12 Runden à 7 km sind auf der Wendepunktstrecke zurückzulegen. Genau um 5:52 Uhr beginnt meine letzte Disziplin. Wie pflege ich sonst zu sagen: Von meinem Triathlonmenü der dritte Gang, also der Nachtisch. In einiger Entfernung folgt mir ein Betreuer auf dem Rad. Dieser führt natürlich wieder flüssige und feste Nahrung mit. Die insgesamt kalte Witterung lässt meinen Begleiter Ralf auf dem Hollandrad mächtig frieren. Die armen Jungs müssen sich für mich eine ganze Menge gefallen lassen. Mit meiner warmen Radoberbekleidung und langen Tights glaube ich, richtig gekleidet zu sein.

Die ersten Schritte lege ich in einem nie gekannten, steifen Laufschritt zurück. Ohne große Hetze geht es entlang der Bahnlinie über einen ziemlich eckigen Kurs. Bis zum Wendepunkt bei 3,5 km sind zwei Brücken zu überqueren, deren Anstiege für jeden eine Laufrhythmusänderung bedeuten. Endlich treffe ich wieder auf einige der 23 Mitstreiter. Ob sie sich jedoch in der gleichen Runde befinden wie ich oder einige Runden weiter sind, ist für mich nicht durchschaubar.

Bei Fritz BRAUN aus Dresden weiß ich, dass er etwas mehr als eine Laufrunde vor mir liegen muss. Er ist ein sehr starker Radfahrer. Fritz erzählt mir bei unseren kurzen Gesprächen, dass er im letzten Jahr bei wärmeren Temperaturen und vor allem weniger Wind eine ganze Stunde schneller Rad gefahren sei als gestern und heute. Von ihm, dem erfahrenen Double-Ironman®, erwarte ich eine Topleistung und eine hervorragende Platzierung.

Die ersten 7 km absolviere ich in 42 Minuten. Ein Offizieller, der mich einen kurzen Abschnitt begleitet, teilt mir mit, dass die anderen acht vor mir liegenden Athleten alle zwischen 41 und 42 Minuten pro Runde benötigt haben. Mich stört diese Tatsache nicht. Ich verlasse mich nur auf meine innere Uhr und die besagt: „Hermann, lass es ruhig angehen, die Strecke ist noch lang, verdammt lang." Die Laufrunde ist interessanterweise so angelegt, dass man an ihrem Ende jeweils das Ziel durchlaufen muss. Ein erhabenes Gefühl, nur, man muss es halt 12-mal durchlaufen.

Zu Beginn meiner zweiten Laufrunde sehe ich Astrid ins Radziel eilen. Eine Frau, wie es nur wenige gibt, bekommt mein Radbetreuer von mir zu hören. Wir überschlagen beide ihre Wettkampfzeit und kommen zu dem Ergebnis, dass Astrid etwas mehr als neun Stunden Zeit hat, den angestrebten Weltrekord zu unterbieten.

All diese Spielereien lenken mich von meinen Problemen ab. Auch meine Betreuer haben welche. Bereits nach einer Radrunde ist Ralf so stark durchgefroren, dass er sich durch Bernd ablösen lässt. Klar, bei der kalten Witterung. Ein neuer Begleiter für mich bedeutet auch neue Gesprächsinhalte. Astrid ist ein Tier, kommt es Bernd, nett gemeint, über die Lippen, als uns Astrid wenig später – ich kann es heute noch immer kaum glauben – im kurzen Lauftrikot und mit Handschuhen bekleidet entgegenkommt.

Sie hat als Einzige aller Teilnehmer den Mut, bei dem Hundewetter im kurzen Trikot zu laufen. Ich dagegen fange wieder an, kräftig zu frieren. Dabei wird meine Muskulatur so kalt, dass mir das Laufen schwer und schwerer fällt. Eine völlig neue Erfahrung. Schließlich bin ich nicht mehr in der Lage zu laufen, ich fange an zu gehen. Wie ein Eisklotz bewege ich mich gehend auf der Laufstrecke. Meine völlig ‚vereiste' Muskulatur macht mir einen Strich durch die Rechnung. ‚Soll das etwa noch 70 km so weitergehen?', frage ich mich selbst, nach einem 6 km langen Fußmarsch.

„Gedanken ans Aufgeben hege ich nicht, solange ich gehen kann", hört mein Betreuer von mir. Kurz vor Ende der zweiten Laufrunde taucht Ralf auf. Wie siehst du denn aus, was ist mit dir los, höre ich von ihm vorwurfsvoll. Ehe ich antworten kann, geht es weiter: „Komm sofort ins Auto, wärme dich erst einmal auf!" Da unser Betreuerfahrzeug unmittelbar an der Laufstrecke postiert ist, bin ich froh, nicht mehr viel weiter gehen zu müssen. Heißer Kaffee und trockene, lange Bekleidung, heißt die Devise. „Es war wohl ein großer Fehler, mit der feuchten Radoberbekleidung nach dem kurzen Zwischenstopp auf die Laufstrecke zu wechseln", erläutere ich meinen Jungs. „Ich kann alles vertragen, bloß keine Kälte, dann lieber Hawaii mit mehr als 40°C im Schatten."

Wenn ich schon in die Niederlande fahre, erlebe ich immer solch, höchst unangenehme Temperaturen. Genau wie in Almere 1985 und - was ich zu diesem Zeitpunkt noch nicht wissen konnte - im August 1991 ebenfalls. Es ist zum Verzweifeln.

Jetzt wird Winterkleidung getragen: zwei lange Laufhosen, zwei Hemden + zwei Jacken und eine Wollmütze. Wie ich aussehe, ist mir völlig egal. Eine knappe Viertelstunde nimmt diese Prozedur in Anspruch. Danach fühle ich mich wie neu geboren. Schlagartig ist meine alte Selbstsicherheit wieder da. „Jungs, jetzt kommen wir noch unter die ersten Zehn im Einlauf, verspreche ich euch!" Genau 30 Minuten Zeit hat dieses vielleicht unnötige Manöver gekostet. Mein Selbstvorwurf: Hätte ich mich doch nach dem Rad fahren sofort komplett umgezogen, dann wäre dieser Zeitverlust höchstwahrscheinlich nicht aufgetreten. Wie im tiefsten Winter gekleidet, laufe ich die restlichen 70 km an.

Astrid liegt nur noch etwa 15 Minuten hinter mir, stellen wir bei unserem nächsten Entgegenkommen fest. Ich bin wieder da, rufe ich Astrid erleichtert zu. Sie ist jedoch so angespannt, dass sie meine Gesprächsversuche nicht wahrnimmt. Ihre Betreuerin Elke ÖTERMANN meint, Astrid konzentriere sich voll und ganz auf das Laufen.

Da ich ein ganz anderer Typ zu sein scheine, nehme ich diese Erklärungen nur sehr schwer an. Fritz BRAUN liegt jetzt etwas mehr als zwei ganze 7 km Laufrunden vor mir. Gemeinsam mit meinem jeweiligen Betreuer beobachte ich mit Erstaunen die Reaktionen der anderen Double-Ironmänner®. Abgesehen von meinen Knien, die sich ein wenig bemerkbar machen, habe ich keine Probleme. Mein Lauftempo ist sehr gleichmäßig.

Wir, meine Jungs und ich, stellen von Runde zu Runde fest, dass wir immer später unsere Mitstreiter antreffen. Beim einen geht es rapide schnell, beim anderen etwas langsamer. Regelmäßig nehme ich wieder meine Getränke zu mir, circa alle 2 km Flüssigkeit in Form von Brottrunk/Apfelsaft oder jetzt auch immer häufiger Brottrunk/Cola. Mit Brottrunk und Ferment sorge ich für den entsprechenden Mineralnachschub, mit Cola soll der mittlerweile doch sehr niedrige Blutzuckerspiegel wieder angehoben werden.

Feste Nahrung nehme ich nur ganz sporadisch in Form der ein oder anderen Banane zu mir. Als nächstes Teilziel setze ich den ersten Marathonlauf fest. Da hiernach sowieso die letzte Kontrollwiegung vorgenommen wird, plane ich einen zehnminütigen Zwischenstopp zwecks kurzer Dehn- und Gymnastikübungen sowie einer kurzen Massage ein.

Trotz, oder gerade wegen meiner überaus warmen Laufbekleidung kann ich meinen 42er Rhythmus pro Laufrunde halten. Gegenüber den meisten Mitstreitern mache ich weiterhin Boden gut. Astrid gönne ich von ganzem Herzen nach diesen Strapazen den angestrebten Weltrekord. Wenn sie keinen großen Einbruch hinnehmen muss, packt sie es, sind wir uns sicher.

Wenige Kilometer vor Beendigung des ersten Marathonlaufs tauchen wieder die Filmleute auf. Die Unterhaltung sorgt für Abwechslung. Reinhold wundert sich, dass es mir recht gut geht, ja, wirklich gut; besser gesagt, relativ gut. Von meinen Gliedern merke ich nur meine Knie. Als Schmerz möchte ich diese Erscheinungen nicht betrachten, aber halt ein wenig unangenehm. Andererseits sagen sie mir immer wieder deutlich: Hermann, du bist nunmehr seit mehr als 20 Stunden ununterbrochen unterwegs. Davon sind meine Knie mehr als 17 Stunden stetiger Belastung ausgesetzt. Eine für mich nie gekannte Belastung. Ja, wenn da sich nicht irgendetwas bemerkbar machen würde, dann dürfte ich kein Mensch mehr sein. Für mich ist dieser nicht gerade positive Sachverhalt einfach logisch und normal.

Auf der letzten 7-km-Schleife, vor der Massagepause, freue ich mich riesig auf diese geplante Verschnaufpause. Des Weiteren habe ich damit ein weiteres Teilziel auf meiner großen Reise erreicht. Dass ich danach noch einmal 42,2 km laufen darf, besser gesagt muss, belastet mich im Moment nicht.

Zum Glück kommt auch hin und wieder die Sonne zwischen den Wolken durch. Eine großartige Erwärmung der Außentemperatur ist damit leider nicht verbunden. Warm wird es mir immer dann, wenn ich Astrid begegne. Ich kann es einfach nicht fassen: bei den Temperaturen von 6°, 7° oder 8°C in kurzer Wettkampfbekleidung zu laufen. Da sie jedoch eine sehr erfahrene Langstreckenspezialistin ist, weiß sie, was sie ihrem Körper zumuten und abverlangen kann, bin ich mir sicher.

Nach Beendigung der 6. Runde heißt es erneut und zum letzten Mal Kontrolle des Körpergewichts. Ich laufe, genauer gesagt, trabe ins Zelt, recke und strecke mich. „Hermann Aschwer, Startnummer 2, Gewicht 79 kg", liest ein Helfer ab. „79 kg, 79 kg?" fragt der Arzt zweimal nach. „Ja, 79 kg." Auf Niederländisch sagt er zu seinen Nebenleuten etwas wie: „Das gibt es doch nicht! 79 kg!" Aufgrund meiner plattdeutschen Kenntnisse verstehe ich seine staunenden Bemerkungen in etwa. Zugegeben, etwas erstaunt bin ich auch. „Ich bin ja nicht hier, um Gewicht zu machen", hören meine Betreuer von mir. Diese Tatsache, dass ich in 20 Stunden und 36 Minuten nicht ein einziges Kilogramm an Gewicht verloren habe, gibt mir zusätzlich Sicherheit für die restlichen 42,195 km. Ich bin mir schlagartig absolut sicher, diesen – meinen ersten Double Dutch – erfolgreich durchzustehen.

Ich schaue auf die Uhr, um die selbstgesetzte Pausenzeit auch einzuhalten. 10:36 zeigt meine Uhr. Wie immer, geht es bei meinen tapferen Jungs, die zwischenzeitlich mächtig auf dem Rad frieren mussten, und mir sehr lustig zu. Da wird trotz allem viel Unsinn erzählt. Meine lang ausgestreckten Beine reibe ich wieder mit Brottrunk ab und ein. Damit wird meiner Muskulatur wieder Sauerstoff zugeführt. Das Prickeln ist recht wohltuend auf meiner Haut.

Trockene Laufkleidung muss erneut her. Der Vorrat an mitgenommener Bekleidung neigt sich dem Ende zu, bekommen wir vom Bernd zu hören. „Na ja, bin ja auch fast im Ziel; die läppischen sechs Runden oder 42,195 km packen wir, Jungs. In fünf Stunden ist alles vergessen", äußere ich mich euphorisch. „Hermann, lass es langsam angehen", gibt mir Ralf mit auf den Weg. „Gegangen bin ich bereits mehr als genug, auf geht's", kommt von mir zurück.

Motivationsprobleme kenne ich im Augenblick überhaupt nicht. Nur noch sechs Laufrunden à 7 km, in fünf Stunden ist der ganze Spuk vorbei. Meiner Schwester habe ich zum 50. Geburtstag versprochen, gegen 18:00 Uhr im Ziel zu sein. Das schaffe ich, so meine Gedankengänge kurz vor 11 Uhr. 21 Stunden + 5 Stunden = 26 Stunden Endzeit rechne ich bereits hoch. Es wird besser, als ich vermutet habe, ich erreiche möglicherweise eine 25 vor dem Komma, genau, wie Astrid es mir vorausgesagt hat. All diese vielen positiven Momente summieren sich bei mir zu einem kleinen Hochgefühl.

Hinzu kommt meine realistische Einschätzung über das Befinden der anderen Mitstreiter. Bis auf zwei oder drei Triathleten, die noch ganz gut dabei sind, dazu gehört unbedingt die relativ locker laufende Astrid und der spätere niederländische Sieger, mache ich mir über die anderen Starter so meine Gedanken und äußere diese auch laut gegenüber meinen Betreuern. Einige sind bereits gar nicht mehr in der Lage, zu laufen oder zu traben, sie schleichen, humpeln oder bewegen sich auf eine fast undefinierbare Art und Weise vorwärts. Diese Triathleten, aber auch die eigenen erlebten Probleme, lassen bei mir die Frage nach dem Sinn und Zweck solch eines Wettkampfs aufkommen. Es gibt bestimmt einige Grundsätze, die dafür sprechen, aber auch viele Gründe dagegen. Vornehmlich auf den zweiten 42,195 km habe ich ganz bewusst bei einer Reihe von Triathleten die negativen Erscheinungen solch überlanger Wettkämpfe erleben müssen. Ich verstehe einfach nicht, wie sich erfahrene Triathleten so ‚alle', so ‚kaputt' machen können. Das hat mit Sport treiben nichts mehr zu tun. Die Gründe liegen für mich auf der Hand

1. Selbstüberschätzung
2. Zu großer Ehrgeiz
3. Falsche mentale Einstellung
4. Falsches Training.

Dabei waren dies insbesondere Leute, die bereits eine Mehrzahl von Doppel-, ja sogar Dreifachdistanzen hinter sich gebracht hatten. Für mich wäre eine Wiederholung eines Wettkampfs unter solchen Umständen undenkbar. Bei meiner Kritik denke ich nicht an Athleten, die auf der 84,4 km langen Laufstrecke abschnittsweise flott gegangen sind, sondern an diejenigen, die selbst dazu gar nicht mehr in der Lage sind.

Genug der Anmerkungen. Es ist tatsächlich so, wenn ich von den insgesamt 452 km bereits 410 km aus eigener Muskelkraft zurückgelegt habe, so sind wirklich die letzten 42 km nicht mehr soooooo lang.

Für mich wird in diesen Minuten klar: Hermann, jetzt zeigt es sich, ob deine Überlegungen zum Lauftraining der letzten zwei Monate richtig waren. Vor dem Wettkampf habe ich die Meinung vertreten, dass das Laufen zum Schluss überwiegend eine Willensfrage sei. Aus diesem Grund waren meine längsten Laufeinheiten auch nur 24 km lang, abgesehen von dem Mallorcamarathonlauf Ende März.

Bis zu diesem Zeitpunkt ist meine Überlegung richtig, aber noch waren gut 40.000 Meter zu laufen. Mein wieder aufgenommener Laufrhythmus entspricht den bisherigen 42 Minuten pro Laufrunde. Die insgesamt vier Brückenanstiege stellten in dieser Situation jedes Mal eine kleine Herausforderung dar. Laufe ich sie hoch, oder gehe ich diese Abschnitte, lautet die immer wiederkehrende Frage. Ich laufe sie in etwas kürzeren Schritten hoch. In meiner Winterkleidung fühle ich mich pudelwohl, obwohl sich ab und zu die Sonne zeigt. Der kalte Wind sagt mir immer wieder: Hermann, du bist in den Niederlanden.

Mit dem ein oder anderen Athleten bekomme ich direkt Mitleid, weil er sich mehr kriechend als laufend fortbewegt. Die Radbegleitung muss stets einige Meter hinter dem Athleten herfahren, um ihm keinen Windschutz geben zu können. Direkte Kontakte gibt es immer wieder während der Getränkeaufnahme. Diese erfolgt jetzt in Abständen von fünf bis zehn Minuten. Nach der ersten von sechs Laufrunden heißt es bei mir: nur noch fünf, sieben hast du bereits. Nach der zweiten: nur noch vier, acht hast du bereits.

Das nächste Teilziel winkt: Halbmarathon. Diesen Punkt passiere ich ohne größere Probleme. Jetzt heißt es, nur noch drei Runden, schlappe 21 km, zu laufen. Das Ziel rückt für mich in greifbare Nähe. Noch zweimal das Ziel als Kämpfender durchlaufen, dann als Finisher.

Siegessicher laufe ich die letzten drei Runden an. Ralf stellt durch einen Blick auf seine Uhr fest: „Hermann, du wirst ja immer schneller." Na klar, das Ziel ruft.

Ich fühle mich prima, wenn sich nur meine Knie beruhigen würden. Dafür ist nach dem Zieldurchlauf Zeit und Gelegenheit. In dieser vorletzten Runde kommt mir eine fast gelöste und fröhliche Astrid entgegen. Wir wechseln einige Sätze. „Astrid, du packst es, super, toll", bekommt sie von uns zu hören. Offensichtlich ist ihre große nervliche Anspannung der Freude über den greifbaren Weltrekord gewichen. „Warum muss man sich so unter Druck setzen?", frage ich mich. „Muss das sein?" Nach meiner Meinung nicht. Ralf wirft ein: „Jeder Mensch ist halt anders."

Eigenartig, dieser zweite Marathonlauf, bei dem nahezu alle Triathleten enorme Schwierigkeiten haben, läuft bei mir wie geschmiert. Die erste Hälfte bin ich in dreimal 42 Minuten, also 126 Minuten gelaufen. „Wie ein Uhrwerk", bemerkt Bernd. Jetzt, wo das große Ziel näher und näher rückt, werde ich immer schneller. Ich habe ganz offensichtlich noch eine Menge Kraft. Für mich selbst eine mehr als positive Überraschung. Aber genau das war es, was ich in diesem Wettkampf testen wollte. Nämlich die Frage: Bin ich sowohl physisch als auch psychisch stark genug, diese, fast unvorstellbare Distanz von 452 Kilometern aus eigener Muskelkraft nonstop zu bewältigen?

Selbst im Nachhinein wundere ich mich manchmal über mich selbst. „Hermann, hast du wirklich die Distanz Hamm-Freudenstadt im Wettkampf zurückgelegt?" Wobei meine bislang längste Distanz genau 50% davon betragen hat. Offensichtlich habe ich den erforderlichen Willen und eine sehr gute körperliche Verfassung. Zudem muss ich mir die ganze Sache wohl richtig eingeteilt haben, obwohl ich nach dem Rad fahren fast ‚alle' war.

Ärgerlich ist für mich nur der taktische Fehler des Nichtumkleidens nach dem Rad fahren. Diese Dummheit hat mich eine Menge an Zeit gekostet. Beim nächsten Mal passiert mir so etwas nicht mehr, schwöre ich. Sofort taucht dann die Frage auf: „Gibt es überhaupt ein nächstes Mal?" Während der ‚Gefrierphase' war die

Frage bereits negativ beantwortet. Aber jetzt, wo es wieder hervorragend läuft, bin ich mir gar nicht mehr so sicher.
Die drittletzte Runde absolviere ich in nur noch 41 Minuten, die vorletzte dann gar in 40 Minuten. Angst vor dem großen Einbruch habe ich nicht mehr, ich fühle mich seit der Zwangspause und insbesondere auf diesem zweiten Marathonlauf sehr ausgeglichen, zuversichtlich und nehme, wie bereits in all den Stunden vorher, meine Umwelt bewusst wahr. Selbst die schwierigen Phasen habe ich im vollen Bewusstsein erlebt.

Wenn dies nicht mehr der Fall sein sollte, so wäre dies für mich der Zeitpunkt, den Wettkampfsport aufzugeben. Dieses war und bleibt meine wichtigste Prämisse bei all meinen sportlichen Betätigungen. Dass dieser Sachverhalt vollends zutrifft, bestätigen nicht nur meine drei Betreuer, sondern ebenso deutlich die gemachten Filmaufnahmen. Während des gesamten Wettkampfs bin ich jederzeit für Späße aller Art ansprechbar und auch bereit, selbst welche zu machen. Meine letzte Rundenzeit macht mir Mut, auf eine Endzeit von unter 25 Stunden zu kommen. Eine 24 vor dem Komma, wer mir das bei diesen Bedingungen vorausgesagt hätte, den hätte ich mitleidig belächelt. Auf Astrids Bemerkung von vor zwei Tagen: „Hermann, 25 Stunden schaffst du doch auch", habe ich nur laut gelacht.

Jetzt war es so weit. Sogar den Abstand zu der wie ein Uhrwerk laufenden Astrid kann ich in den letzten Runden wieder vergrößern. Eine Runde noch eine läppische Laufrunde von 7 km: „Ralf, die schaffe ich sogar auf einem Bein", muss sich mein Betreuer von mir anhören. „Hermann, hau rein, du schaffst eine Superzeit", vernehme ich mehrfach auf der letzten Runde. Ich fange an, jeden Meter dieser eckigen Wendepunktstrecke zu genießen. Ein Begleiter eines anderen deutschen Teilnehmers ruft mir zu: „Hermann, du packst die alte deutsche Bestzeit von 24:56 Stunden noch!"

„Was?", stottere ich, „daran habe ich überhaupt nicht gedacht." Ich rechne hoch. Eine 42er Runde brächte mich auf 24:57-24:58 Stunden. Mittlerweile ist es einige Minuten nach 12 Uhr und die Sonne erscheint immer häufiger am weißblauen Himmel. Trotz allem wird es mir in meiner Winterbekleidung nicht zu warm. Selbst die Pudelmütze trage ich noch. Die letzte Wendemarke bei genau 80,9 km durchlaufe ich bereits als Sechster. Ich bin selbst überrascht, als Ronald nach Befragung eines Wettkampfrichters mit dieser Meldung zurückkommt.

„Jungs, hab ich euch nicht heute Morgen versprochen, dass wir unter den ersten Zehn durchs Ziel laufen?", verkünde ich mit einem gewissen Stolz. Das „wir" betone ich besonders deutlich. Mein Laufschritt ist in den letzten zwei Stunden raumgreifender geworden, damit automatisch auch schneller. Diese letzten Kilometer genieße ich regelrecht. Wie gehabt, setzte ich meine Flüssigkeitsaufnahme in kurzen Abständen fort. Hunger auf feste Nahrung verspüre ich seit Stunden nicht mehr. Im Brottrunk-Cola-Gemisch ist nach meiner Meinung alles drin, was ich benötige. Falsch kann meine Flüssigkeits- und Nahrungsaufnahme in den vergangenen 24 Stunden nicht gewesen sein, bin ich mir sicher.

Zwei Kilometer vor dem Ziel überspurte ich noch einen der großen, erfahrenen und erfolgreichen holländischen Double-Ironmänner®. Es ist Martin FEIJEN. „Deine Kilometerzeit wird wohl nahe an fünf Minuten liegen, Hermann", vernehme ich von Ralf. Astrid sehe ich jetzt genau zum 24. Mal auf der Laufstrecke. Bewunderswert, diese Frau. Schade, dass sie nicht den ganzen Wettkampf in der Lockerheit absolviert hat. Ich bin mir sicher, sie wäre noch erfolgreicher damit. Trotz allem, Hut ab vor dieser Athletin.

Mit schweren Knien und langem Schritt trabe ich - nein, jetzt laufe ich - auf das Ziel zu. Nur einige wenige Zuschauer haben sich jetzt in der Mittagszeit am Marktplatz eingefunden, wo eine kleine Schleife zu laufen ist. Man könnte diese Runde um einen größeren Springbrunnen auch als Siegerrunde für jeden der Teilnehmer ansehen.

Es ist kaum fassbar, das soooo lang herbeigesehnte Ziel vor Augen. Die letzten Meter vergehen viel zu schnell, warum genieße ich diese nicht intensiver? Der Grund ist dann doch wohl im sportlichen Ehrgeiz zu suchen. Die große Zieluhr zeigt 0:53:40, 41, 42, 43, 44, 45 an. Geschafft, geschafft. Genau 24:53:45 Stunden für 470 km.

Meine Jungs und ich fallen uns erleichtert in die Arme. Nette, überaus nette Worte bekomme ich als Lohn für diese Anstrengungen. Ich bedanke mich persönlich bei Ralf, Bernd und Ronald für ihre Strapazen, die diese lustigen Burschen für mich auf sich genommen haben. Sie haben für mich ein langes Wochenende geopfert, haben mich 24:53:45 Stunden hervorragend betreut, auf ihren Schlaf verzichtet, die Voraussetzungen für unseren Erfolg – für meinen Erfolg – erst geschaffen.

Ein teilweise schlechtes Gewissen habe ich gegenüber meinen Teamkameraden. „Kann ich euch das je wieder gutmachen? Vergessen

Geschafft, nach 24:54 Stunden im Ziel! (Foto: R. Wagner)

werde ich euch das nie!" Von den dreien bekomme ich zu hören: „Es hat uns viel, sehr viel Spaß gemacht, dich zu betreuen, solch ein sportliches Großereignis hautnah miterlebt zu haben, unmittelbar auf dich einwirken zu können. Alles Dinge, die man bei einem normalen Triathlon nicht erleben kann. Gelernt haben wir eine ganze Menge dabei."

Die Zeit ist ja unglaublich. Die letzte Runde muss eine 39er Zeit gewesen sein, stelle ich fest. Meine schnellste insgesamt. „Hermann, du warst schneller im Ziel als ich mit meiner Filmkamera", bekomme ich fast vorwurfsvoll von meinem Filmbegleiter zu hören. „Die Jungs haben mich so gut angefeuert und offensichtlich habe ich auch nach knapp 25 Stunden noch die Kraft zu spurten", entgegne ich ihm. Ich bin mir sicher, trotz dieses Kraftakts immer noch einige Prozente meiner Energiereserven zurückhalten zu können und diese mit ins Ziel zu retten. Oberstes Gebot ist und war es, meine Wettkämpfe so einzuteilen, dass ich neben aller Anstrengung ich selbst bleibe. Das heißt ganz konkret: Ich bin in jeder Wettkampfminute Herr meiner Sinne und meines Körpers. Absolut im vollen Bewusstsein.

Dass dazu neben den vielen Hochphasen auch einige Tiefphasen gehören, versteht sich von selbst. Das Bewusstsein, schwierige Abschnitte des Wettkampfs meistern zu können, bedeutet im Nachhinein eine große innere Zufriedenheit. Diese kann kein Außenstehender nachvollziehen und beglückend miterleben.

Betreuer, Athlet und Versorgungsfahrzeug

Zudem ist solch ein Wettkampf über insgesamt 470 Kilometer eine enorme Herausforderung, der man sich nicht alle Tage stellt. Ob ich mich dieser Herausforderung je wieder stellen werde, ist mir weder am Ende des Wettkampfs noch einige Monate später klar.

Dieser Wettbewerb über mehr als einen ganzen Tag und eine ganze Nacht hat mich in meiner Meinung bestätigt, dass man Distanzen dieser oder ähnlicher Größenordnung in erster Linie im Kopf erfolgreich absolvieren muss und dann erst mit den Beinen. Meine einfache Formel lautet: je länger die Wettkampfdauer, umso entscheidender ist der Kopf.

Mir persönlich ist wieder einmal Folgendes mehr als deutlich geworden: Wenn ich mich einer Aufgabe stelle, diese mental so verarbeite, dass ich persönlich davon voll überzeugt bin, so bin ich auch in der Lage, diese körperlich umzusetzen. Egal, wie hoch die Hürden dabei sind, mit der richtigen mentalen Einstellung ist nahezu alles machbar. Für mich beginnt und endet ein Wettkampf im psychischen also im geistig-seelischen Bereich.

Aus den vorgenannten Gründen liegt der besondere Reiz solch langer Wettkämpfe für mich im mentalen Bereich. Einfach die Frage: „Wie kann ich Distanzen, die ich selbst im Training nicht annähernd absolviere, im Wettkampf verkraften? Reicht dazu meine mentale Stärke aus?" Diese Frage kann ich im Nachhinein voll und ganz mit Ja beantworten.

Astrid BENÖHR läuft nach genau 25:14 Stunden als neue (damalige) Weltrekordlerin über die Doppel-Ironman®-Distanz durchs Ziel. Eine tolle Leistung dieser Frau. Dabei ist es ihr gar gelungen, mit 8:34 Stunden die schnellste Zeit aller Teilnehmer zu laufen. Phänomenal! Für mich erstaunlich jedoch die präzise Einschätzung ihres momentanen Leistungsvermögens. 25 Stunden hatte sie sich vorgenommen, 25:14 h sind es geworden, trotz einer 18 Kilometer längeren Radstrecke und trotz der widrigen Witterungsverhältnisse wie Wind und Kälte. Offensichtlich hat sie mit den niedrigen Temperaturen überhaupt keine Probleme.

Einen weiteren Aspekt möchte ich noch kurz erwähnen. Auf der einfachen Ironman®-Strecke beträgt im Schnitt der zeitliche Unterschied zwischen Astrid und mir rund 20 Minuten. Diese Differenz konnte Astrid über die doppelte Distanz halten. Ein Zeichen dafür, dass die Theoretiker Recht haben, die behaupten, dass auf den sehr, sehr langen Strecken die Frauen den Männern ebenbürtig sind. Allgemein ordnet man den Frauen aufgrund des geringeren Muskelanteils eine um 10% geringere Leistung zu als den Männern.

Mehrfache Ironman®-Distanzen, Veranstalter

Decatriathlon
Monterrey, Mexiko
Distanzen: 38 / 1.800 / 420 km (zehnfache Ironman®-Distanz)
Meldeanschrift: Jose-Luis Andonie,
Rio Grange No 24, Sector Fatima
Garza Garcia NL
66220 Monterrey, Mexiko
Tel. 0052-83 78 42 62 Fax 0052-83 35 56 13
Termin: März/April

Defi Mondial de l'Endurance
Fontanil, Frankreich
Distanzen: 11,4 / 540 / 126 km (dreifache Ironman®-Distanz)
Meldeanschrift: Joclyne Poirier
Mairie de Fontanil
38120 Le Fontanil, Frankreich
Tel. 0033-76 75 69 81 Fax 0033-76 75 65 45
Termin: Mai

Double Dutch
Lelystad, Niederlande
Distanzen: 7,6 / 360 / 84 km (zweifache Ironman®-Distanz)
Meldeanschrift: Joke Feijen-Bisshops
Schenkkade 224
2595 AV Den Haag, Holland
Tel. + Fax: 0031-7 03 47 49 07
Termin: Juni

Quadruple Iron-Triathlon
Szekesfehervar, Ungarn

Distanzen: 15,2 / 720 / 168 km (vierfache Ironman®-Distanz)
Meldeanschrift: Janos Mezaros
Morics Zs u 16
8000 Skekesfehervar, Ungarn
Tel. 0036-22 31 53 70 Fax 0036-22 31 97 57
Termin: Juni/Juli

Double Triathlon Liberté
Colmar, Frankreich

Distanzen: 7,6 / 360 / 84 km (zweifache Ironman®-Distanz)
Meldeanschrift: Alain Ragot
5 rue St Eloi
68000 Colmar, Frankreich
Tel. + Fax 0033-89 23 51 31
Termin: Juli/August

German Three
Lensahn, Deutschland

Distanzen: 11,4 / 540 / 126 km (dreifache Ironman®-Distanz)
Meldeanschrift: Wolfgang Kulow
Feldstraße 25a
23774 Heiligenhafen
Tel. + Fax 04362/86 05
Termin: August

The Belgian Double
Louvain, Belgien

Distanzen: 7,6 / 360 / 84 km (zweifache Ironman®-Distanz)
Meldeanschrift: Guy Declerck
Kapelsesteenweg 472
2930 Brasschaat, Belgien,
Tel. 0032-36 05 04 33 Fax 0032-36 05 204 5

Double Iron Triathlon
Huntsville, USA

Distanzen:	7,6 / 360 / 84 km (zweifache Ironman®-Distanz)
Meldeanschrift:	Nancy Sheppard 94 Scenic Drive Huntsville, Alabama 35801 USA Tel. 001-20 55 39 04 05 Fax 001-20 55 39 02 27
Termin:	September

Dutch Five Triathlon
La Haye, Niederlande

Distanzen:	19 / 900 / 211 km (fünffache Ironman®-Distanz)
Meldeanschrift:	Matin Feijen Schenkkade 224 2595 Av Den Haag, Holland Tel. + Fax 0031-70 34 74 49 07
Termin:	Oktober

Austrian Triple Triathlon
Neulengbach, Österreich

Distanzen:	11,4 / 540 / 126 (dreifache Ironman®-Distanz)
Meldeanschrift	Sport & Fitnessunion Neulengbach Engelbert Bruckler Schubertstr. 352 A-3040 Neulengbach Tel. 0043-2 77 25 43 51 Fax 0043-2 77 25 51 47
Termin:	Mai/Juni

Schlussbemerkung

Abschließend möchte ich jedem Sportler die „Zehn Gebote für Triathleten" nahe legen:

1. Trainiere regelmäßig und höre dabei stets auf deinen Körper und dein Gefühl.
2. Ernähre dich vielseitig und vollwertig.
3. Verbesserungen in einer Teildisziplin sind nur zu erreichen, wenn sie mindestens dreimal in der Woche trainiert wird.
4. Gönne deinem Körper Ruhetage und eine ausreichende Regeneration.
5. Stelle dich geistig-seelisch auf den bevorstehenden Wettkampf ein, um auftretende Probleme und Schwierigkeiten während des Wettkampfs besser meistern zu können.
6. Teile dir deinen Energiekuchen richtig auf.
7. Brich deinen Wettkampf nie aufgrund kleiner Widrigkeiten ab. Ein schwacher Wettkampf kann besser sein als ein gutes Training.
8. Genieße für dich im Inneren die Nachwettkampffreuden.
9. Versuche, ein Triathlet zu sein. Lege stets Wert auf eine faire, rücksichtsvolle Einstellung sowohl im Sport als auch im Alltag.
10. Werde nie zu einem nur „Schwimmradläufer", sondern bleibe ein Mensch, der noch wichtigere Dinge im Leben kennt als den Triathlonsport.

Literatur

Triathlonbücher:

ASCHWER, Hermann: Triathlon Training - Vom Jedermann zum Ironman®. Meyer & Meyer Verlag, Aachen.

ASCHWER, Hermann: The complete Guide to Triathlon Training (engl. Ausgabe). Meyer & Meyer Verlag, Aachen.

ASCHWER, Hermann: Tipps für Triathlon. Meyer & Meyer Verlag, Aachen.

ASCHWER, Hermann: Ironman®, der Hawaii-Triathlon. Meyer & Meyer Verlag, Aachen.

ASCHWER, Hermann: Entrenamiento del Triathlon de don nadie al Hombre de Hierro (spanische Ausgabe).

NEUMANN/PFÜTZNER/HOTTENROTT: Alles unter Kontrolle. Meyer & Meyer Verlag, Aachen.

EDWARDS, Sally: Leitfaden zur Trainingskontrolle. Meyer & Meyer Verlag, Aachen.

HOTTENROTT, Kuno: Duathlontraining. Meyer & Meyer Verlag, Aachen.

Triathlonzeitschriften:

Triathlet, Triathlete Sport Groups SA, B-Brüssel

Triathlon Magazin, Spiridon Verlag, Düsseldorf

Schwimmen:

GAMBRIL, Don L.: Handbuch für den Schwimmsport. Meyer & Meyer Verlag, Aachen.

GIEHRL, Josef: Richtig Schwimmen. BLV Verlagsgesellschaft, München.

Radfahren:

KONOPKA, Peter: Richtig Rennradfahren. BLV Verlagsgesellschaft, München.

WÖLLZENMÜLLER, Franz: Richtig Radfahren. BLV Verlagsgesellschaft, München.

Laufen:

DIEM, Carl-Jürgen: Tipps für Laufanfänger. Meyer & Meyer Verlag, Aachen.

GALLOWAY, Jeff: Richtig laufen mit Galloway. Meyer & Meyer Verlag, Aachen.

LYDIARD, Arthur: Laufen mit Lydiard. Meyer & Meyer Verlag, Aachen.

STEFFNY, Manfred: Marathontraining. Verlag Dr. Hanns Krach, Mainz.

Ernährung:

Brottrunk und Fermentgetreide. WOS Verlag, Ratingen.

HAAS, Robert: Die Dr. Haas Leistungsdiät. BLV Verlagsgesellschaft, München.

NEUMANN, Georg: Ernährung im Sport. Meyer & Meyer Verlag, Aachen.

Sport und Gesundheit

BAUMANN, Sigurd: Psychologie im Sport. Meyer & Meyer Verlag, Aachen.

HILLEBRECHT/HILLEBRECHT: Übungsprogramme zur Dehn- und Kräftigungsgymnastik. Meyer & Meyer Verlag, Aachen.

SCHMIDT/HILLEBRECHT: Übungsprogramme zur Rücken- und Rumpfgymnastik. Meyer & Meyer Verlag, Aachen.

HAHN, Kurt: 60 Marathonstrecken hat eine Stunde. Jahn & Ernst Verlag, Hamburg.